Forum Demokratischer AtheistInnen (Hrsg.)

Mission Klassenzimmer

W0044835

Forum Demokratischer AtheistInnen (Hrsg.)

Mission Klassenzimmer

Zum Einfluss von Religion und Esoterik auf Bildung und Erziehung

Alibri Verlag

2005

Die Bilder im Buch zeigen die ReferentInnen Prof. Dr. Franz Buggle (Seite 84, oben), Dr. Wolfgang Proske (Seite 84, unten), Claudia Barth (Seite 142 oben), Dr. Maria Wölflingseder (Seite 142, unten), Prof. Dr. Klaus Prange (Seite 209, oben), Eamon Kiernan (Seite 209, unten) sowie das Podium der abschließenden Diskussion und das Kongress-Büro (alle Fotos: FDA).

Alibri Verlag
Aschaffenburg
www.alibri.de
Mitglied in der Assoziation Linker Verlage (*aLiVe*)

1. Auflage 2005

Copyright 2005 by Alibri Verlag, Postfach 100 361, 63703 Aschaffenburg

Alle Rechte, auch die des auszugsweisen Nachdruckes, der photomechanischen Wiedergabe, der Herstellung von Mikrofilmen, der Einspeicherung in elektronische Systeme sowie der Übersetzung vorbehalten.

Umschlaggestaltung: Claus Sterneck, Hanau
Druck und Verarbeitung: GuS Druck, Stuttgart

ISBN 3-932710-78-9

Inhaltsverzeichnis

Vorwort

Der vorliegende Sammelband ist Bestandteil des Kongresses *Die ewige Wiederkehr des Religiösen. Kongress zur Untersuchung der Auswirkungen von Religion und Esoterik in Erziehung und Bildung*, welcher vom 22. bis 25. Mai 2003 an der Karl-Marx-Universität Trier von der Trier Hochschulgruppe *Forum Demokratischer AtheistInnen* (FDA) ausgerichtet wurde.

Seit dem Wintersemester 1999/2000 organisiert das FDA Veranstaltungen zum kritischen Umgang mit Religion bzw. Religionen, Zwangskonfessionalisierung, Finanzierung der Kirchen, Esoterik und rechtem Gedankengut. Der Kongress und das gleichnamige Buch *Ganzheitlich und ohne Sorgen in die Republik von morgen. Irrationalismus, Esoterik, Antisemitismus*, im Juli 2000 veranstaltet vom AStA der Universität München, brachte uns auf die Idee, die dort aufgeworfenen Fragestellungen weiterzuentwickeln und im Bezug auf die subtilen Wirkungen in Erziehung und Bildung zu vertiefen.

Dieser Kongressbericht versteht sich als Aufforderung zur kritischen Auseinandersetzung mit den Begriffen Religion und Esoterik, dem derzeitigen Umgang und der Wirkung innerhalb der diversen Spektren, in welchen Bildung und Erziehung eine wichtige Rolle spielen. Gleichsam möchte diese Dokumentation zur weiteren Beschäftigung, auch außerhalb des wissenschaftlich institutionalisierten Rahmens, anregen. Der Kongress diskutierte verschiedene Aspekte und Kontroversen des Topos, die sich auch in den Beiträgen der AutorInnen widerspiegeln.

Die HerausgeberInnen danken den AutorInnen Dipl. päd. Claudia Barth, Prof. Dr. Franz Buggle, PhD Eamon Kiernan, Christoph Lammers, Dr. Wolfgang Proske, Prof. Dr. Klaus Prange, PD Dr. habil. Waldemar Vogelgesang, Frank Welker und Dr. Maria Wölflingseder für ihre Beiträge und ihre Kooperationsbereitschaft. Wir danken ebenso Dipl. psych. Sigrid Vowinckel und Dr. Fritz Glunk, die, bedingt durch die krankheitsbedingte Absage eines Referenten, Vorträge auf dem Kongress kurzfristig übernommen hatten. In Dank sind wir schließlich Lee Traynor verbunden, der spontan seinen Beitrag ergänzte.

Tanja Grossmann und Erika Krück sei für ihre intensive Redaktionsarbeit gedankt und ebenso unserem Verleger, Gunnar Schedel, der uns geduldig mit Rat und Tat, im wahrsten Sinne des Wortes, zur Seite stand.

Für die ideelle Unterstützung und Finanzierung des Kongresses und somit auch des Buches möchten wir uns bedanken bei den MitveranstalterInnen: *Internationaler Bund der Konfessionslosen und Atheisten* (IBKA e.V.), *Jenny-Marx-Gesellschaft für politische Bildung e.V.*, *Rosa Luxemburg Stiftung* und Infoladen Trier sowie bei der *GEW – Gewerkschaft Erziehung und Wissenschaft* (Kreisvorstand Trier), dem AStA der Universität Trier, dem *bfg – Bund für Geistesfreiheit* Augsburg, dem *bfg – Bund für Geistesfreiheit* München, dem Alibri Verlag, der *GEW-Studierenden- und DoktorandInnengruppe Trier*, dem *Deutschen Freidenkerverband* (DFV), Landesverband Rheinland-Pfalz/Saar, dem *Netzwerk Selbsthilfe Saar e.V.*, der *Roten Liste – Hochschulgruppe der Karl-Marx-Universität* und der Atheistischen Gruppe Kiel.

Evelyn Lehmann, Christoph Lammers, Frank Welker
Petra Hofmann und Nicole Thies
(FDA-Hochschulgruppe der Karl-Marx-Universität Trier)
Trier, Februar 2005

Kongress
zur
Untersuchung
der
Auswirkungen
von
Religion
und
Esoterik
in
Erziehung
und
Bildung

Die ewige Wiederkehr des Religiösen

Vorträge und Workshops mit Franz Buggle, Klaus Prange, Maria Wöflingseder u.a.

22.-25. Mai 2003

Trier
Universität

VeranstalterInnen

Forum Demokratischer AtheistInnen (fda)

Internationaler Bund der Konfessionslosen und Atheisten (IBKA e.V.)

Infoladen Trier

Jenny-Marx-Gesellschaft für politische Bildung e.V. Rheinland-Pfalz

in Kooperation mit der Rosa Luxemburg Stiftung

www.fda-kongress.de

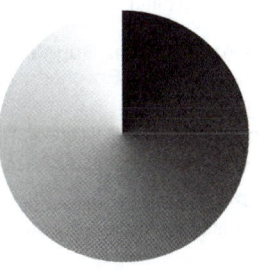

ViSdP: C. Lammers, c/o Forum Demokratischer AtheistInnen, 54292 Trier

Donnerstag, 22.5.2003

Dr. phil. Waldemar Vogelgesang / Frank Welker (Trier)
Jugend und Okkultismus. Ergebnisse einer Jugendstudie am Beispiel Trier

Freitag, 23.5.2003

Fritz Glunk (München)
Sippe, Ordnung, Schicksal – Die Weltanschauung Bert Hellingers

Dr. phil. Wolfgang Proske (Neu-Ulm)
Alter Wein in neuen Schläuchen?
Der weltanschauliche Hintergrund der Montessori-Pädagogik

Dipl. päd. Claudia Barth (Braunschweig)
Der neue Mensch des New Age: Im Einklang mit Volk und Führer

Samstag, 24.5.2003

Dr. phil. Maria Wölflingseder (Wien)
Esoterik – rationale Irrationalität als Folge der irrationalen Rationalität unserer Gesellschaft

Sigrid Vowinckel (Stuttgart)
Bert Hellinger – sein Welt- und Frauenbild und was konkret daraus folgt

Prof. Dr. Klaus Prange (Tübingen)
Curriculum und Karma: das Erziehungsmodell der Steinerschen Anthroposophie

Frank Welker (Trier)
Jugendkultur und Okkultismus

Prof. Dr. Franz Buggle (Freiburg i. Br.)
Ist christliche Erziehung verantwortbar?

Sonntag, 25.5.2003

PhD Eamon Kiernan (Hannover)
Ausbildung und Education: Eine notwendige Diskussion

Abschlussdiskussion mit den ReferentInnen plus **Lars Schewe** (FZS-Vorstand)
Religion und Erziehung versus Erziehung und Bildung?

Christoph Lammers

Mission Klassenzimmer –
Eine Bestandsaufnahme

Bildung und die Zukunft von Bildung stehen zurzeit im Mittelpunkt vieler politischer Auseinandersetzungen – nicht nur durch die (vermeintlichen) Empörungen, welche die PISA-Studien auslösten.[1] Die „Elitendiskussion",[2] ebenso die Diskussion um Bildungsstandards und Akkreditierung[3], sind neoliberale Debatten, die keiner sachlichen Diskussion zur Verbesserung der Chancen auf Bildung gerecht werden.

---

[1] PISA steht für „Programme for International Student Assessment" und bezeichnet die umfassendste Bildungsstudie, die bisher auf internationaler Ebene durchgeführt wurde. Die Studie wurde von der OECD in Paris konzipiert. Vom Jahr 2000 bis zum Jahr 2006 werden in einem drei-Jahres-Turnus die Kenntnisse und Fähigkeiten von Schülern in den Bereichen Lesekompetenz, Mathematik und Naturwissenschaften gegen Ende der Pflichtschulzeit getestet. Im Rahmen von PISA 2000 nahmen rund 180.000 15-jährige Schüler aus 32 Ländern teil. In Deutschland wurden rund 5.000 Schüler aus 219 Schulen quer durch alle Schulformen einer Prüfung unterzogen.

[2] Vgl. Markard, Morus: Elite. Ein anti-egalitaristischer Kampfbegriff, in: UTOPIEkreativ. Diskussion sozialistischer Alternativen. Nr. 171, Berlin 2005, S. 5-11.

[3] Akkreditierung meint in diesem Zusammenhang eine durch Evaluierung gesicherte Qualitätsprüfung u. a. von Bildungs- und Ausbildungsstellen durch entsprechende Einrichtungen, um so vergleichbare Leistungen abzusichern. In Deutschland wurde ein Akkreditierungsrat durch Beschluss der Kultusministerkonferenz (KMK) eingerichtet. Dem Akkreditierungsrat gehören vier Hochschulvertreter, vier Ländervertreter, fünf Vertreter der Berufspraxis (davon ein Vertreter der für das Dienst- und Tarifrecht zuständigen Landesministerien), zwei Studierende und zwei internationale Vertreter an – damit wirken Hochschulen, Staat und Berufspraxis bei der Qualitätssicherung von Studiengängen durch Akkreditierung zusammen.

Im Gegensatz allerdings zu den üblichen wissenschaftlichen und populären Kontroversen werden in diesem Buch sonst ausgesparte Punkte thematisiert und kritisch diskutiert. Denn die derzeitige Diskussion kann nicht unabhängig von gesellschaftlichen Rahmenbedingungen geführt werden. Offenkundig ist, dass die Privatisierung von Bildung, wie sie von vielen nationalen und internationalen *think tanks* gefordert wird, im Zusammenhang mit der Liberalisierung aller Dienstleistungen und öffentlichen Güter gesehen werden muss. Bildung hat hierbei gerade für Deutschland eine besondere Bedeutung, da das an natürlichen Ressourcen arme Land auf das *öffentliche Gut Bildung* bauen kann und muss.

Bezogen auf die in diesem Buch geführte Diskussion *Mission Klassenzimmer* ist der Begriff Mission in zweifacher Hinsicht zu verstehen. Einerseits bezieht sich der Begriff *Mission* auf die sich zunehmend stellende Aufgabe: wie gestaltet die bundesrepublikanische Gesellschaft das (soziale) Bildungssystem des 21. Jahrhunderts? Hierbei muss im Hinterkopf behalten werden, dass vor allem die Forderungen nach (privaten) Alternativen zum staatlichen Subsidiaritätssystem lauter werden. Andererseits beinhaltet der Begriff *Mission* bereits des *Pudels Kern*, oder wie es Goethes Gretchen richtigerweise zu fragen versteht: Aber wie hältst Du es mit der Religion? Deutschland hält es schon über Jahrzehnte sehr positiv mit der Religion, um nicht zu sagen zu unkritisch. Fragen zur Trennung von Staat und Kirche, insbesondere Fragen zu Privilegien der christlichen Kirchen und zur Kirchensteuerpraxis werden nicht gestellt. Religionskritik fehlt in Deutschland rundweg.

Offensichtlich entgeht vielen BürgerInnen dabei die Tatsache, dass weltanschauliche Träger ihr Monopol im sozialen System, das sich über einen langen Zeitraum hin entwickeln konnte, nutzen, um ihre Marktstellung für künftige Verteilungskämpfe zu behaupten. Schließlich sehen sich kirchliche Anbieter, ebenso wie Waldorfschulen, als Anbieter eines Gutes – das der Bildung und Erziehung.

Von daher muss bei der Auseinandersetzung mit Alternativen zum staatlichen Schulsystem, welches im Laufe der letzten Jahrzehnte zunehmend von privater Seite unter Druck geraten ist, dem ideellen Umfeld der privaten Träger kritische Aufmerksamkeit entgegengebracht werden. Wie geht die Gesellschaft mit den Begriffen Religion und Esoterik um? Was bedeutet irrationales Denken, was ist Esoterik? Welche Folgen ergeben sich aus der Privatisierung von Bildung für die freien Träger, wie beispielsweise Waldorf- und Montessorischulen? Inwieweit profitieren diese Anbieter von der Privatisierungswelle? Was wird an diesen Schulen an

Werten, wissenschaftstheoretischen Inhalten und Modellen vermittelt? Was erwartet Eltern in solchen Einrichtungen? In welcher Form nehmen religiöse Anbieter Selektionen vor, die der Bildungsaufgabe widersprechen? An welche Diskurse docken derlei Ideologeme an? In der Debatte um generelle Standards finden sich die unterschiedlichsten Positionen wieder. Die einen fordern die staatliche Hand im Bildungssystem, die anderen plädieren für eine stärkere Öffnung des Bildungssektors für private Anbieter. Durch das *GATS-Vertragswerk*[4] (General Agreement on Trade in Services), eine der drei zentralen Säulen der materiellen Rechtsordnung der Welthandelsorganisation (WTO), steht eine weitreichende Liberalisierung der öffentlichen Dienstleistungen bevor – auch die des Bildungsmarktes. Wenn Schranken fallen, bedeutet dies nicht nur mehr Freiheit und weniger Staat; zuallererst bringt dies ein mehr an Verantwortung für die Eltern und SchülerInnen, da sie einer Vielzahl von Alternativen gegenüberstehen. Doch wessen Angebote werden sich auf dem neuen *Markt der (religiösen) Möglichkeiten* kurzfristig durchsetzen? Es gibt gute Gründe für die Annahme, dass zunächst die religiösen privaten Bildungsträger profitieren werden.

General Agreement on Trade in Services (GATS)

Das Vertragswerk zur Liberalisierung der Dienstleistungen (GATS) ist, neben dem Abkommen zur Regelung des Abbaus von Zöllen und nichttarifären Handelshemmnissen (GATT) und dem Abkommen zum Schutz geistigen Eigentums (TRIPS), die Speerspitze der Welthandelsorganisation. Dieses Regime wurde, nach vielen internationalen Runden und stetiger Einflussnahme internationaler Konzerne und Banken 1995 auf den Weg gebracht und wird mit dem Internationalen Währungsfonds (IWF) und der Weltbank als Fundament der (wirtschaftlichen) Globalisierung angesehen.[5] Im Kern geht es den VordenkerInnen um die Durchsetzung eines *sich selbst regulierenden Marktes* und um freien Wettbewerb.

---

[4] Vgl. Tietje, Christian (Hrsg.): Welthandelsorganisation. WTO-Übereinkommen; GATT 1947/1994; SPS, TBT, GATS; TRIPS; Streitbeilegung. München ²2003. S. 227-262.

[5] Vgl. ATTAC (Hrsg.): Die geheimen Spielregeln des Welthandels. WTO, GATS, TRIPS, M.A.I. Wien 2003. Vgl. ebenso Stiglitz, Joseph: Die Schatten der Globalisierung, Bonn 2002. Zum Einfluss der Konzerne auf die Liberalisierungspolitik siehe Balanyá, Belén u. a.: Konzern Europa. Die unkontrol-

Die Säulen der Liberalisierung

Aus den Verhandlungen, die über Jahrzehnte gedauert haben, lassen sich zunächst drei Schlüsse ziehen:

Zum einen zeichnet sich der Verhandlungsprozess durch hohe Intransparenz aus. Die Europäische Union (EU), die als Verhandlungspartner für die europäischen Mitgliedsstaaten spricht, sah und sieht es nicht als notwendig an, die Bürgerinnen und Bürger über die laufenden Verhandlungen zu informieren. Dies entpuppt sich, das wird im Folgenden deutlich, als Entdemokratisierungsprozess und Entmündigung der Menschen.[6]

Die WTO ist, was nur wenige wissen, keine UN-Instanz.[7] Dieses Regime, welches Welthandelsfragen zu entscheiden hat, kann als Konkurrenzinstanz der UN-Organisation ILO (International Labour Organisation) gesehen werden. Denn neben arbeitsrechtlichen Grundlagen stehen bei der ILO auch soziale Gesichtspunkte im Mittelpunkt der Entscheidungsfindung. Den VertreterInnen auf den Ministerkonferenzen der WTO, maßgeblich LobbyistInnen internationaler Konzerne, geht es nicht um soziale Fragen bei der Liberalisierung. Ihr vorgeschobener freier Markt entpuppt sich bereits heute als Anlaufstelle für Monopole.[8] Wäre die WTO an die Standards der UNO gebunden, wäre sie „innerhalb der

---

lierte Macht der Unternehmen, Zürich 2001, S. 23ff. (Kapitel Das Europa der Konzerne).

[6] Wehr, Andreas: Europa ohne Demokratie. Die europäische Verfassungsdebatte, Köln 2004.

[7] Vgl. Kletzer, Christoph: WTO. Wie entstand das neoliberale Juwel?, in: ATTAC (Hrsg.): Die geheimen Spielregeln des Welthandels, S. 11ff. Kletzer beschreibt die 1944 im amerikanischen Bretton Woods geschaffenen Elemente des neuen Welthandelssystems. Dazu zählen der Internationale Währungsfond (IWF), die Weltbank (IBRD) und die Internationale Handelsorganisation (ITO). Trotz des Scheiterns der ITO kam es durch das GATT zur Gründung der Welthandelsorganisation (WTO).

[8] Die scharfe Kritik der Nichtsregierungsorganisationen (NGOs) an der Privatisierung von Trinkwasser kann als Beispiel für die Auswirkungen der Privatisierung angesehen werden. Große Konzerne, zu ihnen zählen auch Nestlé und Coca Cola, versuchen den Trinkwassermarkt durch ihren Einfluss auf die WTO zu liberalisieren, um ihn dann monopolistisch zu diktieren. Die Folge ist ein eingeschränkter Zugang zum Trinkwasser, insbesondere für Menschen aus den Ländern der „Dritten Welt". Vgl. www.attac.de/gats/hintergrund/evian-undwasser [Zugriff: 22.4.2004].

UNO […] in ein Netzwerk von weltpolitischen Erwägungen, Rücksichten und Institutionen eingebunden".[9]

Als dritter Punkt ist zu erwähnen, dass die einzelnen europäischen Mitgliedsstaaten kaum an der Diskussion und der Verabschiedung der Abkommen beteiligt sind. Die Europäische Union wird von der Europäischen Kommission vertreten, die ihren Handelsminister Peter Mandelson (zuvor den jetzigen WTO-Chef Pascal Lamy) zu den einzelnen Konferenzen schickt. Der Europäischen Union, und damit den einzelnen Mitgliedsstaaten, jedoch kommt es nur als Aufgabe zu, einheitliche Standards zu verabschieden, wie die *öffentlichen Güter* zu definieren sind. Das Verfahren ist alles andere als einfach. Bereits vor der Verabschiedung der EU-Verfassung in Deutschland und weit vor Abschluss des Liberalisierungsabkommens GATS zeigen sich die Kompetenzverlagerungen deutlich: Direktiven und Verwaltungsakte, die von der EU verabschiedet werden, stehen zumeist über nationalem Recht und 80% der nationalen Gesetzgebungsinhalte sind bereits EU-Ursprungs. Das föderale Prinzip in Deutschland wird ausgehebelt. Die daraus resultierenden Fragen (Ratifizierung durch nationale Parlamente; gemischte Zuständigkeiten, Subsidiaritätsprinzip und Informationspolitik) bleiben ungeklärt. Das GATS-Abkommen spitzt diese Situation noch einmal zu.die nationalen Parlamente und Entscheidungsgremien sind dazu verpflichtet, die Ergebnisse in einem Paket zu verabschieden oder sie im Ganzen abzulehnen. Die Ablehnung einzelner Teilaspekte ist zwar möglich, wird aber durch die Androhung von Sanktionen und durch Hürden erschwert.[10]

Die Bundesregierung muss den Bundestag zu Beginn über den Stand der Verhandlungen informieren, um eine Stellungnahme des Bundestages und des Bundesrates zu ermöglichen. Dieses Muss erweist sich wegen des Wunsches nach Geheimhaltung als schwierig, aber nicht unmöglich. Auf europäischer Ebene kommt dem 133er-Ausschuss eine besondere Bedeu-

---

[9]   Kletzer, Christoph: WTO. Wie entstand das neoliberale Juwel?, S. 12.

[10] Wie weit die Liberalisierung der Dienstleistungsmärkte gehen soll, ist selbst im Regierungslager der Bundesrepublik nicht klar. Während sich auf EU-Ebene VertreterInnen der sozialistischen Fraktionen für soziale Standards und moderate Verhandlungen aussprechen, kämpften die EU-Kommission und Wirtschaftsminister Clement vehement für eine „revolutionäre Liberalisierung". Vgl. Hagelüken, Alexander: SPD streitet über Dienstleistungsmärkte, in: Süddeutsche Zeitung vom 10.1.2005, S. 21.

tung zu.[11] Da sich die politischen Strukturen innerhalb der EU massiv unterscheiden[12] und damit die nationale Gesetzgebung weitreichend überarbeitet werden muss, ist zweifelhaft, ob es 2005 zur endgültigen Verabschiedung des GATS kommen wird.

Was ist GATS?

Der kommerzielle Handel mit Dienstleistungen – insbesondere mit der *Ressource Bildung* – ist der dynamischste Wachstumsbereich der Weltwirtschaft. Durch erfolgreiche Lobbyarbeit von Wirtschaftskonzernen und Transnationalen Unternehmen (TNC) wurde das GATS 1995 auf den Weg gebracht: „Das GATS zielt dabei unter anderem darauf ab, dass staatliche Unterstützungsmaßnahmen (Steuervergünstigungen, Subventionen etc.) für öffentliche oder im öffentlichen Auftrag erbrachte Dienste in gleichem Maße ausländischen Privatanbietern oder aber keinem Anbieter gewährt werden."[13]

Wenn diesbezüglich von Liberalisierung gesprochen wird, muss zunächst festgelegt werden, was unter Dienstleistungen zu verstehen ist. Insgesamt umfasst dieses Regelwerk folgende Bereiche: Unternehmerische und berufsbezogene Dienstleistungen (Ärzte, Architekten, EDV-

---

[11] Vgl. Fritz, Thomas / Scherrer, Christoph: GATS: Zu wessen Diensten? Öffentliche Aufgaben unter Globalisierungsdruck, Hamburg 2002, S. 110f. Diese Gruppe geht auf den Artikel 133 des EG-Vertrages zurück, der die Grundsätze der gemeinsamen Handelspolitik regelt. Mit der Konferenz von Nizza (2000) wurde dieser Artikel neu gefasst. Fritz und Scherrer weisen in ihrem Buch auf folgenden Punkt hin: „In seiner neuen Fassung sieht der Art. 133 vor, dass der Ministerrat über die Annahme von Handelsabkommen grundsätzlich mit qualifizierter Mehrheit beschließt, d. h. einzelne Mitglieder haben keine Vetomöglichkeit." (S. 111)

[12] In der Europäischen Union finden sich neben der parlamentarischen Demokratie die präsidentielle und die semipräsidentielle Demokratie. Insbesondere das föderale System der Bundesrepublik kann als (positives) Hindernis für eine Beseitigung demokratischer Strukturen gesehen werden. Da Bildung (Bundes)Ländersache ist, lassen sich nicht ohne weiteres die Landesgesetzgebungen auf den Bund und darüber hinaus auf die Legislative der Europäischen Union übertragen. Die aktuellen Versuche, das förderale System der Bundesrepublik zu „entbürokratisieren", wird von vielen positiv bewertet. Meiner Ansicht nach ist dieser Vorgang in Bezug zu der Entkopplung politischer Demokratie zu setzen. Den Bundesländern soll weitestgehend der „politische Zahn" gezogen werden.

[13] Fritz, Thomas / Scherrer, Christoph: GATS: Zu wessen Diensten?, S. 7.

Dienste), Kommunikationsdienstleistungen (Postdienste, Telekommunikationsdienste, Kurierdienste), Vertriebsdienstleistungen (Großhandel, Einzelhandel), medizinische und soziale Dienstleistungen (Krankenhausdienstleistungen) und auch Bildungsdienstleistungen (Kindergarten, Schulbildung, Berufs- und Hochschulausbildung). Alles in allem ist vorgesehen, „die Öffnung des staatlichen Beschaffungswesens für ausländische Anbieter und die größere Transparenz bei der Subventionsvergabe im Dienstleistungsbereich"[14] zu sichern. Dabei gibt es zwei unterschiedliche Varianten dieser Ausgestaltung. Zum einen die angloamerikanische Variante, in der US-Konzernen die Monopolstellung im Dienstleistungsbereich zukommen soll, die andere – europäische – Variante dient eher dazu, den europäischen Konzernen die Monopolstellung zu sichern, was sich in der derzeitigen Gestaltung der Europäischen Union (Erweiterungs- und Verfassungsdiskussion) widerspiegelt. Die Rolle der VertreterInnen der Entwicklungsländer ist zwiespältig. Während auf der einen Seite die Ergebnisse zu Lasten der Entwicklungsländer ausfallen, beteiligen sich einzelne Regierungen durch bilaterale Abkommen und Abstimmungen an der weltweiten Ausbeutung der Ressourcen und dienen als Vorzeigeland marktliberaler Reformer.[15]

Bis heute ist der Liberalisierungsprozess nicht abgeschlossen, und der derzeitige Stand lässt die Vermutung zu, dass bis auf weiteres nicht mit einem ratifizierbaren Abkommen zu rechnen ist. Solange sich Europa nicht auf einen einheitlichen wirtschaftlichen, politischen und kulturellen Raum verständigen kann – darunter fällt die Verfassungsdebatte ebenso wie der Türkeibeitritt, die stetige Erweiterung der Europäischen Union und die Schaffung eines Europas ohne MigrantInnen –, wird es der Kommission und ihren VertreterInnen schwer fallen, den internationalen Spielregeln zu folgen.

GATS – zu wessen Nutzen?

„Bereits zur WTO-Gründung hat sich die EU gegenüber den anderen WTO-Mitgliedsstaaten verpflichtet, in den meisten Bildungsbereichen freien Marktzugang und gleiche Behandlung in- und ausländischer Anbieter zu gewährleisten. Im Wesentlichen hat sie sich damals nur vorbehalten, Bildung bzw. Bildungsträger nach eigenem Gutdünken zu sub-

---

[14] Ebd., S. 12.
[15] Vgl. Kwa, Aileen [2003]: Power Politics in the WTO. Focus on the Global South. Bangkok, www.focusweb.org. [Zugriff: 10.8.2004]

ventionieren. Die Aufgabe dieses Vorbehalts würde drastische Änderungen in der Bildungslandschaft hervorrufen."[16]

In Deutschland war es bislang Politik, (private) Bildungsangebote nach dem Subsidiaritätsprinzip[17] weitgehend aus öffentlichen Mitteln zu finanzieren, das Angebot jedoch über die Zulassung als Schulträger zu steuern. Das Subsidiaritätsprinzip ist älter als seine ideengeschichtlichen philosophischen Wurzeln in der katholischen Soziallehre (päpstlichen Enzyklika *Quadragesimo anno* von 1931), die nahezu ausschließlich mit dem Begriff in Verbindung gebracht wird. Frühe Formulierungen des Grundsatzes finden sich bereits bei Aristoteles, Montesquieu oder Tocqueville. Die Grund- und Kernidee der Subsidiarität besteht darin, einerseits zwischen staatlichen und nichtstaatlichen Aufgaben und andererseits deren Organisationen zu unterscheiden. Das ist sicher ein fortdauerndes Problem, da an den Staat Forderungen gestellt werden und zugleich Zurückhaltung gefordert wird. So soll sich der Staat z. B. aus Religion, Weltanschauungsfragen und der Familie so weit „wie möglich" raushalten. Das Prinzip der Subsidiarität ist richtig und gut, da es um Eigenverantwortung in der Gesellschaft geht und der Staat als größere Gemeinschaft nur hilfsweise (subsidiär) in das gesellschaftliche Leben eingreifen soll; was auf unterer Ebene regelbar ist, soll dort geregelt werden. Das Subsidiaritätsprinzip wird jedoch oft missbraucht, wenn es beispielsweise darum geht, günstige Rahmenbedingungen für Eigennutz der christlichen Kirchen herzustellen, abzusichern oder auszubauen, wobei dies meist in Begründungen wie „Freiheit" und „Selbstverantwortung" oder „Sicherung des Sozialstaats" verpackt wird, wo es in Wahrheit ums Geld und um Vorteile geht. Die Krankenhäuser in kirchlicher Trägerschaft und die Konfessionsschulen zeigen dies sehr deutlich.

Krankenhäuser in kirchlicher Trägerschaft sind Teil der sozialen Infrastruktur in Deutschland. Jede/r BundesbürgerIn nimmt diese Einrichtung in Anspruch, weshalb die Forderungen der Kirchen nach Erhalt des Kirchensteuersystems immer die gleiche Begründung findet: mit der Kirchensteuer steht oder fällt das soziale System in Deutschland. Diese

---

[16] Fritz, Thomas / Scherrer, Christoph: GATS: Zu wessen Diensten?, S. 55.
[17] Vgl. Andersen, Uwe / Woyke, Wichard (Hrsg.): Handwörterbuch des politischen Systems der Bundesrepublik Deutschland. Opladen [4]2000. S. 583-585. Der Begriff ist vom lateinischen Begriff *subsidium ferre* (Hilfestellung leisten) abgeleitet und ebenso der Sozialphilosophie entlehnt. Er besagt, „dass der Staat im Verhältnis zur Gesellschaft nicht mehr, aber auch nicht weniger tun soll, als Hilfe zur Selbsthilfe anzubieten".

Forderung an den Staat – einerseits sich in die Belange der Kirchen nicht einzumischen und andererseits die Sicherung des Sozialstaats zu gewährleisten – hinterlässt den falschen Eindruck, dass ein nicht unerheblicher Teil des Kirchensteueraufkommens für das Krankenhauswesen verwendet wird. Das tatsächliche Bild ist ein anderes. Kirchliche Krankenhäuser und Altenheime finanzieren ihren Betrieb genauso wie öffentliche oder freie Träger völlig ohne Kirchensteuermittel. In fast allen Fällen sind gar nicht die Kirchen Träger sozialer Einrichtungen, sondern rechtlich selbstständige Vereine (meist das Diakonische Werk und die Caritas). Diese finanzieren sich völlig eigenständig aus Leistungsentgelten, Kostensätzen der Sozialträger, öffentlichen Zuschüssen und Spenden. Die Zuschüsse aus Kirchensteuern machen nur einen verschwindend geringen Anteil ihres Etats aus. „Die Kirchen unterscheiden nicht zwischen innerkirchlichen und öffentlichen sozialen Aktivitäten. Angebote, die ausschließlich den eigenen Mitgliedern vorbehalten sind, dienen der 'Mitgliederpflege'. Zu den öffentlichen sozialen Zwecken, die für die Allgemeinheit gedacht sind und staatliche oder kommunale Einrichtungen ersetzen, zählen vor allem der kirchliche Beitrag für Kindergärten oder Sozialstationen."[18]

Damit zieht sich der Staat unter anderem von seiner Bildungsaufgabe zurück und überlässt privaten (religiösen) Institutionen den Erziehungssektor. Bezogen auf den schulischen Bereich bedeutet das, dass sich neben staatlichen Schulen sowohl Bekenntnisschulen als auch staatliche Konfessionsschulen haben durchsetzen und ihr Bildungsprogramm in den letzten Jahrzehnten stark ausdehnen können.[19] Trotz der in den letzten Jahren geäußerten Kritik an der Waldorfpädagogik und der Anthroposophie Rudolf Steiners, befinden sich auch die Waldorfschulen als „freie Träger" weiterhin im Aufwind.

---

[18] Rampp, Gerhard: Was machen die Kirchen mit unserem Geld? Quelle: http://www.kirchensteuer.de/rundfunk_geld.html [Zugriff: 20.10.2004].

[19] Laut Aussage des *Deutschen Privatschulverbandes* (VDP) ist der Ansturm auf private Schulen ungebrochen. Fast die Hälfte der privaten Einrichtungen sind in Trägerschaft der großen Kirchen (30 Prozent katholisch, 15 Prozent evangelisch). Hinzu kommen jährlich etwa 50 Neugründungen (http://www.welt.de/data/2005/04/30/711542.html?search=Privatschulen&searchHILI=1 [Zugriff: 15.05.2005]).

Die freie Trägerschaft

„Freie" Schulen im eigentlichen Sinne gibt es wenige, auch die kommerziellen Anbieter verfügen noch über relativ geringe Marktanteile. Der größte Teil privater Schulen ist weltanschaulich ausgerichtet, wird von Kirchen, Orden oder kirchlichen Vereinen betrieben bzw. richtet sich an einer Pädagogik auf religiöser oder esoterischer Grundlage aus (Montessorischulen, Waldorfschulen). Die Zahl der Privatschulen in Deutschland ist in den vergangenen Jahren deutlich gestiegen. Nach Angaben des Statistischen Bundesamtes in Wiesbaden „gab es im Schuljahr 2000/2001 in Deutschland 4.076 private Schulen (allgemein bildende und berufliche). Zu den privaten Schulen zählen neben denjenigen in privat-gewerblicher Trägerschaft auch solche, die z. B. von Kirchen oder karitativen Einrichtungen betrieben werden. Gegenüber 1992 (dem ersten Jahr mit gesamtdeutschen Ergebnissen) stieg die Zahl privater Schulen um 27,3 % und ihr Anteil an den Schulen insgesamt von 6,1 % auf 8,0 %."[20] Die Zahl der Schüler an Privatschulen wuchs von rund 570.000 auf etwa 740.000, was einem Anteil von 5,8 % entspricht.[21] Die Zahl der WaldorfschülerInnen stieg kontinuierlich von 29.600 im Jahr 1980 über 50.400 (1990) bis auf 77.779 im Jahr 2004.

Eine Aussage zu den Montessori-Schulen zu treffen, ist ungleich schwerer. Da der Name Montessori-Schule nicht geschützt ist, können sich alle Einrichtungen so bezeichnen, die laut Selbstauskunft montessoriorientiert sind, also der Lehre Maria Montessoris nahe stehen.[22] Somit gibt es sowohl staatliche Einrichtungen, die montessori-orientiert arbeiten, als auch Bekenntnisschulen und Schulen in freier Trägerschaft. Nach Aussagen der Montessori-Gesellschaft lassen sich folgende Zahlen fest-

---

[20] Quelle: http://www.destatis.de/presse/deutsch/pm2002/zdw28.htm [Zugriff: 12.2.2003].

[21] Die Kleine Anfrage zur Staatlichen Unterstützung für Privatschulen in Rheinland-Pfalz, die der Landtagsabgeordnete Nils Wiechmann stellte, ergab, dass der Haushaltstitel für die Zuweisung an nichtstaatliche Schulen (Freie Waldorfschulen nicht mit eingeschlossen) zwischen 1998 und 2002 von über 91,26 Millionen Euro auf über 109,35 Millionen Euro angestiegen ist. Die sechs Freien Waldorfschulen in Rheinland-Pfalz erhielten laut Statistik 1998 über 6,22 Millionen; mittlerweile beläuft sich die Summe auf mehr als 7,7 Millionen Euro (Anfrage Nr. 1173/14-2042).

[22] Vgl. Frankfurter Rundschau vom 23.3.2004. Nach Aussage der Montessori-Gesellschaft erarbeitet diese zurzeit ein Zertifikationsverfahren und ein Qualitätssiegel für Montessori-Kindergärten.

halten: 549 Kinderhäuser, 272 Grundschulen, 82 weiterführende Schulen, 40 Sonder- bzw. Förderschulen, 9 Grund-/Hauptschulen, 2 Integrationsschulen und 2 Internationale Schulen.

Wie hoch der Anteil der staatlichen Finanzierung an privaten Schulen ist, unterscheidet sich von Bundesland zu Bundesland. Da die Gründung von Schulen in freier Trägerschaft nicht einfach ist, was nicht zuletzt an der Gesetzeslage der Bundesländer liegt, wünschen sich die freien Träger ein stärkeres (finanzielles) Engagement der Eltern beim Aufbau freier Einrichtungen.[23]

Dass die privaten Einrichtungen mitunter ihre Auskunft gegenüber der öffentlichen Hand verweigern, zeigt das Dilemma noch deutlicher. Wie der letzte große Bericht des Statistischen Bundesamtes von 1998 ausweist, gab es bei der Erhebung der finanzstatistischen Informationen über das gesamte nationale Bildungssystem erheblichen Informationsmangel von Seiten der privaten Schulträger.[24] Nicht nur, dass allein das Statistische Landesamt in Nordrhein-Westfalen an der Erhebung Interesse zeigte, die privaten Schulträger, vornehmlich Waldorf- und Bekenntnisschulen, empfahlen zwei der genannten Fragen nicht zu beantworten: 1. Höhe der Einnahmen nach Einnahmearten (mit Ausnahme der öffentlichen Zuschüsse); 2. Unentgeltlich erhaltene Sachleistungen (mit Ausnahme der unentgeltlich erhaltenen Lehrkräfte).[25] „Zahlreiche Auskunftspersonen äußerten grundsätzliche Bedenken an den Fragen zu den Einnahmen und Ausgaben privater Bildungseinrichtungen. Viele Schulträger lehnten eine Beteiligung zu den Finanzen privater Schulen unter Berufung auf das Betriebsgeheimnis generell ab."[26]

Der schwache Rücklauf und die darauf zu beziehende Kritik an der Erhebung treffen auch auf die Waldorfschulen zu. Daher musste das Statistische Bundesamt eine Hochrechnung vornehmen, die wie folgt aussieht: „Die Gesamtausgaben dieser Einrichtungen beliefen sich hiernach

---

[23] Vgl. Jacob, Sybille-Christin / Drewes, Detlef: Aus der Waldorfschule geplaudert. Warum die Steiner-Pädagogik keine Alternative ist. Aschaffenburg 2001, S. 96ff.

[24] Vgl. Bericht des Statistischen Bundesamtes über die Erhebung (gem. § 7, Abs. 2 Bundesstatistikgesetz) der Ausgaben und Einnahmen der privaten Bildungseinrichtungen einschließlich der öffentlichen Schulen des Gesundheitswesen im Jahr 1995, vom 10. Oktober 1998. Dieser Bericht kann beim Statistischen Bundesamt angefordert werden.

[25] Vgl. ebd., S. 4.

[26] Ebd., S. 7.

in 1995 auf 607,5 Mill. DM. Davon entfielen 454,3 Mill. DM (d. h. etwa 75%) auf die Personalausgaben, 97 Mill. DM (d. h. ca. 16%) auf den laufenden Sachaufwand und 56,2 Mill. DM (d. h. ca. 9%) auf die Investitionsausgaben. Die öffentlichen Zuschüsse betrugen 450,8 Mill. DM. Sie machten damit einen Anteil von etwa 74% an den Gesamtausgaben dieser Einrichtungen aus. Die Personalausgaben je Schüler beliefen sich auf ca. 7.300 DM."[27]

Den freien Schulen steht der Zugang zu öffentlichen Mitteln zur Verfügung, darunter fallen neben Kindergeld und Erziehungshilfe nach dem Kinder- und Jugendhilfegesetz (KJHG) Bundesprogramme, Sonderprogramme der Bundesregierung und Europäische Programme.[28] Ist erst einmal die finanzielle Hürde übersprungen, steht den Trägern die Gestaltung des Unterrichts zu. Der Träger kann „Lehrer und Schüler frei wählen. Kirchliche Träger sind in ihrem Selbstbestimmungsrecht zusätzlich durch Art. 140 GG / Art. 137 [3] Weimarer Verfassung gesichert."[29] Gestaltungsspielräume gibt es für freie Träger auch bei der Mitbestimmung der MitarbeiterInnen. Da Schulen in freier Trägerschaft generell als *Tendenzbetriebe*[30] zu verstehen sind, ist die gesetzliche Mitbestimmung eingeschränkt. Eine besondere Rolle kommt den kirchlichen Ordensschulen zu. Hier sind dem Eingreifen von staatlicher und gewerkschaftlicher Seite unangemessene Grenzen gesetzt.

Da in Zeiten knapper Kassen nach Einsparungsmöglichkeiten Ausschau gehalten wird, führen vor allem die weltanschaulichen Schulträger öffentlich Klage darüber, dass die Förderung zu gering sei – obwohl sie in

---

[27] Ebd., S. 14. Wichtig ist dabei, dass nach den Erhebungen sowohl die Schätz- als auch die Ist-Werte bei den Personalausgaben der Anteil der öffentlichen Hand bei etwa 99% liegen.

[28] Arbeitsgemeinschaft Freier Schulen (Hrsg.): Handbuch Freie Schulen. Pädagogische Positionen, Träger, Schulformen und Schulen im Überblick. Reinbek bei Hamburg 1999, S. 20.

[29] Ebd., S. 22.

[30] Vgl. Gabler Wirtschaftslexikon. Bd. 5. Wiesbaden ¹²1988, S. 1924. Unter Tendenzbetrieben versteht man Betriebe mit unmittelbar und überwiegend ideeller Zielsetzung (§ 118 I BetrVG, § 1 IV MitbestG): a) Politische, koalitionspolitische, konfessionelle, karitative, erzieherische, wissenschaftliche oder künstlerische Bestimmungen oder b) Zwecke der Berichterstattung oder Meinungsäußerung (Art. 5 I 2 GG). Auf Tendenzbetriebe finden die Vorschriften des BetrVG keine Anwendung, soweit die Eigenart des Unternehmens oder des Betriebs dem entgegensteht.

Einzelfällen bereits heute 100% beträgt.[31] Lautstark wird sofort eine Benachteiligung gegenüber staatlichen Schulen moniert.[32] Insofern kommt der Deregulierungsdruck, der mit GATS auf Deutschland (und damit auf die Bundesländer als Zuständige in Bildungsfragen) zukommt, den freien Trägern entgegen. Denn im Rahmen des Subsidiaritätsmodells wird die Neuordnung des Bildungsmarktes für sie eine Ausweitung ihrer Handlungsfreiheit bringen, möglicherweise sogar bei verbesserter Finanzierung durch die öffentliche Hand. „Zwischen der verfassungsrechtlich definierten und bildungspolitisch formulierten Funktion der Schule in freier Trägerschaft und der Art, wie Landesgesetzgeber und Schulverwaltungen diese Schulen behandeln, klafft ein immer tieferer Graben."[33] Die Liberalisierung wird diese Diskrepanz aufheben.

VertreterInnen privater Träger im schulischen Bereich sehen für Deutschland das „Problem", dass das traditionelle, staatlich finanzierte Regelschulsystem wettbewerbsverzerrende Auswirkungen habe. Diese Kritik, ursprünglich vorgebracht von international agierenden Unternehmen, wird von den freien Trägern als argumentative Grundlage für Angriffe auf die derzeit gängige Finanzpraxis und die Forderung nach höheren Zuschüssen herangezogen. Ähnlich wie die Notwendigkeit einer

---

[31] Vgl. http://www.destatis.de/presse/deutsch/pm2002/zdw28.htm [Zugriff: 12.2.2003]: „Der Bund der Freien Waldorfschulen hat eine 'Bremspolitik der öffentlichen Hand' gegenüber freien Schulträgern beklagt. Benediktur Hardorp vom Bundesvorstand wandte sich am Montag in Stuttgart dagegen, die Finanzhilfen der Bundesländer weiter zu kürzen. Freie Träger stünden für Vielfalt und damit für mehr Individualität von Schülern. Ideal sei eine staatliche Finanzierung von 85 Prozent der Regelbetriebskosten freier Schulen, wie sie in Nordrhein-Westfalen üblich ist. Baden-Württemberg, das Ursprungsland der Waldorfschulen, ist nach Angaben des Verbandes bei den Zuwendungen das Schlusslicht: Gemessen an den Kosten eines Gymnasiasten an einer staatlichen Schule erhalten die Waldorfschulen nur knapp 70 Prozent Finanzhilfe. Während in Deutschland das 'Staatsschulwesen' hochgehalten werde, gehe die Entwicklung europaweit in eine andere Richtung, sagte Hardorp. In den Niederlanden betrage der Anteil von Schülern in Privatschulen bereits 75 Prozent, in Frankreich seien es 17 Prozent. In Deutschland liege der Wert bei lediglich 6 Prozent. 'Es stellt sich für uns die Frage, ob wir mit diesem Bildungswesen europatauglich sind', sagte Hardorp. Dem Verband gehören 180 (Vorjahr: 172) Schulen in Deutschland an, davon 45 in Baden-Württemberg. 72.000 Schüler werden von 6100 Lehrern unterrichtet."

[32] Vgl. http://waldorfschulen-hamburg.de/page0_rb29.html [Zugriff: 11.2.2003].

[33] Arbeitsgemeinschaft Freier Schulen (Hrsg.): Handbuch Freie Schulen, S. 13.

Öffnung des „Bildungsmarktes" wird der Bedarf an Weltanschauungs-
schulen mit dem uneingeschränkten Zugang zur *Ressource Bildung* und
einem Recht der SchülerInnen bzw. ihrer Eltern auf ein pluralistisches
Angebot begründet.[34]

Neuer religiöser Bildungsmarkt?

Hinter solchen Plädoyers für Pluralismus verbirgt sich das kalte Kalkül,
dass von einer Stärkung der Stellung privater Schulanbieter in Deutschland zunächst in erster Linie Waldorf- und Bekenntnisschulen profitieren
dürften. Sie verfügen nicht nur über eigene Ausbildungsstätten für Lehrkräfte, sondern auch über die Strukturen und die Finanzmittel, ihr ohnehin
schon beachtliches Netz an pädagogischen Anstalten auszudehnen. Aus
jahrelanger Erfahrung wissen sie zudem, wie sie mit Kommunen oder
Landkreisen in Verhandlung treten müssen. Ihre Lobby auf höchster
(Bundes)Ebene (Schily) kommt ihnen da zugute.[35] Diese „Wettbewerbs-
vorteile" werden den weltanschaulich fixierten Schulen einen Vorsprung
vor der kommerziell ausgerichteten Konkurrenz sichern, auch wenn diese
zügig aufholen wird: GATS wird dazu führen, dass der Einfluss von Kirchen und Esoterik-Vereinigungen auf Bildung und Erziehung zumindest
kurzfristig steigt.

---

[34] Vgl. http://www.waldorf.net [Zugriff: 11.2.2003]. Dort fordert Hanna-Renate
     Laurien: „Diktaturen kennen keine Freie Schule, weder formal, noch inhalt-
     lich. In der Weimarer Republik verstand man unter Freier Schule eine von der
     Bindung an die Kirche freie Schule. Die heutige Schule in freier Trägerschaft
     steht nach dem Grundgesetz Art. 7, Abs. 4 zwar wie das gesamte Schulwesen
     in öffentlicher Verantwortung, aber unter dem Schutz der Verfassung. Öffent-
     liche Verantwortung heißt nicht Staatsmonopol. Ein freiheitlicher Staat wird
     stets die Konkurrenz zu seinen Einrichtungen nicht nur zulassen, sondern er-
     möglichen, gar fördern."
[35] Mit der Meldung „Otto Schily prangert Diskriminierung der Waldorfschulen
     an" wirbt die Internetseite des pseudowissenschaftlichen *Instituts für soziale
     Dreigliederung* um politischen Einfluss. Otto Schily besuchte am 4. Mai
     2005, zusammen mit dem damaligen NRW-Finanzminister Dieckmann, die
     Freie Waldorfschule im Siegkreis. In einem Gespräch mit den Eltern forderte
     Schily die stärkere finanzielle Unterstützung der freien Träger und wird mit
     den Worten zitiert: „Es ist nicht logisch, dass nur 85 Prozent bezahlt werden.
     Den Dialog müssen wir deutlicher führen." (http://www.dreigliederung.de/
     news/05050401.html [Zugriff: 18.5.2005]).

Die Anwendung des Subsidiaritätsprinzips entlastet den Staat nicht nur von bestimmten Aufgaben; indem diese an freie Träger delegiert werden, schränkt die öffentliche Hand auch ihre Steuerungsmöglichkeiten ein. Unter dem Deckmantel der Liberalisierung fällt die notwendige Kontrolle von Lern- und Lehrinhalten. „Die Beseitigung dieser Hemmnisse durch das GATS-Abkommen hätte zur Folge, dass in den Bildungsbereichen der national-staatliche Handlungsspielraum – z. B. zur Schaffung und Sicherung von Standards im öffentlichen Interesse oder zur Verhinderung unerwünschter sozialer Auswirkungen – drastisch minimiert würde."[36] Was für marktliberale Unternehmen gut ist, kann für weltanschauliche Träger nicht schlecht sein.

Gerade bei Schulträgern, die eher einem religiösen denn einem pädagogischen Konzept folgen, wird dies zum besonderen Problem. Generell stellt sich angesichts der Vorstellung, die die Bildung als Ressource und die Unterrichteten als „KundInnen" versteht, die Frage, welcher Stellenwert dem Kind zukommt, wie es sich aus sozialpsychologischer Sicht entwickeln kann.[37] Die auf religiöser oder esoterischer Grundlage lehrenden Schulen erheben zwar den Anspruch, auf Grund ihrer Orientierung an christlichen Werten, Ganzheitlichkeit usw. mehr zu bieten als die bloße Vermittlung von Wissen. Doch welche Werte vermitteln diese Bildungseinrichtungen an die SchülerInnen? Es erscheint mehr als fragwürdig, die Erziehung junger Menschen an LehrerInnen zu übertragen, die mit mehr oder minder missionarischem Eifer religiöse oder okkulte Auffassungen vertreten.[38] Kein Karma leitet irgendjemanden zur Demokratie; schick-

---

[36] Lohmann, Ingrid: Welthandel mit Bildung. Das General Agreement on Trade in Services (BdWi-Studienheft 'Bildungsfinanzierung'), S. 46.

[37] Die Erziehungswissenschaftlerin Ingrid Lohmann kritisiert in ihrem Aufsatz die neue Bildungsagenda. Sie schreibt: „Geschöpft wird das Leitbild des neuen Europäers / der neuen Europäerin, die nicht nur technologisch versiert sein muss, 'den Geist des Unternehmerischen zum Leben zu erwecken, als Beschäftigte und als Staatsbürgerin'" (S. 47). Erweitern könnte man diese These noch durch die Schaffung eines neuen Menschen, dessen Leibeigenschaft nicht nur aus der Ökonomie, sondern auch aus der sozialen Indoktrination heraus geschaffen wird.

[38] Viele ReligionslehrerInnen entwickeln ein geradezu revolutionäres Potenzial für ganzheitlichen, aber auch politischen Unterricht. Wenn man mit SchülerInnen über ihren Religionsunterricht spricht, hört man, dass die LehrerInnen Feuerbach lesen bzw. nicht viel von der offiziellen Lehrmeinung ihrer Kirche halten. Hierbei darf nicht vergessen werden, dass katholische LehrerInnen zum einen die *Missio Canonica* besitzen, die ihnen die Pflicht auferlegt, in

salsbehaftete Vorstellung von Krankheit und Tod, stressfreies Lernen in musischer Atmosphäre, systemische Familienaufstellung nach Bert Hellinger und das Kruzifix im Klassenzimmer sind keine emanzipatorischen Erziehungsmethoden. Das wissen die weltanschaulich-esoterischen Einrichtungen und versuchen ihrem verkrusteten Image eine neue, feinfühligere und liberale Seite beizumischen. Dass der Versuch scheitern kann, zeigt ein Artikel des *Spiegel*, der die Diskrepanz zwischen Steinerscher Lehre und schulischem Alltag deutlich macht.[39] Wer einen Blick hinter die Fassade des viel gepriesenen skandinavischen Modells des Klassenverbandes wirft, welches in der Waldorfschule Anwendung findet, stößt auf das ideologische Zerrbild des kopflastigen Schülers: „'Sehen Sie hier, Klasse eins', sagt Creyaufmüller, 'der Raum ist rot gestrichen. Rot gibt Wärme, Rot hüllt ein. Die Kinder waren als Embryo im Mutterleib von solchem Rot umgeben." Und weiter unten weist der promovierte Mathematiklehrer an einer Aachener Waldorfschule auf das Problem von rechteckigen Räumen und Fenstern in der Primarstufe hin: „'Kanten sind bewusstseinsfördernd, der Blick stößt sich an ihnen', sagt er, 'aber das ist für Erstklässler zu früh.'"[40] Die Vorstellung von missratenen SchülerInnen war für Rudolf Steiner zeitlebens ein Graus, weshalb er in allen Lebenslagen Rat weiß: „Zuletzt wuerden nur mehr Braun- und Schwarzhaarige da sein koennen; aber wenn nicht abgeholfen wird, so bleiben sie zugleich dumm. Denn je staerker die Koerperkraefte sind, desto weniger stark sind die seelischen Kraefte. Und die Erdmenschheit wuerde vor der Gefahr stehen, wenn die Blonden aussterben, dass die ganze Erdenmenschheit eigentlich dumm wuerde. [...] Die Menschen wuerden ja, wenn die Blauaeugigen und Blondhaarigen aussterben, immer duemmer werden, wenn sie nicht zu einer Art Gescheitheit kommen wuerde, die unabhaengig ist von der Blondheit. Die blonden Haare geben eigentlich Gescheitheit. Geradeso wie sie wenig in das Auge hineinschicken, so bleiben sie im Gehirn mit Nahrungssaeften, geben ihrem Gehirn die Gescheitheit. Die Braunhaarigen und Braunaeugigen, und die Schwarzhaarigen und Schwarzaeugigen, die treiben das, was die Blonden ins Gehirn treiben, in die Augen und Haare hinein. Daher werden sie Mate-

---

allen Unterrichtsfächern zu missionieren. Zum anderen sind es gerade die „kritischen" LehrerInnen, die in den Jugendlichen trügerische Hoffnungen wecken und sie somit für Ideologien anfällig machen.

[39]   Vgl. Holm, Carsten: Das Ende der Exorzisten, in: Der Spiegel, 36/2004, S. 50-52.

[40]   Ebd., S. 50.

rialisten, gehen nur auf dasjenige, was man sehen kann, und es muss durch eine geistige Wissenschaft ausgeglichen werden. Man kann also eine Geisteswissenschaft haben in demselben Masse, als die Menschheit mit der Blondheit ihre Gescheitheit verliert. [...] Denn es ist tatsaechlich so, dass, je mehr die blonden Rassen aussterben, desto mehr auch die instinktive Weisheit der Menschen stirbt. Die Menschen werden duemmer."[41]

Die in sich geschlossenen religiös-esoterischen Systeme bieten einen *Geborgenheitsraum* für viele Menschen und damit eine Basis zur Begründung einer Scheinethik;[42] gerade dadurch behindern sie die persönliche Selbstentfaltung.

Als ein weiteres Beispiel für den immer stärker werdenden Einfluss irrationalen Denkens muss hier der als Therapie-Guru geltende Bert Hellinger angeführt werden. Im Unterschied zu familientherapeutischen oder systemischen Ansätzen der Psychotherapie behauptet Bert Hellinger, aus den Äußerungen der aufgestellten Menschen die tatsächlichen Gefühle oder die verborgenen Motive der real existierenden Familienmitglieder, die nicht anwesend sind, erahnen zu können. Dabei geht Hellinger von einem *wissenden Feld* aus, aus dem er seine Erklärungen bezieht. Mehr noch: Durch das Aufstellen in eine *richtigen Ordnung* würden die Probleme der Familie gelöst. Dass diese schicksalhaften Bestimmungen dem Menschen keinen Raum zur Selbstentfaltung bieten, niemand seinem Schicksal entgehen kann,[43] ist bezeichnend. Denn im Gegensatz zu den

---

[41] Steiner, Rudolf: Ueber Gesundheit und Krankheit, Dornach 1983, S. 103.

[42] Auf der Homepage des anthroposophischen *Info3*-Blattes werden die LeserInnen gezielt mit einem Bericht der Autorin Doris Kleinau-Metzler angesprochen: „Für die Waldorfpädagogik ist die Individualität des Schülers wesentlich, was sich auch an der Förderung der verschiedenen Bereiche ausdrückt (Denken, Sozialverhalten, künstlerisch-praktische Fertigkeiten), in denen es sicher je nach Schüler unterschiedliche Präferenzen gibt. Dem Selbstverständnis der Waldorfschulen würde eine ausgelesene, privilegierte oder sich selbst als Elite verstehende Schülerschaft diametral entgegenstehen." Quelle: http://www.info3.de/archiv/info3/Artikel/2000-05/0500dkm.html   [Zugriff: 11.2.2003]. Kritische Berichte zur Waldorfpädagogik, insbesondere zum Sozialverhalten und zu den Hintergründen des Menschenbildes Rudolf Steiners, finden sich kaum. Siehe dazu: Prange, Klaus: Erziehung zur Anthroposophie, Bad Heilbrunn ³2000.

[43] Vgl. Studentischer Sprecherrat der Universität München (Hrsg.): „Niemand kann seinem Schicksal entgehen..." Kritik an Weltbild und Methode des Bert Hellinger, Aschaffenburg 2004.

Grundsätzen jeder anerkannten Psychotherapie ergeben sich somit *absolute Werturteile*, was richtig oder falsch ist, gut oder schlecht.

Sowohl der Steinersche Klassenverband in den Waldorfschulen, als auch die Schicksalsgemeinschaft der Hellingerschen Familien sind Reaktionen auf die moderne (globalisierte) Welt; Ideologien, die sich als Alternativen zur pluralistischen Gesellschaft anbieten. Der Mensch, der sich Zeit seines Lebens auf die Suche nach dem Wohin und dem Woher macht, findet in beiden Ideologien das Opiat, welches er in dieser politisch und wirtschaftlich unsicheren Zeit braucht.

Die in diesem Buch vertretene These lautet nicht, dass es ein ideales staatliches Schulsystem gibt, welches nun mit falschen Alternativen konfrontiert und demontiert wird. Die entscheidende Frage ist, wie Kinder und Jugendliche in ihrer Schulzeit zu mündigen BürgerInnen werden können. Dass GATS hier den Böcken das Tor zum Schulgarten öffnet, liegt leider auf der Hand.

Die schulische Gretchenfrage

Die Funktion von Religion und religiöser Erziehung spielt in diesem gegenwärtigen Prozess der Privatisierung eine bedeutende, oftmals zu sehr unterschätzte Rolle. Auf diese Rolle geht Maria Wölflingseder ein sowie Claudia Barth, die sich auf das Themenfeld des New Age spezialisiert hat. Während Claudia Barth einen historischen Überblick bis zum „neuen Zeitalter" der Esoterik gibt, erweitert Maria Wolflingseder den Aspekt der Bildungsdebatte durch Beispiele aus der Umschulung und der Weiterbildung. Durch die Sozialisation gewinnen religiöse Ideologien und fragwürdige Wahrheiten großen Einfluss auf das Denken des (jungen) Menschen. Die Folge sind Verführbarkeit und Subjektlosigkeit. An dieser Stelle greift ein unübersehbarer Markt von okkulten und esoterischen Alternativen, in dem sich der Mensch zu verfangen droht.[44]

---

[44] Abgesehen von der *Guten Nachricht Bibel*, die in vielen Hotels auf dem Nachttischschränkchen zu finden ist, treten konservative IdeologInnen immer offener auf. Esoterikzeitschriften finden sich in Massen nicht nur in den Presseläden am Bahnhof, in den Esoterikläden und den Reformhäusern. Auch Hotels und Gaststätten leben von den Zulieferern „ganzheitlicher" Heilslehre. Sie frischen ihr Wellness-Programm durch Chi-Maschinen, Reiki-Training und Zukunftsmeditation auf. Die fundamentalistische Strömung amerikanischer ChristInnen steht dem in nichts nach. Im Herbst 2001 sorgte das Buch *Kraft zum Leben* für Furore, welches von der rechtskonservativ-christlichen *Arthur S. DeMoss Stiftung* herausgegeben wurde. Die Suche nach Gott gerät

Dabei wird die traditionell religiöse Unterweisung durch Kirche und Staat in einem Abnabelungsprozess von Tradition und Familie lediglich von einer Art *Patchwork-Religion* abgelöst. Der Mensch behält rudimentäre Elemente seiner traditionell religiösen Erziehung bei und vermischt diese mit „neuen" Aspekten religiöser, kultischer und esoterischer Lehren. Was viele GesellschaftswissenschaftlerInnen als das Ende der Religion und den Beginn der postsäkularen Gesellschaft verstanden wissen wollen, ist in Wirklichkeit die *ewige Wiederkehr des Religiösen.*

Nicht zuletzt sind die Versuche, dem Scheitern an gesellschaftlichen Veränderungen und Konflikten zu entfliehen, verantwortlich für den Bruch mit dem Glauben im herkömmlichen Sinn und der damit verbundenen traditionellen Identifizierung von BürgerIn und ChristIn, aber auch für die Hinwendung zu neuen, *gefühlsbetonteren* Heilsversprechungen.[45] Religion, so scheint es, setzt diesem Prozess des Umbruches ein Fluchtmoment entgegen, an dessen Ende oftmals eine Teilnahmslosigkeit an gesellschaftlichen Prozessen steht. Das entscheidende Problem ist die weitgehend anerzogene Unfähigkeit vieler Menschen, sich der eigenen Vernunft zu bedienen, ihr fehlender Mut, vermeintlich unantastbare (religiöse) Behauptungen in Frage zu stellen. Beispiele dafür finden sich genügend, was die Auseinandersetzung in diesem Buch zeigt.

Das anthroposophische Plädoyer für eine ganzheitliche, schöpferische Sicht des Kindes ist fragwürdiger denn je. Einerseits entzieht sich die Anthroposophie durch irrationale Phänomene der Kritik. Etwas, das nicht logisch eingegrenzt werden kann, ist somit auch nicht kritisierbar, so stellt es Klaus Prange prägnant heraus. Die Waldorfschule rühmt sich zwar, über das bestehende Bildungssystem von Wissenserwerb und -vermittlung hinauszugehen, doch ihre ganzheitliche Erziehung macht Kinder und Jugendliche in der kapitalistischen Gesellschaft zu alles anderem als mündigen BürgerInnen.[46] Darüber hinaus muss das Steinersche Menschen- und Weltbild infrage gestellt werden: Die Vorstellung von Karma, Seelenwanderung und behinderten Menschen als *seelenpflegebedürftigen*

---

nicht zuletzt dadurch in den Mittelpunkt, dass vermeintliche Idole wie SängerInnen und Fußballer für ein solches Werk werben.

[45] Thürmer-Rohr, Christina: Wendezeit – Wendedenken – Wegdenken, in: Studentischer Sprecherrat der Universität München (Hrsg.): Ganzheitlich und ohne Sorgen in die Republik von morgen. Dokumentation zum Kongress gegen Irrationalismus, Esoterik und Antisemitismus, Aschaffenburg 2001, S. 117-134.

[46] Vgl. Prange, Klaus: Erziehung zur Anthroposophie, S. 156ff.

Menschen ist irrational genug.[47] Trotz dieser nachweislich antiaufkläreri-
schen Haltung erfahren die Waldorfschulen stetigen Zulauf. Nicht zuletzt,
weil viele Eltern nichts über die dahinterstehende Ideologie wissen und
sich die Waldorfschulen in Werbekampagnen als Alternative zum PISA-
gebeutelten staatlichen Schulsystem anbieten, kommt die Pädagogik nach
Steiner wieder in Mode.

Die Schule ist kein autarker Raum, welcher sich einzig und allein von
Lehrplänen und dem Willen der Lehrkräfte speisen kann. Bildung ist ein
zivilgesellschaftliches Gut und damit den Brüchen und Veränderungen
der Gesellschaft unterworfen. Vor allem junge Menschen sind für Ideologien und (quasi) religiös geschlossene Räume anfällig. Dies stellt auch
Lee Traynor in seinem Beitrag heraus. Am Beispiel des Biologie-
unterrichts verdeutlicht er den pseudowissenschaftlichen Umgang mit
dem Begriff der Evolution. Hier zeigt sich die Auseinandersetzung von
Ideologie und Theorie sehr deutlich. Die Suche nach einem Sinn hinter
dem eigenen Leben kann zur Falle werden. Die Flucht vor Arbeitslosigkeit und Sinnlosigkeit eröffnet den MissionarInnen und FührerInnen
eine unendliche Fülle von Betätigungsfeldern. Sind die jungen Menschen
nicht willig, so sind sie ideologisch zu führen.[48] Klaus Prange und
Wolfgang Proske machen die ideologische Geschlossenheit sowohl der
Waldorf- als auch der Montessoripädagogik deutlich. Was bei Steiner und
Montessori der Wille des Kindes zu sein scheint, welches sich auf dem
rechten Pfad Gottes bewegt, ist letztendlich ein ideologischer Mechanismus zur Kontrolle der Kinder durch den Lehrkörper. Das, was in
früheren Jahren das „Auge Gottes" war, ist nun das Karma der Menschen-
führung. Beide Beispiele lassen sich als „absolute" Pädagogiken (Klaus
Prange) verstehen, die mit einem verbindlichen Menschenbild arbeiten.
Da es sich bei beiden um eine Erkenntnislehre handelt, sind sie für die
wissenschaftliche Kritik, so glauben sie, unerreichbar. Nur der, der die
„Erkenntnis der höheren Welten" hat, ist auch in der Lage, den Willen
Gottes zu verstehen.

---

[47] Vgl. Bierl, Peter: Wurzelrassen, Erzengel und Volksgeister. Die Anthroposophie Rudolf Steiners und die Waldorfpädagogik, Hamburg 1999.
[48] Ribolits, Erich: Kann der Glaube Berge versetzen, oder hilft er bloß das prinzipiell Unerträgliche durchzustehen? Überlegungen zu Ursache und Wirkung
des Glaubens, dass das Bewusstsein das Sein bestimmt, in: Ribolits, Erich /
Zuber, Johannes (Hrsg.): Karma und Aura statt Tafel und Kreide. Der Vormarsch der Esoterik im Bildungsbereich. Schulheft Nr. 103, Wien 2001,
S. 9ff

Immer häufiger und immer eindringlicher werden junge Menschen vor dem Verfall der (gesellschaftlichen) Ordnung gewarnt und zur Hinwendung zum Schicksal gedrängt.[49] Ordnung und Schicksal bekommen dabei eine neue Bedeutung: Ordnung ist und bleibt ein fester Raum, in dem sich der Mensch bewegt. Das Schicksal bestimmt das Handeln des Menschen. Ändert er einmal – willentlich – seine vorherbestimmte Richtung, droht ihm der Ausschluss aus der Gemeinschaft. Umgeben von Päpsten[50] und Göttern[51] bleibt den Menschen keine andere Wahl als das Akzeptieren ihres vorherbestimmten Schicksals. Die neuen ökonomischen Bedingungen tun ihr übriges.

Die Alternativen zum religiösen Bildungsmarkt

Der Staat hat die Rahmenbedingungen von Bildung zu gewährleisten, also etwa die Finanzierung, die Vergleichbarkeit von Abschlüssen, die Einhaltung von Qualitätsstandards, so dass keine soziale Sonderung stattfindet und Mobilität möglich ist. Bildung im engeren Sinne aber ist eine Aufgabe der Zivilgesellschaft. Mit diesem Bildungsbegriff und mit welchen Unwägbarkeiten er behaftet ist, wird sich Eamon Kiernan in seinem Artikel beschäftigen.

Eine Schule, die ihren SchülerInnen Bildungsziele vermitteln soll wie Mündigkeit, die Fähigkeit selbstständig das Leben zu gestalten und Verantwortung in der Demokratie zu übernehmen, muss auch selbst mündig,

---

[49]   Der Ex-Missionar und neuerliche „Ordnungshüter" Bert Hellinger gilt als Protagonist einer neuen Esoterikwelle weltweit. Der rasante Aufstieg der systemischen Familienaufstellung Hellingers kann als Beispiel für die Anfälligkeit unserer Gesellschaft gesehen werden. Vgl. Goldner, Colin (Hrsg.): Der Wille zum Schicksal. Die Heilslehre des Bert Hellinger, Wien 2003.

[50]   Wenn von Päpsten die Rede ist, darf von Dr. Ulrich Strunz nicht geschwiegen werden. Der selbsternannte Fitnesspapst und Gesundheitsdenker treibt nicht nur in TV und in Büchern sein Unwesen. Seit geraumer Zeit nutzt er auch das Internet, um seine „frohe Botschaft" von Glaube und Sport zu vermitteln. Der bekennende Christ sieht sich als Bindeglied von Gesundheit und göttlicher Fügung. Auch wenn er für Jugendliche weniger Idolformat besitzt, ist er doch ein Beispiel für den Wellness-Wahn der Gesellschaft. Vgl. www.strunz.com [Zugriff: 22.4.2004].

[51]   Der Dalai Lama wird als Quasi-Gottkönig verehrt. Weltweit genießt der Tibeter einen populären Ruf als Friedensfürst und „Gutmensch". Kritik ist dabei nicht erwünscht. Vgl. Goldner, Colin: Dalai Lama. Fall eines Gottkönigs. Aschaffenburg 1999.

selbstständig und demokratisch sein. Dazu kommt: die Lebensverhält-
nisse von Kindern und Jugendlichen sind in den Bundesländern sehr un-
terschiedlich, es muss daher vor Ort auf die jeweiligen Probleme und
Situationen eingegangen werden.[52]
Sich einen adäquaten Überblick zu verschaffen, wird für die Eltern
schwierig genug. Durch die fehlenden Informationen der PolitikerInnen
und der starken Lobby freier Träger bei Legislative und Exekutive sind
SchülerInnen und Eltern in ihrer Entscheidungsfindung überfordert. Von
Neutralität kann keine Rede sein. Im Grundgesetz wird die Freiheit,
Privatschulen zu errichten, gesichert, und der Staat verpflichtet sich, dem
Wunsch nach (religiöser) Bildung nachzukommen. „Dieses Recht erhält
seine volle Bedeutung durch die gesicherte Existenz der Freien Schulen,
denn nur dort können pädagogische Prägungen angeboten werden, die in
bestimmten (z. B. konfessionellen oder weltanschaulichen) Werthaltungen
wurzeln. Somit dient die Freie Schule auch der freien Religionsausübung
(Art. 4 [2] GG)."[53] Ist aber die Ausübung von Religion und die Religions-
unterweisung Aufgabe des Staates? Anders gefragt, welche Legitimation
erfährt eine geschlossene Ideologie – und das ist die Religion *a priori* –,
wenn sie nachweislich antiemanzipatorische Züge trägt? Wenn diese
Frage mit *keine* zu beantworten wäre, bedürfte es nicht dieses Buches.

Die Bedeutung des Kongresses

Das Anliegen der VeranstalterInnen war es, einen neuen Blick auf die
veränderte Situation des Bildungsmarktes zu werfen. Falsch ist es nach
unserer Ansicht, dass die Motivation zur Liberalisierung des (Bildungs-)
Marktes einzig dem Primat der Ökonomie zuzuschreiben ist. Somit grei-
fen viele Kritikpunkte *linker Gruppen und Verbände* zu kurz.
Falsch wäre es unseres Erachtens aber ebenso, dem Staat als einzig
rechtmäßiger Alternative zum weltanschaulichen Träger, quasi sakrosankt, das Bildungsmonopol zu überlassen. Seine Fahrlässigkeit und die

---

[52] Die alltäglichen Probleme ostdeutscher SchülerInnen, was das Nichtvorhan-
densein von genügend Lehrpersonal, Schulen, LehrerInnen und Zubringern zu
den Schulen betrifft, haben nun auch die westdeutschen Eltern und SchülerInnen zu spüren bekommen. Die saarländische Regierung plant zum Schuljahr 2005/06 80 der 269 Grundschulen zu schließen. Wettbewerb und Liberalisierung haben ihren Preis.

[53] Arbeitsgemeinschaft Freier Schulen (Hrsg.): Handbuch Freie Schulen, S. 23.

einseitige Bevorzugung privater Anbieter in Bildungs- und Sozialfragen führen derzeit zur Entdemokratisierung und zur Marktliberalisierung.

Der Kongress hat versucht, die Liberalisierungsdiskussionen anhand von Ideologien kritisch zu diskutieren und damit einen Schritt weiter zu gehen, einen Blick hinter die offensichtlichen Kulissen der AnbieterInnen zu werfen. Grundlage der Diskussionen kann und darf daher nicht allein die Frage nach Bildungsstandards und der Rolle von staatlichen Mechanismen sein. Ebenso wenig sollte von *linker Seite* allein die Frage nach Marktliberalismus und Privatisierung öffentlicher Dienstleistungen im Mittelpunkt stehen, denn diese Mechanismen haben ihre systemimmanente Ideologie, der sie folgen.

Wenn die dahinter steckenden Ideologien, sei es die christliche Indoktrination,[54] wie es Franz Buggle in seinem Artikel untermauert, die Steinersche Anthroposophie und die religiöse Erziehung nach Montessori, gravierende ethisch-humanitäre Defizite aufweisen, dann muss dies benannt werden. Darüber hinaus müssen aber auch Vorurteile und Vorverurteilungen vermieden werden. Waldemar Vogelgesang und Frank Welker legen diesbezüglich dar, wie und in welchem Umfang die Gesellschaft von Okkultismus tatsächlich „bedroht" ist.

Dass das Buch zwei Jahre nach dem Kongress auf dem Buchmarkt erscheint, tut dem Anliegen keinen Abbruch. Ganz im Gegenteil: Das augenblickliche Gerangel um PISA ist als Alibi-Debatte zu verstehen. Die Konzepte die derzeit diskutiert werden (von Abschaffung der Hauptschule bis hin zu Ganztagsschulen) dienen auch weiterhin der vorzeitigen Selektion von Kindern vornehmlich durch ökonomische Mechanismen. Und von gesellschaftskritischer Seite sind alternative Modelle, woher sie auch kommen, den staatlichen und ökonomischen immer vorzuziehen. Dabei wird vergessen, dass diese Schulen schon selbst Eliteschulen sind. „Von Problemen, die Staatsschulen etwa wegen eines hohen Ausländeranteils quälen, bleiben die Waldis verschont."[55] Das liegt nicht allein an den ökonomischen Bedingungen, die Eltern an Waldorfschulen vorfinden.

Es ist zwar richtig, dass die von den skandinavischen Ländern praktizierte Gesamtschule der Waldorfschule ähnelt, doch wird vergessen, mit welchen ideologischen Mechanismen die Steinersche Lehre arbeitet. Die

---

54 Vgl. Buggle, Franz: Denn sie wissen nicht, was sie glauben. Oder warum man redlicherweise nicht mehr Christ sein kann. Eine Streitschrift. Aschaffenburg ²2004.

55 Holm, Carsten: Das Ende der Exorzisten, S. 50.

Einteilung der Kinder nach bestimmten Temperamenten (Melancholiker, Sanguiniker, Phlegmatiker und Choleriker) ist nicht nur höchst problematisch, sie ist rassistisch motiviert. Wie lässt sich sonst Steiners Denken erklären, wenn nicht mit einem rassistischem Weltbild? Löblich ist es allemal, dem Kind die ökonomischen Zwänge vorzuenthalten und alternative Lernmodelle zu verwenden. Doch dient auch der Montessori-lehre die christliche Scheinethik als Grundlage höherer Erkenntnis. Denn durch das Kind spricht der *schöpferische Wille Gottes.*

Das „ganzheitliche Netz" ist weiter gespannt, als es zunächst klar wird. Ob Volkshochschulen, Abendschulen, Tagesseminare, Betriebsver-sammlungen, selbst Gewerkschaften lassen sich von der normativen Kraft des Faktischen treiben, lassen sich in die Schicksalhaftigkeit bundesrepu-blikanischer Sinnhaftigkeit einbetten.[56]

Im Gegensatz zu den Fundamenten der christlichen Ideologie löst sich bereits im anthroposophischen und montessorischen, besonders aber im neuzeitlich-esoterischen Weltbild der Individualität des Menschen auf. Der Mensch an sich ist nicht mehr Subjekt seiner selbst, sondern einge-bunden in den kosmischen Heilsplan der göttlichen Lehre. Ganzheitliches Denken wird zum Schlagwort einer neuen Philosophie. Dass sich diese Philosophie in mehr Widersprüchen als in Wahrheiten verfängt, bleibt zu oft nur dem Wissenschaftler offensichtlich. Der Mensch wird gezwungen, sich einen eigenen Heilsplan zu bauen. Eine Anleitung findet sich für den, der glaubt und nicht denkt.

Literatur

Arbeitsgemeinschaft Freier Schulen (Hrsg.): Handbuch Freie Schulen. Pädagogi-sche Positionen, Träger, Schulformen und Schulen im Überblick, Reinbek bei Hamburg 1999.

ATTAC (Hrsg.): Die geheimen Spielregeln des Welthandels. WTO, GATS, TRIPS, M.A.I. Wien 2003.

Balanyá, Belén u.a.: Konzern Europa. Die unkontrollierte Macht der Unterneh-men, Zürich 2001, S. 23ff.

BdWi: Studiengebühren, Elitekonzeptionen und Agenda 2010. BdWi-Studienheft. Herausgegeben vom Bund demokratischer Wissenschaftlerinnen und Wissen-

---

[56] Vgl. Studentischer Sprecherrat der Universität München (Hrsg.): „Niemand kann seinem Schicksal entgehen...", S. 75-82.

schaftler (BdWi) und dem freien zusammenschluss von studentInnenschaften (fzs), Marburg 2004.

Bierl, Peter: Wurzelrassen, Erzengel und Volksgeister. Die Anthroposophie Rudolf Steiners und die Waldorfpädagogik, Hamburg 1999.

Fritz, Thomas / Scherrer, Christoph: GATS: Zu wessen Diensten? Öffentliche Aufgaben unter Globalisierungsdruck, Hamburg 2002.

George, Susan: WTO. Demokratie statt Dracula. Für ein gerechtes Welthandelssystem, Hamburg 2002.

Goldner, Colin (Hrsg.): Der Wille zum Schicksal. Die Heilslehre des Bert Hellinger, Wien 2003.

Holm, Carsten: Das Ende der Exorzisten, in: Der Spiegel, 36/2004, S. 50-52.

Jacob, Sybille-Christin / Drewes, Detlef: Aus der Waldorfschule geplaudert. Warum die Steiner-Pädagogik keine Alternative ist, Aschaffenburg 2001.

Markard, Morus: Elite. Ein anti-egalitaristischer Kampfbegriff, in: UTOPIEkreativ. Diskussion sozialistischer Alternativen. Nr. 171. Berlin 2005, S. 5-11.

Ribolits, Erich / Zuber, Johannes (Hrsg.): Karma und Aura statt Tafel und Kreide. Der Vormarsch der Esoterik im Bildungsbereich. Schulheft Nr. 103, Wien 2001.

Studentischer Sprecherrat der Universität München (Hrsg.): „Niemand kann seinem Schicksal entgehen..." Kritik an Weltbild und Methode des Bert Hellinger, Aschaffenburg 2004.

Tietje, Christian (Hrsg.): Welthandelsorganisation. WTO-Übereinkommen; GATT 1947/1994; SPS, TBT, GATS; TRIPS; Streitbeilegung, München [2]2003.

Wehr, Andreas: Europa ohne Demokratie. Die europäische Verfassungsdebatte, Köln 2004.

Allgemeinbildende Privatschulen in freier Trägerschaft

Schulart	Anzahl der Schulen	Anzahl der SchülerInnen
Allgemeinbildende Privatschulen in freier Trägerschaft[57]	1950: 1.629 (alte BRD) 1990: 1.877 (alte BRD) 1992: 1.997 (176 Osten) 2000: 2.308 (346 Osten) 2003: 2.592 (460 Osten)	1960: 200.100 (alte BRD) 1990: 420.700 (alte BRD) 1995: 486.800 2003: 605.759
Schulen in katholischer Trägerschaft[58] (inkl. berufsbildende Schulen)	2004: 873 (31 Osten)	1998: 328.394 2003: 367.240 (9.022 Osten)
Waldorf- und Rudolf-Steiner-Schulen[59]	1951: 25 (alte BRD) 1985: 84 (alte BRD) 1990: 118 (alte BRD) 1995: 164 (14 Osten) 2004: 187 (15 Osten)	1985: 6.900 (alte BRD) 1990: 50.400 (alte BRD) 2000: 69.969 (3.644 Osten) 2004: 77.779 (4.385 Osten)

---

[57] Statistisches Bundesamt (http://www.destatis.de).

[58] Deutsche Bischofskonferenz, Bereich Glaube und Bildung; Handbuch freie Schulen

[59] http://www.bildungsoekonomie-waldorf.de und http://www.bipomat.de/wal-dorf/waldorf.html#quant

Franz Buggle

Ist christliche Erziehung heute noch verantwortbar?

Die Auseinandersetzung mit dieser Frage im vorgegebenen Rahmen bedarf zweier Vorbemerkungen:

1. Umfang und Komplexität der damit angesprochenen Thematik lassen es höchst zweifelhaft, ja vermessen erscheinen, in einem relativ kurzen Beitrag eine einigermaßen begründete und damit befriedigende Beantwortung zu versuchen. Es erscheint deshalb unabdingbar, gleich zu Beginn etwaige Erwartungen der Rezipienten mit den Möglichkeiten des Vortragenden abzugleichen: Möglich ist im vorgegebenen Rahmen allein, einige sehr selektive fragmentarische Denkanstöße zu geben, die zwar unvollständig bleiben müssen, aber vielleicht doch einige so zentrale Aspekte ansprechen, dass eine erste begründete Antwort möglich erscheint, eine erste Antwort, die durch eigenes Weiterdenken und das eigenständige Aufsuchen weiterer Quellen vervollständigt werden sollte. Dies gilt sowohl für viele inhaltliche Aspekte, wie etwa die spezifischen Inhalte der biblisch-christlichen Glaubenslehre, aber auch für eher formale Fragen, wie etwa die nach dem Unterschied zwischen einer eher distanziert-sachlichen Informationsübermittlung und engagierter „Erziehung". Nicht möglich ist also und folglich nicht erwartet werden darf eine auch nur einigermaßen vollständige und systematische Beantwortung der gestellten Frage nach der Verantwortlichkeit einer christlichen Erziehung.

2. Die folgenden Ausführungen wurden vor dem Hintergrund und unter dem starken Eindruck des 11. September 2001 und entsprechender Folgeanschläge verfasst. Ich habe zuerst 1992 und kürzlich in überarbeiteter Auflage ein Buch veröffentlicht, das nicht nur die häufiger zu findende Institutionenkritik, sondern eine weit provokativere Fundamentalkritik

biblisch christlicher Religiosität zum Inhalt hat.[1] *Ein* zentrales Motiv, dieses Buch zu veröffentlichen, sah ich schon damals in der Gefahr einer sich verstärkenden Refundamentalisierung der historischen Großreligionen, weniger (vorerst?) in Westeuropa, aber sehr deutlich im Bereich des Islam, in der christlichen Szene der USA und der Dritten Welt, in „ultraorthodoxen" Kreisen des Judentums, aber auch selbst in Teilen des Hinduismus zu beobachten. Eine große Gefahr schien mir damals in der engen Verbindung der aufzeigbaren Gewaltpotenziale der verbreiteten Großreligionen, insbesondere der drei Buchreligionen, mit moderner Waffen- und Informationstechnologie zu liegen. In viel kürzerer Zeit, als ich dies damals diagnostizierte und prognostizierte, haben sich diese Befürchtungen bewahrheitet.

Dies ließe es etwas provinziell anmuten, kritische Analysen an religiösen Phänomenen nur im eigenen sehr viel kleiner gewordenen kulturellen Kontext anzustellen. Vielmehr sollte sich gerade Religionskritik globalisieren (dringlicher als manche andere Bereiche!). Ich möchte deshalb hier einen etwas ungewöhnlichen Weg gehen. Wenn man die heute immer noch eher selten gestellte Frage angeht, ob christliche Erziehung heute noch verantwortbar sei, so war und ist der verbreitetste Weg der folgende: Man analysiert die wesentlichen Inhalte, die in einer christlichen Erziehung vermittelt werden und prüft sie auf intellektuelle, ethisch-humanitäre, psychologische und psychohygienische (z. B. Angst erzeugende) Defizite und entsprechende eventuelle problematische Auswirkungen auf die „Zöglinge". Daraufhin lässt sich ein Urteil über die so analysierte christliche Erziehung versuchen. Dieser klassische Weg ist nach wie vor legitim und wichtig und als solcher keineswegs überholt. Ich bin ihn selbst partiell in meinem oben angeführten Buch gegangen und empfehle die Lektüre meiner damals gemachten Ausführungen, weil sie eine notwendige und integrale Ergänzung des im Folgenden beschrittenen Weges darstellen.

Hier möchte ich etwas anders vorgehen und dabei nicht nur die in der eigenen Kultur dominierende biblisch-christliche Großreligion (in ihren wichtigsten Ausdifferenzierungen) ins Blickfeld nehmen, sondern auf einer etwas generelleren höheren Abstraktionsstufe die wichtigsten heute dominierenden Großreligionen zunächst exemplarisch und wieder nur

---

[1]   Buggle, Franz: Denn sie wissen nicht was sie glauben. Oder warum man redlicherweise nicht mehr Christ sein kann. Eine Streitschrift, Aschaffenburg 2004.

unvollständig auf einige gemeinsame Eigenschaften hin beleuchten.
Dabei sollen bewusst auch neuere evolutionspsychologische Aspekte
einbezogen werden, da sie bis heute gegenüber den immer noch weit
überwiegenden geisteswissenschaftlichen Analysen zurücktreten, ja bei
den allermeisten Zeitgenossen systemimmanent und als Folge der entsprechenden Befangenheit immer noch weitgehend tabuisiert sind. Schon
auf dieser generelleren Stufe der Betrachtung lassen sich erste kritische
Fragen zur Verantwortlichkeit einer religiösen und damit auch christlichen Erziehung aufwerfen.

Der Vorteil dieser ja nicht exklusiv alternativen, sondern kompensato-
rischen Vorgehensweise liegt in einer viel weiteren Anwendungsmög-
lichkeit über die je eigene engere religiöse kulturelle Szene hinaus. Diese
übergreifende Anwendbarkeit auf andere (konkurrierende) Religionen
erscheint heute bei dem wie real auch immer drohenden „Zusammenstoß
der Kulturen" gerade im Sinne einer Relativierung absolutierender und
exklusiver Standpunkte von großem Vorteil. Zum andern erlaubt diese
breitere Vorgehensweise eine umfassendere Theoriebildung und damit ein
tiefer gehendes Verständnis des Phänomens der heute vorfindlichen
(Groß-) Religionen.

Die folgende Meinung ist immer noch weit verbreitet, und man kann
sie auch selbst von Menschen, die den Kirchen eher fern stehen, immer
wieder hören: „Man kann ja von den Kirchen halten, was man will; aber
eine christliche Erziehung kann in keinem Fall schaden. Oder sollen Kinder etwa ohne Vermittlung von festen Werten, ohne Erziehung zu Näch-
stenliebe, nur 'materialistisch' ausgerichtet heranwachsen?"

Diese offensichtlich für nicht wenige auch kirchenferne Menschen
immer noch plausible Maxime stellt eine Falle dar, in die auch viele auf
anderen Gebieten durchaus rational und kritisch denkende Menschen
gehen. Sie beruht auf einer besonders in Deutschland, aber auch in anderen ursprünglich christlich geprägten Ländern inzwischen sehr unklaren,
ja häufig gefühlig verquasten, auf weitgehende Desinformation und
Halbwissen zurückgehende Konzeption dessen, was „Christentum" und
„christlich", auch „Bibel" und „Religion" generell ursprünglich und wesentlich ausmachen. Die Beantwortung der hier gestellten Frage, ob
christliche Erziehung heute noch verantwortbar ist, erforderte so eigentlich dringend als erstes eine Vertiefung, Klärung und Verdeutlichung
dessen, was denn „Christentum" und „christlich" wesentlich definiert,
oder anders gesagt, einen Abbau der verbreiteten Desinformation über
einige diesbezügliche Grundtatbestände. Diese Arbeit habe ich in dem

oben genannten Buch zu leisten versucht, das hier nicht noch einmal auch
nur in seinen wesentlichsten Zügen referiert werden kann, sondern zu
großen Teilen vorausgesetzt werden muss. Hier sollen einige ergänzende
Arbeitsschritte zusätzlich erfolgen.

„Christentum" in seinen verschiedenen Untergruppen und zahlreichen
Ausdifferenzierungen gehört zur Gruppe der Großreligionen. (Ich ziehe
diesen Begriff bewusst dem gebräuchlicheren „Hochreligionen" vor, der
keine – meines Erachtens sehr problematische – Höherbewertung gegenüber kleinere Populationen umfassenden Religionen impliziert, sondern
sich einfach auf die große Zahl der jeweiligen Anhänger bestimmter
Religionen bezieht, die sich in historisch manchmal eher zufällig an-
mutenden Prozessen gegenüber konkurrierenden religiösen Bewegungen
durchgesetzt und schließlich als Massenphänomene dominiert haben.)

Bei ihnen handelt es sich um Orientierungssysteme,[2] welche die jeweiligen Kulturen zumindest ursprünglich umfassend prägen und beanspruchen, auf folgende Grundfragen Antworten zu geben bzw. einige
emotionale Grundbedürfnisse zu befriedigen:

1. Was *ist*? Wo kommen wir her? Wo gehen wir hin? Wie ist die Welt
entstanden? Was ist ihre Geschichte, ihr letztliches Schicksal, ihre Bestimmung? Was ist der „Sinn" des Weltlaufs, des menschlichen Lebens?
Worauf kommt es in der Lebensführung letztlich an? Mit dieser Frage
sind die folgenden Fragen umso stärker verbunden, je weiter wir in der
jeweils historischen Entwicklung zurückgehen:

2. Was *soll* sein? Was sollen, müssen, dürfen wir tun? (Handlungsanweisungen, Normen)

3. Solche Orientierungssysteme sollen, nicht selten über illusionäre
Wunschvorstellungen, *emotionale Grundbedürfnisse befriedigen*, so etwa
nach Geborgenheit, „Sinnhaftigkeit", nach einer beseelten, kommunikab-
len und damit grundsätzlich auch beeinflussbaren Welt, die dadurch den
so offenbaren Charakter der Fremdheit und Gleichgültigkeit gegenüber
dem Menschen verliert. Sie sollen auch helfen bei der Bewältigung anderer höchst frustrierender und belastender Eigenheiten der Realität, zunächst so offensichtlich absurd erscheinender Schicksalsschläge aller Art,
Leiden, Verlust nahe stehender Menschen, Krankheiten, extremer Unge-
rechtigkeiten, Tod. Dass diese umfassenden Orientierungssysteme wie
etwa auch Religionen dies zumindest partiell auch tatsächlich leisten –
häufig allerdings unter sehr hohen „Kosten", etwa an Humanität und

---

[2] Vgl. auch Topitsch, Ernst: Erkenntnis und Illusion, Tübingen 1988.

unverfälschter Realitätswahrnehmung – darin dürfte *ein* Grund für ihre erstaunliche Resistenz auch gegen eigentlich offen entgegenstehende Realitätsaspekte und entsprechende potenzielle argumentative Einwände liegen.

Das bislang Ausgeführte beschreibt generell das Phänomen „Weltanschauungen", auch nichtreligiöse. „Religion" werden sie dann, wenn sie die angesprochenen Orientierungs- und emotionalen Bedürfnisse unter Bezugnahme auf „transzendente" Projektionen oder Instanzen zu befriedigen versuchen, wie es, je weiter wir in die Vergangenheit zurückgehen, weitgehend geschah. Es fehlt hier die Zeit, das Wesen von „Religion" zu bestimmen. Ich denke aber, dass der Transzendenzbezug den allgemeinsten gemeinsamen Nenner von Religion darstellt. Allerdings stellt auch „Transzendenz" ein schwieriges Konzept dar, das ebenfalls einer hier nicht zu leistenden Analyse und Diskussion bedürfte, im Übrigen auf Grund neuester Aspekte des modernen insbesondere physikalischen und wissenschaftlichen Weltbildes heute noch schwieriger geworden ist, was bislang in die theologische und religionsphilosophische Wahrnehmung noch erstaunlich wenig eingegangen ist.[3]

Wenden wir uns – wieder auf Grund der vorgegebenen Begrenzungen unvollständig und hochselektiv und so nur exemplarisch – einigen zentralen Eigenheiten zu, wie sie so gut wie alle maßgebenden historisch gewordenen Großreligionen kennzeichnen und wie sie mir für die Beantwortung der Frage hoch bedeutsam erscheinen, ob heute noch christliche (oder orthodox-jüdische oder islamische) Erziehung verantwortbar ist.

Das erste generelle Merkmal, ebenfalls erstaunlich weitgehend fast wie selbstverständlich akzeptiert und viel zu wenig in seinen eminenten Folgen reflektiert, besteht in der doch eigenartigen Tatsache, dass so gut wie alle heute vorherrschenden Großreligionen aus *historisch weit zurückliegenden* Ursprüngen entstanden sind, aus gegenüber heute ganz verschiedenen Wissens- und normativen Umwelten stammen und dennoch auch heute noch als *letztverbindliche Quelle und Instanz von Religiosität und Ethik* angesehen werden. Im Falle der unsere Gesellschaft prägenden biblisch-christlichen Religiosität etwa stammen sie aus einer Zeit vor zwei- bis dreitausend Jahren. Das bedeutet aber, dass Menschen, die vor zwei- bis dreitausend Jahren gelebt haben, mit all ihren zeit- und

---

3   Vgl. Buggle, Franz: Ist heute noch Religiosität intellektuell und ethisch verantwortbar möglich und wünschbar?, in: Vogel, B. (Hrsg.): Spuren des Religiösen im Denken der Gegenwart, München 2004.

entwicklungspsychologisch bedingten Beschränktheiten, ihren massiven wissensmäßigen, intellektuellen, psychologischen und vor allem auch *ethisch-humanitären* Defiziten ihre damalige entsprechende psychische Verfasstheit in ihren Gott und andere religiöse Leitfiguren und Vorstellungen projiziert haben. Diese Projektionen wurden dann und werden immer noch weitgehend unreflektiert als vermeintliche (leitbildliche) Eigenschaften und Willensäußerungen ihres Gottes oder ihrer Götter und anderer religiöser Leitfiguren aus ihrer fiktiven göttlich-jenseitigen Sphäre wieder zurück reflektiert. Auf Grund ihres vermeintlich göttlichen Ursprungs werden diese Reflexionen, Rückholungen ursprünglicher Projektionen als sakrosankt und weitestgehend unveränderlich angesehen, das entsprechende Verhalten durch den so mutmaßlich unabdingbar feststehenden Willen eines projizierten Gottes oder von Göttern normativ ausgerichtet und gerechtfertigt.

Diese in die jeweiligen göttlichen Wesen projizierten Verfasstheiten vor langer Zeit lebender Menschen erwiesen sich fast universell über die verschiedenen Kulturen bzw. Religionen hinweg als letztverbindliche Quelle von Religiosität und Ethik immer wieder über Jahrhunderte bzw. Jahrtausende hinweg als erstaunlich stabil. Die überkulturell anzutreffende Universalität dieses eigentlich doch gar nicht selbstverständlichen, sondern viel mehr eher verwunderlichen Phänomens, hochdefizitäre kulturelle und ethische Projektionen aus lange zurückliegenden Zeiten als Quelle und letztverbindliche Instanzen für Religiosität, Weltanschauung und Ethik heranzuziehen, spricht für eine zusätzliche evolutionspsychologische Verankerung: Der Zusammenhalt und die Effizienz menschlicher Gruppen, über die ganz überwiegende Lebenszeit der Spezies homo sapiens von ganz überragendem Überlebensvorteil, beruhte zu einem weitgehenden Anteil auch auf (handlungsausrichtenden) gemeinsamen Grundüberzeugungen. Unter diesem Aspekt scheint es mehr als wahrscheinlich, dass es neben den unten noch zu besprechenden starken Tendenzen zu Indoktrinations- und Unterwerfungsbereitschaft zu einer genetisch grundgelegten Disposition starker Widerstände gegen Änderungen tradierter gruppengemeinsamer und gruppenbildender, stabilisierender (Grund-) Überzeugungen kam. Und wieder leben offenbar solche sehr alten Dispositionen nicht nur, aber besonders auf dem Gebiet der Religionen weiter, sind hier vielfach *kulturell eingekleidet, amplifiziert und überhöht*, sehr wirkmächtig. (Dass es offenbar schon in frühen Ursprüngen und historisch häufig verdunkelt den dialektischen Gegenpart des revolutionären Neuerers, „Ketzers" gab, der je nach Gelingen oder Misslingen seiner innovativen Bestrebungen zu höchstem Ansehen oder aber, leider viel häufiger, zu meist tödlicher Ausgrenzung kam, macht die spannende – auch evolutionspsychologisch zu betrachtende – Dialektik menschlicher gesellschaftlicher Entwicklung aus und kann hier nur erwähnt, aber nicht näher ausgeführt werden. Im Übrigen kann man eine wesentliche Funktion der jeweiligen Theologien in der Stabilisierung solcher alter Grundüberzeugungen gegen jeweils aus neuem und vermehrtem Wissen auftauchende Einwände und Gegenargumente sehen.[4]

Was ist nun so schlimm daran, dass wir heute noch alte, aus lange zurückliegenden Zeiten stammende „altehrwürdige" Grundüberzeugungen unserer Religiosität und Ethik (und Erziehung) zu Grunde legen? Die Problematik liegt in den schwerwiegenden genannten intellektuellen, insbesondere aber ethisch-humanitären Defiziten, wie sie die zu historischen Religionen geronnenen Projektionen der Menschen dieser geschichtlich und entwicklungspsychologisch weit zurückliegenden Zeiten so massiv kennzeichnen.

Dieses Merkmal in Verbindung mit der vermeintlich göttlich sanktionierten Resistenz gegen Veränderungen führte immer wieder bis heute zu einer massiven Verzögerung einer Entwicklung zu humaneren gesellschaftlichen und ethischen Verhältnissen (z. B. archaisch-grausame Strafjustiz, Verweigerung der Menschenrechte, insbesondere auch der Freiheitsrechte, Verfolgung „Anders- bzw. Ungläubiger", aber auch blockierte Wissenschaftsentwicklung usw.). Heute hat die entsprechende Problematik in der Verbindung archaisch-fundamentalistischer religiöser Vorstellungen und Normen mit moderner Waffen- und Informationstechnik eine so bislang nicht gekannte Dimension erlangt (z. B. 11.9.2001 und entsprechende Folgeanschläge). Die ungekürzte, unselegierte Lektüre der jeweiligen Heiligen Schriften wie auch der Schriften der jeweiligen „Kirchenlehrer" kann auch dem Zeitgenossen, der diese Diagnose auf Grund der generellen Desinformation verständlicher Weise für nicht begründet hält, leicht eines Besseren belehren.[5] Wer eine solche unselegierte Lektüre wirklich einmal wagt, dem werden vielleicht schon an dieser Stelle Zweifel an der Verantwortlichkeit christlicher Erziehung nicht mehr so ganz unplausibel erscheinen.

Aber auch hier darf es sich der Religions- bzw. Christentumskritiker nicht zu einfach machen, sondern muss differenzieren. Gerade wenn und

---

4   Buggle, Franz: Denn sie wissen nicht was sie glauben, S. 219f.
5   Vgl. Buggle, Franz: Denn sie wissen nicht was sie glauben, Kapitel I.

weil wir in den verbindlichen Inhalten und Lehraussagen der historisch
gewordenen Großreligionen die Projektionen von Menschen sehen, die
vor langen Zeiten gelebt haben, dürfen wir hier kein Schwarz-Weiß-Bild
malen. Die damaligen Menschen hatten zwar massive Wissens- und gerade auch humanitär-ethische Defizite, waren aber keine Monster. D. h.
sie hatten neben vielen problematischen Zügen auch positive Seiten, wie
etwa Hilfsbereitschaft, Gastfreundschaft, Zuwendung usw.; und auch
diese schlugen sich konsequenterweise in den jeweiligen religiösen Projektionen nieder. Die psychische Verfasstheit der zu den Entstehungszei-
ten der Großreligionen lebenden Menschen spiegelt entwicklungspsychologisch gesehen einen Entwicklungsquerschnitt, ein Zwischenstadium
zwischen noch früheren, noch archaischeren und humanitär defizitäreren
Zuständen und späteren Stadien zunehmender (hoffentlich!) humanitärer
„Inseln".

Solche frühen entwicklungspsychologischen Stadien sind noch viel
ausgeprägter gekennzeichnet durch das Phänomen der *Legierung*, d. h.
einer engen, eigentlich unlösbaren Verbindung von humanitär und
ethisch, auch intellektuell, höheren Entwicklungsstufen mit intellektuell
und besonders auch wieder humanitär und ethisch defizitäreren Strukturen. D. h. ethisch und humanitär weiterentwickelte Einstellungen und
Handlungsdispositionen sind in denselben Gesellschaften, Kulturen und
in denselben Individuen mit nur all zu häufig extrem gewalttätigen, grausamen, inhumanen Haltungen und Handlungsbereitschaften oft eng und
unlösbar verbunden, eben legiert. (Ein Unterphänomen der generelleren
entwicklungspsychologischen Gesetzmäßigkeit mangelnder Sensibilität
für Widersprüche früherer Entwicklungsstufen.[6])

Dieser Zustand ist labil und trägt die Gefahr des ständigen Kippens,
Umschlagens von einer, etwa der humanitäreren Haltung in ihr Gegenteil
in sich, in ein immer als erschreckend wahrgenommenes, nicht selten
extrem inhumanes Denken und Verhalten. Schon die „Heiligen" Basis-
Schriften, aber auch die sonstigen tradierten Verlautbarungen der jeweiligen Religionsgründer und ihrer führenden Nachfolger (Kirchenväter,
Kirchenlehrer und auch führende Reformatoren), insbesondere aber die
jeweiligen Religions- bzw. Kirchengeschichten sind voll solcher „Kipp-
Phänomene", wo immer wieder humanitäre Haltungen (z. B. „Nächsten-
liebe") in teilweise exzessive Hasstiraden bis zur Liquidierung so genann-

---

6   Vgl. Buggle, Franz: Die Entwicklungspsychologie Jean Piagets, Stuttgart
     2001.

ter Böser und Feinde (Gottes) und Ungläubiger umschlugen. Bis heute finden sich diese Einstellungsphänomene bei besonders konsequenten Schriftgläubigen, sowohl bei Moslems wie den Islamisten, aber auch im christlich-fundamentalistischen Bereich. Immerhin gibt es ja doch zu denken, dass die Gleichzeitigkeit von (auch intellektuell zurückgebliebener) fundamentalistischer Religiosität und Affinität zu Gewalt, etwa in den USA, besonders ausgeprägt erscheint (etwa 30 mal so hohe Gewaltkriminalität als im unchristlichen Japan; mit Abstand höchster privater Waffenbesitz; hohe Akzeptanz auch kriegerischer „präventiver" Gewalt).

Das Phänomen der Legierung führte nicht nur in unzähligen Fällen der Geschichte der jeweiligen (wieder vor allem Buch-) Religionen zu einem kaum zu überschätzenden erschreckenden Ausmaß an extremen inhumanen Handlungen und schwersten Verbrechen, sondern stellt auch eine der stärksten Quellen einer historisch immer zu beobachtenden starken Verlangsamung intellektueller Aufklärung und humanitären Fortschrittes dar. Sie ermöglichte den jeweiligen Apologeten immer hochselektiv einzelne positive Aspekte eigentlich nicht ganz redlich, aber auf Grund entsprechender Desinformation höchst wirksam von den mit ihnen unlösbar legierten negativen Aspekten abzulösen und einseitig propagandistisch herauszustellen. (Hier liegt auch die Problematik einer vielleicht gut gemeinten, aber tatsächlich objektiv problematischen „progressiven" oder „liberalen" christlichen Erziehung.) Andere problematische Seiten einer christlichen Erziehung ergeben sich, um nur noch einige wenige Aspekte exemplarisch und hochselektiv zu nennen, aus der entwicklungsgeschichtlich gesehen noch größeren Nähe fast aller historisch gewordener (Buch-) Großreligionen zur vorkulturellen Evolution unserer Spezies. Sehr wirkmächtige und universell über die verschiedensten (religiösen) Kulturen verbreitete Verhaltensdispositionen haben sich in der langen vorkulturellen Lebensgeschichte (vor allem als Jäger und Sammler) der Gattung homo sapiens als überlebensförderlich erwiesen und wurden so höchstwahrscheinlich auch genetisch fixiert.

Dazu dürfte z. B. mit hoher Wahrscheinlichkeit die, wenn auch nicht nur, so doch gerade im religiösen Bereich sehr verbreitet zu beobachtende Tendenz zur Unterwerfung unter Leitfiguren, unter religiöse Führer gehören, beim homo sapiens entsprechend der gut fundierten Entwicklungstheorie Jean Piagets[7] zur Verinnerlichung ursprünglich äußerer Handlungen auch zu einer erstaunlich weitgehenden Indoktrinations-

---

[7]   Vgl. ebd.

bereitschaft weiterentwickelt. Ganz verbreitet lässt sich ja in den historisch gewordenen Großreligionen eine ausgeprägte Tendenz zu einem
weitgehend unkritischen Kult (bis zur Vergöttlichung) überidealisierter
Leit- und Führerfiguren beobachten, und zwar nicht nur der jeweiligen
Götter und sonstigen himmlischen Gestalten, sondern gerade auch der jeweiligen Gründerfiguren, wie z. B. Mose, Jesus[8] oder Mohammeds,[9] aber
auch späterer Führungsgestalten. Diese sehr häufig zu beobachtende Ver-
haltenstendenz verbindet sich wieder mit einer eigentlich erstaunlichen
Bereitschaft, sich indoktrinieren zu lassen, zu „glauben", selbst auch bei
ganz offensichtlich zu Tage liegenden gegenstehenden Fakten (z. B.
Theodizee-Problem). Auch dieses Phänomen ist eigentlich schwer zu
verstehen, ohne evolutionspsychologisch frühere Dispositionen mit hohem Überlebenswert in Betracht zu ziehen. Besonders drastisch lässt sich
dieses Phänomen wieder in der amerikanischen „Sekten"-Szene und der
dortigen Unterwerfungsbereitschaft unter Sektengründer und -führer beobachten, die bis zur extremen materiellen, aber auch sexuellen Aus-
beutungsbereitschaft und schließlich bis zur Bereitschaft zum Suizid
gehen kann. Aber auch in bestimmten Ausprägungen des katholischen
Papstkultes oder charakteristischen Strukturen des Opus Dei, im Islam,
um eines der neueren Beispiele zu nennen, im Kult des Ajatollah
Khomeini manifestieren sich diese unreifen frühen Verhaltensdispositionen. Das Ganze wird häufig begleitet durch Projektionen von Eltern-
figuren auch bei erwachsenen (religiösen) Menschen, von Gott als Vater
über den Heiligen Vater und den unzähligen Patres und Fathers in christlichen Kirchen, bis zu dem wenig biblisch begründbaren Marienkult,
verbunden mit einer stets präsenten Gefahr der Infantilisierung und der
Verhinderung einer wirklich autonomen Persönlichkeits- und Moral-
entwicklung.[10]

---

[8]   Buggle, Franz: Inhumaner Jesus? In: Verfälschter Jesus? Christentum und
        Christusbilder. Hrsg. von der Evangelischen Akademie Baden, 1994 (Herren-
        alber Protokolle, Bd. 97).
[9]   Dashti, Ali: 23 Jahre. Die Karriere des Propheten Muhammad, Aschaffenburg
        [2]2003.
[10]   Vgl. Bucher, Anton: Braucht Mutter Kirche brave Kinder? Religiöse Reifung
        kontra kirchliche Infantilisierung, München 1997; Buggle, Franz: Zur Kom-
        plexität von Religiosität: Religiöse Entwicklung zwischen evolutions-psy-
        chologischen und kulturellen Rahmenbedingungen, in: Rollet, B. / Herle, M.
        (Hrsg.): Aktuelle Studien zur religiösen Entwicklung. Bd. 3, Longerich 2004.

Die Gefährlichkeit einer solchen Tendenz zu Unterwerfung und Indoktrination muss gerade in Deutschland nicht mühsam bewiesen werden, zumal sich die entsprechende Disposition auch auf dem politisch-ideologischen Feld in ganz verhängnisvoller Weise ausbeuten lässt, was nicht nur historische, sondern auch noch sehr gegenwartsnahe Phänomene wie Hitler-, Stalin- oder Maokult zeigen.

Christliche Erziehung vollzieht sich heute in einer breiten Zone verschiedener Abstufungen zwischen zwei Polen, einer streng fundamentalistischen und einer „liberalen" oder „progressiven" religiösen Erziehung (wenn man nicht den Grenzwert einer areligiösen Erziehung als Gegenpol ansetzen will) mit generell unterschiedlichen Ansätzen und Folgen.

Im ersten Fall, einer durch entsprechende Erziehung (z. B. Koranschulen, biblizistische fundamentalistische Erziehung in den USA) erzeugten fundamentalistischen Religiosität, zeigen sich entsprechende, oben angeführte Defizite und Widersprüche bis zu ausgesprochenen Absurditäten (für einen Betrachter aus dem christlich geprägten europäischen Kulturraum auf Grund der ausgeprägten Distanz am deutlichsten am gegenwärtigen islamischen Fundamentalismus), in zweiter Linie ebenfalls aus einer gewissen (europäischen) Außenperspektive am christlichen Fundamentalismus in weiten Teilen der USA. In beiden Fällen hat eine sich rigid und weitgehend exklusiv auf die alten Projektionen der jeweiligen Heiligen Schriften stützende Erziehung zu veralteten, äußerst rigiden, heteronomen, vermeintlich göttlich ein für allemal festgelegten und deshalb nicht oder nur minimal an neue Erkenntnisse und ethisch normative Standards adaptierbare Weltbilder und Orientierungssysteme geführt, im Gegensatz zu einem offenen modernen änderungs- und anpassungsfähigen Weltbild (zum Teil auch schon in Abhebung zu buddhistischen Einstellungen: „Offen und weit – nicht heilig!" postuliert schon erstaunlich früh Bodhidarma im 5. Jahrhundert).

Unter anderem auf Grund des weitgehenden Versagens der ganz großen Mehrheit der eigentlich zu Aufklärung und mutigem Widerspruch gegen jede Form von Obskurantismus und Inhumanität aufgerufenen Intellektuellen, gerade nach der Religionsgeschichte, wie sie wirklich abgelaufen ist, und der von der technischen Intelligenz zur Verfügung gestellten modernen Massenkommunikations- und zum Teil auch schon Waffentechnologie nimmt diese Art der Religiosität besonders im Bereich des Islam, aber auch weltweit im christlichen Bereich, besonders in den USA und im bedrohlichen Ausmaß auch in der Dritten Welt zu.

Ein besonders gefährliches Potenzial dieser so durch entsprechende Erziehung erzeugten Geisteshaltung stellt die latente und immer häufiger auch manifest werdende Bereitschaft dar, den in den jeweiligen Heiligen Schriften vermeintlich erkennbaren Willen Gottes notfalls auch mit Gewalt durchzusetzen, das eigene geschlossene Weltbild gegen mögliche Einwendungen und Widersprüche durch mit hohen Strafen bewehrte Verbote und Zensur durchzusetzen, im schlimmsten Falle das eigene geschlossene Weltbild verunsichernde Anders- oder Ungläubige zu liquidieren (so rechtfertigen mir gegenüber auch heute noch christliche Fundamentalisten die von Gott angeordneten alttestamentarischen Genozide!).

Die andere Ausprägungsform religiöser bzw. christlicher Erziehung, von der fundamentalistischen nicht in Schwarz-Weiß-Manier krass unterschieden, sondern mit ihr durch eine große Grauzone gradueller Übergänge verbunden, verdeutlicht die „liberale", (partiell) aufgeklärte, „progressive" religiöse bzw. christliche Erziehung. Gegenüber der religionsgeschichtlich ursprünglich, d. h. vor der Aufklärung, weitgehend dominierenden fundamentalistischen Erziehung bringt die liberale oder aufgeklärte religiöse bzw. christliche Erziehung einen großen Fortschritt an Humanität und Realitätsbezogenheit. Sie dürfte heute (noch?) besonders in Europa und den modernen Demokratien, mit wachsenden Einschränkungen selbst in den USA, die vorherrschende Variante religiöser Erziehung darstellen.

Ungeachtet ihrer Vorzüge gegenüber fundamentalistischen traditionelleren religiösen Sozialisationspraktiken impliziert sie jedoch ebenfalls gerade als Erziehungsstrategie sehr problematische Aspekte. Ihre (scheinbare? partielle?) Vereinbarkeit mit allgemein anerkannten modernen humanitären und intellektuellen Standards wird nur durch häufig verdeckte, zum Teil auch den jeweiligen Erziehern (auf Grund der selbst erfahrenen ähnlich strukturierten Erziehung) häufig nicht oder nur teilweise bewussten Strategie der Abspaltung, Ausblendung, Verdrängung der eigenen Religion eigentlich wesentlicher Inhalte erreicht,[11] aber auch wesentlicher Aspekte der Realität im Sinne einer Verfestigung unreifen Wunschdenkens, sowie schon von Sigmund Freud gerade für den religiösen Bereich

---

[11] Z. B. der archaisch-inhumane Charakter der Paulinischen Kreuzestheologie; generell des vielfach humanitär defizitären Charakters der Heiligen Schriften und offizieller Lehrverlautbarungen; der großen kriegerischen wie strafpsychologischen Gewaltpotenziale usw. (vgl. Buggle, Franz: Denn sie wissen nicht, was sie glauben).

aufgewiesener Denkhemmungen und Konsequenzvermeidungen. Beides, Realitätsverdrängung und Reflexionsstop werden z. B. besonders an dem auch für progressive oder liberale Christen unlösbaren, aber dennoch nur selten zu den entsprechenden Konsequenzen führenden Theodizee-Problem besonders deutlich.[12]

Dieser ambivalenten Tiefenstruktur liberalen oder progressiven Christentums entspricht nicht selten ein psychologisch labiler Zustand, auf den einige hier nicht näher auszuführende Symptome zurückgeführt werden können (z. B. ein Ausweichen auf Sekundärprobleme, wie etwa Zölibat, Kirchenstrukturen, Frauenordination usw.), die sich bei konsequenter tabufreier Auseinandersetzung mit den eigentlich viel dringenderen Grundfragen heutiger christlicher oder islamischer Religiosität von selbst erübrigen würden. Als weiteres Folge-Symptom könnte es gerade bei schon entwicklungspsychologisch (manchmal eher verengte) Konsequenz fordernden Adoleszenten zu (regressiven) Rückfällen in fundamentalistische Positionen kommen, wie man es nicht selten bei islamistischen Jugendlichen und Adoleszenten, aber auch in den USA mit ihrer ausgeprägten fundamentalistischen Szene beobachten kann. Ebenso gehört die inzwischen teilweise sehr unkritische Verwendung des Begriffs „fundamentalistisch" im Sinne einer wirkliche Auseinandersetzung vermeidenden Etikettierung hierher, eine Praxis, die inzwischen dringend einer gründlichen Analyse bedürfte.

Religionen und religiöse, also auch christliche Erziehung sind heute jedoch nicht nur auf Grund ihrer *Inhalte*, sondern ebenso durch die Art und Weise, die *Methode*, wie sie traditionellerweise ihre Glaubenslehren auf neue Generationen (Sozialisation) und generell (noch) nicht Gläubige (Mission) zu übertragen versuchen, kritisch zu hinterfragen. Da geht es nur allzu häufig nicht in erster Linie um eine sachliche Vermittlung von Informationen und Überzeugungen oder Werbung für bestimmte Normen über das Einsichtig-Machen ihrer positiven Auswirkungen. Vielmehr kommt es, je ursprünglicher, authentischer im Allgemeinen die jeweiligen Religionen noch sind, besonders im Falle der so genannten Buch- oder Offenbarungsreligionen (Christentum, Islam) zum Einsatz psychischer Druckmittel, um die Übernahme der gepredigten Glaubens-„Wahrheiten"

---

zu fördern. Das geht von massiver Angstinduktion über die Androhung dies- und besonders jenseitiger Strafen[13] bis zur ebenfalls dem homo sapiens entwicklungsgeschichtlich als lebensbedrohlich einprogrammierten Androhung der „Exkommunikation", dem Ausschluss aus der jeweiligen Gruppe. Diese alte Methode der Indoktrination ist um so wirksamer, je jünger und/oder uninformierter der jeweilige Empfänger solcher Drohbotschaften ist: Ein Grund, warum religiöse Systeme sich im Allgemeinen nicht auf die entwickelte Urteils- und Kritikfähigkeit von Erwachsenen verlassen, sondern Kinder schon im möglichst frühen Alter zu indoktrinieren versuchen (Kindergärten, Schulen).

Gegenüber den ursprünglich noch eindeutigeren Verhältnissen sind auch hier die Strategien, insbesondere in unserem eigenen europäischen Lebensbereich, in den letzten Jahrzehnten sehr viel komplexer und heterogener geworden. Neben den weltweit immer noch außerordentlich verbreiteten Praktiken fundamentalistischer christlicher und islamischer religiöser Erziehung (Koranschulen), die durch die oben geschilderten Drohkulissen gekennzeichnet ist, finden sich in Bereichen, die durch die Aufklärung stärker geprägt wurden, wie etwa Europa, neben den beiden Polen streng fundamentalistischer und „progressiver", „liberaler" Gläubigkeit oder weitgehend autonomer Freiheit von traditioneller Gläubigkeit alle Zwischenstufen religiöser Vermittlung. Diese zeigen sich in auf massive Droh- und Prämienstrategien gestützter Indoktrination oder einer möglichst sachlich-distanzierten und wo notwendig auch kritischen Information über historisch gewordene traditionelle Religionen. Ich weiß, dass nicht wenige moderne Religionslehrer diese letzte Position zunehmend für sich in Anspruch nehmen (von den jeweiligen religiösen „Hardlinern" deswegen nicht selten heftig kritisiert).

Auch wenn man so anerkennen muss, dass sich hierzulande im Gesamtbereich religiöser Erziehung Vieles zum Besseren aufgehellt hat, so liegen in diesem Gesamtrahmen weltweit dennoch, nicht zuletzt im Hinblick auf die angesprochene Problematik religiöser Gewalt, gefährliche, im Prinzip jederzeit abrufbare Potenziale archaischer, humanitär außerordentlich problematischer Indoktrination bereit, deren Auswirkungen sich sowohl individuell wie interindividuell-kulturell als sehr gefährlich

---

[13] „Wer nicht glaubt, wird verdammt", sagt schon Jesus im Markusevangelium, eine der Grundlagen der massiv verkündeten Heilsnotwendigkeit von „Rechtgläubigkeit", verbunden mit entsprechenden massiven Strafandrohungen. Entsprechende Drohungen gegen Ungläubige finden sich, ebenfalls durch den Koran gestützt, auch im Islam.

erweisen könnten. Je nach vorgegebener innerer Stärke und Widerstandskraft der so religiös Erzogenen kann die Folge eine sehr weitgehende individuelle wie kulturelle Verengung, Verdrängung und Abwehr alternativer Informationen und Sichtweisen, im schlimmsten Falle nicht nur Verdrängung und Abwehr widersprechender und so potenziell verunsichernder abweichender Ansichten und Überzeugungen sein, sondern auch die kollektive „Verdrängung" der widersprechenden Anders- oder „Ungläubigen", vom Totschweigen bis zur Existenzvernichtung.

Im schwächeren Ausmaß findet sich im Übrigen diese Verdrängung abweichender religions- und spezifisch christentumskritischer Äußerungen und Beiträge auch im aufgeklärten Europa bei nicht wenigen der gegenwärtigen Medienpotentaten, die weitgehend die Publikationsmöglichkeiten auf Grund ihrer eigenen christlichen Sozialisation im Sinne einer mehr oder weniger sublimen Zensur im Interesse ihrer indoktrinierten Christlichkeit steuern. Wer schon einmal wirklich konsequente Christentumskritik gewagt hat, wird wissen, wovon ich rede.

Aber ist denn die Sorge nicht begründet, die selbst bei religiös und kirchlich Distanzierten verbreitete Auffassung, Erziehung ohne (traditionelle) Religion sei ethisch wenig effizient, führe zu Werteverlust und moralischem Zerfall? Ist denn die bei nicht wenigen Zeitgenossen fast schon als selbstverständlich angenommene (erst in letzter Zeit durch einige schlimme Erfahrungen mit Religion etwas ins Wanken gekommene) Auffassung von der engen Verbindung religiöser Erziehung mit ethischer Lebensführung etwa in Frage zu stellen?

Die hier angesprochene verbreitete einseitig positive Sicht religiöser Erziehung beruht unter anderem und vor allem auf Desinformation und Verdrängung und, häufig nicht bewusst gemacht, einem pessimistischen heteronomen Menschenbild. Die ohne Verklärung und Verdrängung wahrgenommene historische und aktuelle Realität stützt die in der angeführten populären Auffassung angenommene höhere moralische Effizienz religiöser Erziehung (vor allem soweit sie nicht durch säkulare, aufklärerische Einflüsse humanisiert ist) gegenüber säkularer in keiner Weise.[14]

Die Staaten und Gesellschaften, in denen (Buch-) Religionen, auch die biblisch-christliche, sich am ungehindertsten betätigen konnten, wie etwa im christlichen Mittelalter, waren immer und immer wieder Gesellschaften mit extrem hohem, häufig realisiertem Gewaltpotenzial, sowohl in

---

[14]   Vgl. auch Buggle, Franz: Denn sie wissen nicht, was sie glauben.

Kriegen als auch in ganz besonders gewalttätigen grausamen Ausgestaltungen der Strafjustiz.

Und auch heute zeichnen sich etwa die USA, wohl das bibelgläubigste und christlichste (um nicht zu sagen bigotteste) Land der Gegenwart durch eine der höchsten Raten von Gewaltkriminalität, generell durch eine kaum zu übersehende verbreitete Affinität auch zu kriegerischer Gewalt aus, personifiziert nicht zuletzt im gegenwärtigen fundamentalistisch frommen Präsidenten George W. Bush, einem im Übrigen auch entschiedenen Anhänger der (auch biblisch begründbaren) Todesstrafe und Rekordhalter in der Zahl von Hinrichtungen in seiner Zeit als Gouverneur von Texas. Andererseits weisen die nichttotalitären, rechtsstaatlichen, eher säkularen Demokratien (etwa Skandinavien) alles in allem genommen den höchsten ethischen und humanitären Standard auf. Ich sage nicht, dass säkular erzogene Menschen sich generell ethisch positiver verhalten als christlich erzogene. Ich sage nur sehr zurückhaltend, das es trotz bedeutsamer positiver Beispiele auf beiden Seiten keinen empirischen Beleg dafür gibt, dass christliche Erziehung generell zu höheren ethischen und humanitären Standards als säkulare führt. Damit aber verliert die oben angeführte Behauptung von der ethischen Erfordernis religiöser bzw. christlicher Erziehung angesichts der sehr problematischen Aspekte ihre empirische Begründung. Auch hier haben wir wieder ein Beispiel für die ungeheuere verbreitete Desinformation, Denkhemmungen und Reflexionsstop in religiösen Dingen, nicht nur, aber gerade auch im deutschen Kulturraum.

„Ist christliche Erziehung heute noch verantwortbar?" war die Eingangsfrage und die Thematik dieses Beitrages. Ich hoffe bei aller durch die räumliche Beschränkung notwendigen Unvollständigkeit etwas nachvollziehbarer gemacht zu haben, warum ich diese Frage verneine.

Es sollte aber auch deutlich geworden sein, dass diese schwierige Frage nicht auf Grund eines simplifizierten Schwarz-Weiß-Bildes der tatsächlich sehr komplexen Realität beantwortet werden kann. Christliche Erziehung führt nicht immer zu negativen und areligiöse nicht immer zu positiven Ergebnissen. Ebenso muss differenziert werden zwischen den verschiedenen Erscheinungsweisen christlicher Erziehung, etwa und besonders zwischen den fundamentalistischen oder eher „liberalen" oder „progressiven" Ausprägungen. Christliche Erziehung dürfte umso weniger verantwortbar sein, je mehr sie fundamentalistisch geprägt ist. Es dürfte heute, zumindest in Europa immer mehr Menschen vermittelbar sein, dass die krude 1:1-Umsetzung der biblischen (und koranischen)

Texte, gerade angesichts des zunehmenden islamischen, aber auch christlichen Fundamentalismus und Obskurantismus, mit den sich immer drohender zeigenden Auswirkungen geistiger Verengung und deren schlimmen Auswirkungen für individuelle und kulturelle Freiheit bis hin zu religiöser Gewalt nicht mehr zu verantworten ist.

Ist demgegenüber eine mehr oder weniger selektiv liberalisierte christliche Erziehung das kleinere Übel, so impliziert sie dennoch ebenfalls schwerwiegende Probleme. Sie liegen etwa und besonders, wie aufgezeigt, in dem mit ihr notwendig gegebenen Dilemma zwischen Humanität und intellektueller Redlichkeit im Sinne konsequenten zu Ende Denkens, an dessen Stelle ein beträchtliches Ausmaß an Verdrängung auch zentraler und ursprünglich konstituierender biblischer (koranischer) dogmatischer Aussagen wie auch weiter Bereiche des modernen Wissenshorizontes treten. Dies führt häufig, vor allem im Zusammenhang mit (früh-) kindlicher Indoktrination, wie sie Religionen übergreifend besonders kennzeichnet, zu auch im Erwachsenenalter noch sehr wirksamen Denk- und Kritikhemmungen in Sachen Religionen. Sie dürften der heute auch in aufgeklärteren christlich geprägten Gesellschaften zu beobachtenden partiellen Hilflosigkeit gegenüber religiösem Terrorismus, dem entsprechenden Versagen der eigentlich zu Aufklärung aufgerufenen geistigen Eliten und einem erstaunlich weit verbreiteten Defizit an *autonomem* ethischen Verhalten zu einem nicht geringen Anteil zu Grunde liegen.

Deshalb sollte an Stelle christlicher und auch islamischer *Erziehung* und der mit ihr fast immer verbundenen *Indoktrination* im (früh-) kindlichen Alter mit der häufig zu beobachtenden Folge eingeschränkter innerer Wahrnehmungs- und Entscheidungsfreiheit die sachliche, kritisch abwägende *Information* nicht vor der Pubertät treten und damit die für eine freiheitliche Demokratie notwendige innere Entscheidungs- und Wahrnehmungsfreiheit ermöglichen.

Literatur

Bucher, Anton: Braucht Mutter Kirche brave Kinder? Religiöse Reifung kontra kirchliche Infantilisierung, München 1997.

Buggle, Franz: Die Entwicklungspsychologie Jean Piagets, Stuttgart [4]2001.

Buggle, Franz: Denn sie wissen nicht, was sie glauben. Oder warum man redlicherweise nicht mehr Christ sein kann. Eine Streitschrift, Aschaffenburg 2004.

Buggle, Franz: Inhumaner Jesus? In: Verfälschter Jesus? Christentum und Christusbilder. Hrsg. von der Evangelischen Akademie Baden, 1994. (Herrenalber Protokolle, Bd. 97)

Buggle, Franz: Ist heute noch Religiosität intellektuell und ethisch verantwortbar möglich und wünschbar? Wenn ja, wo liegen ihre Wurzeln, welche Merkmale müsste sie besitzen und welchen Kriterien müsste sie gerecht werden? Muss der konstituierende Begriff der Transzendenz neu überdacht und hinterfragt werden?, in: Vogel, B. (Hrsg.): Spuren des Religiösen im Denken der Gegenwart, München 2004.

Buggle, Franz: Zur Komplexität von Religiosität: Religiöse Entwicklung zwischen evolutions-psychologischen und kulturellen Rahmenbedingungen, in: Rollet, B. / Herle, M. (Hrsg.): Aktuelle Studien zur religiösen Entwicklung. Bd. 3, Lengerich 2004.

Dashti, Ali: 23 Jahre. Die Karriere des Propheten Muhammad, Aschaffenburg 2003.

Streminger, Gerhard: Gottes Güte und die Übel der Welt, Tübingen 1992.

Topitsch, Ernst: Erkenntnis und Illusion, Tübingen 1988.

Wolfgang Proske

Montessori-Pädagogik und ihre weltanschaulichen Grundlagen

Der Boom privater Schulen und die Zukunftsangst

Unbemerkt von der breiten Öffentlichkeit steigt die Zahl der privaten Schulen in Deutschland kräftig an. Von 1992 bis 2000 erhöhte sich ihre Zahl um 26,7% auf nunmehr insgesamt 4076 Schulen. Handelte es sich früher vor allem um berufliche Schulen, Gymnasien und Sonderschulen, so ist gegenwärtig die überproportional hohe Zunahme der Grundschulen auffallend, diese stiegen bis ins Jahr 2000 deutschlandweit immerhin auf 363 Schulen. In Bayern, dessen Privatschulanteil mit 14,5% erheblich höher als in anderen Bundesländern liegt, ist ein fast schon flächendeckendes Netz privater Grundschulen entstanden, und in mehreren Fällen haben diese Grundschulen mit dem Aufbau einer eigenen Hauptschule begonnen.

Immer mehr Eltern trauen der staatlichen Schule nicht länger und vertreten die Ansicht, man müsse die Schulausbildung des eigenen Kindes selbst in die Hand nehmen, damit sich das Kind in all seinen Fähigkeiten und Möglichkeiten frei entfalten könne. Sie sind davon überzeugt, diesem Ziel durch Gründung beziehungsweise Fortführung einer privat betriebenen Schule am besten gerecht werden zu können. Dabei wissen sie, dass sie dort bei entsprechendem Engagement sehr viele Möglichkeiten der Einflussnahme zugunsten ihres eigenen Kindes besitzen.

Insofern ist es ein Märchen zu glauben, die Mehrheit der Eltern komme hauptsächlich wegen eines besonderen pädagogischen Konzepts an die Alternativschule. Auslösender Hintergrund der Elternentscheidung ist, nach meiner Beobachtung, meistens vielmehr die Angst hinsichtlich der Zukunft des eigenen Kindes. Überdurchschnittlich oft kommen die

Eltern wegen unerwünschter Auffälligkeiten im Verhalten ihres Spröss-
lings und / oder körperlicher Beeinträchtigungen an die Privatschule. Sie
befürchten, ihr Kind könne in der staatlichen Regelschule nicht ausreichend gefördert und zu früh ausgesondert werden. Es würde dann im
Konkurrenzkampf mit anderen schlechter abschneiden und schließlich auf
dem härter werdenden Arbeitsmarkt ungenügend verortet werden. Um
seine Chancen gleichsam mit der Brechstange zu erhöhen, sind die oft
verzweifelten Eltern bereit, ein nicht unerhebliches Schulgeld zu bezahlen
und auch eine nicht alltägliche Pädagogik zumindest billigend in Kauf zu
nehmen.

Die PISA-Untersuchung, bei der die allgemeine Leistungsfähigkeit
von SchülerInnen untersucht wurde, verstärkte diesen Trend mit ihren
eindeutigen Ergebnissen weiter. Privatschulen, wie zum Beispiel die in
Mode gekommenen Montessori-Schulen, sind so gefragt wie noch nie
zuvor. Aber sind die oft hochfliegenden Hoffnungen wirklich berechtigt?
Obwohl keine Montessorischule am PISA-Test teilnahm, lud dennoch die
Aktionsgemeinschaft deutscher Montessori-Vereine (ADMV) im Jahr
2002 mit folgendem Satz zu ihrer Jahrestagung ein: „Die Antwort auf
PISA ist 80 Jahre alt!"[1] Was also ist dran an diesem „pädagogischen
Wundermittel"?

An den Anfang dieser Ausführungen sollen die wichtigsten Grundannahmen in der Montessori-Pädagogik dargestellt werden, so wie sie
von der Namensgeberin Maria Montessori (1870-1952) überliefert worden sind. Dabei werden zuerst solche Aspekte diskutiert, die sich auf das
Kind beziehen, und solche, die die Umgebung des Kindes betreffen.
Diese Darstellung wird mit einer grundsätzlichen Kritik an der Montessori-Pädagogik abschließen, wobei das Hauptaugenmerk auf dem weltanschaulichen Hintergrund liegen wird.

Die innerkindliche Ebene der Montessori-Pädagogik

Der innere Bauplan im Kind

Unter der Annahme, dass jedes Kind einen individuellen „inneren Bauplan" besitzt, wird das Kind als Baumeister seiner selbst verstanden. Nach
Auffassung von Maria Montessori trägt es von Anfang an den Schlüssel

---

[1]   Vgl. Flugblatt zur Jahrestagung der ADMV am 1. Juni 2002 im Tagungszen-
      trum Katholische Akademie in Berlin,

zu einem rätselhaften individuellen Dasein in sich. Würde man es konsequent sich selbst überlassen, dann könnte es wirklich werden, nur: Man lässt es nicht. Unzeitgemäßes Eingreifen des Erwachsenen mit seinem starken Willen lenke die Verwirklichung des kindlichen Bauplanes in falsche Bahnen, weshalb ein dahinter stehender „kosmischer Plan" sabotiert werde. Maria Montessori war überzeugt, dass Pädagogik sich an diesem inneren Bauplan des Kindes auszurichten habe.

Die vier Entwicklungsstufen des Kindes

Der innere Bauplan im Kind äußere sich in vier aufeinander folgenden Entwicklungsstufen des Kindes.

a) Bis etwa zum 6. Lebensjahr sind Kinder sinnengeleitete Erforscher ihrer Umwelt, die ihre Intelligenz entwickeln, indem sie alle Aspekte ihrer Umgebung, ihrer Sprache und ihrer Kultur gleichsam in sich aufsaugen. Während zunächst die Kommunikation zwischen Eltern und Kind im Vordergrund steht, gewinnen laut Montessori etwa ab dem 3. Lebensjahr im Kindergarten die Beziehungen zu anderen mehr und mehr an Bedeutung.

b) Etwa zwischen dem 6. und dem 12. Lebensjahr werden Kinder zu überlegenden Forschern. Sie entwickeln Einbildungskraft sowie die Fähigkeit zur Abstraktion und wenden ihr gesamtes Wissen an, um die Welt um sich herum besser zu durchschauen. Eigenaktivität des Kindes ist jetzt besonders wichtig.

c) Zwischen dem 12. und dem 18. Lebensjahr beginnen die Jugendlichen, ihren Platz in der Gesellschaft zu suchen. Gleichsam als Sozialforscher wollen sie verstehen und Möglichkeiten finden, etwas für die Gesellschaft zu tun. Beziehungen in und zur Öffentlichkeit werden besonders wichtig. Dabei setzt – sehr zum Ärger der Erwachsenen – kritisches Denken ein: Dinge werden in Frage gestellt, um neu rekonstruiert zu werden. In dieser Phase der Pubertät fällt es den Jugendlichen oft schwer, die notwendige Konzentration aufzubringen.

d) Als junge Erwachsene im Alter von etwa 18 bis 24 Jahren spezialisieren sie laut Montessori ihren Forschungsdrang und suchen sich ihre Nische, um zum weiteren „Werden der Allgemeinheit" beizutragen.

In der heutigen Pädagogik versucht kaum noch jemand, dynamische Entwicklungszusammenhänge bei der Entfaltung des Menschen in das enge Konzept definierter Entwicklungsstufen zu pressen. Zu erwarten wäre insofern, dass heutige Montessorianer eine Herausforderung darin sähen, diesen Ansatz Montessoris schöpferisch weiterzuentwickeln. Tatsächlich aber wird in Montessorikursen weiterhin das alte Entwicklungsstufenkonzept aus dem 19. Jahrhundert gelehrt.

Horme, Mneme und Nebule als Vitalkräfte

Gibt es im Kind so etwas wie einen Motor für all seine Aktivitäten? Kräfte, die zur Entfaltung des inneren Bauplanes drängen? Montessori verankert an dieser Stelle drei weitere Begriffe, die trotz ihrer grundlegenden Bedeutung selbst unter Montessorianern wenig bekannt sind, nämlich Horme, Mneme und Nebule.

a) „Horme" ist laut Montessori die vitale Kraft im Kind, die zu seiner Tätigkeit, seinem Lernen und allgemein zu seiner Entfaltung führt. „Horme" ist Lebenskraft und Vitalität, „der innere Schrei des Lebens, der sich nach geheimnisvollen Gesetzen zu entfalten wünscht".[2]

b) „Mneme" ist eine unbewusste Form des vitalen Gedächtnisses. Was über die Sinnesorgane wahrgenommen wird (berühren, sehen, riechen, hören, schmecken), führe zur weiteren Entwicklung des Kindes. In der heutigen Sprache ist „Mneme" gleichbedeutend mit „Prägung".

c) „Nebule" ist schöpferische Energie, um die Umwelt zu absorbieren. „Nebule" ist noch nicht, sondern gerade im Entstehen begriffen, „etwas Lebendiges, das sich entwickeln muss".[3] „Nebule" meint die Dispositionen eines Menschen. „Nebule" sind Kräfte, die auf Erweckung warten. Montessori meinte erkannt zu haben, wie aus der Wechselwirkung von „Nebule" und Umgebung des Kindes „geistige Organe" entstünden.[4]

Gerade die letzte Definition macht deutlich, warum von diesen drei Begriffen kaum die Rede ist: Sie sind ausgesprochen obskur. Der Existenz dieser drei Vitalkräfte im Kind liegt die Annahme zugrunde, es gebe autonome, in sich elementare natürliche Faktoren, die den Lebewesen ihren Antrieb geben. Montessori bezeichnet ihre Vitalkräfte als „Lebens-

---

[2] Montessori, Maria: Mein Handbuch, Stuttgart 1922, S. 77, zit. n. Böhm, Winfried: Die Montessori-Philosophie und ihre erziehungspraktische Relevanz, in: Röhrs, Hermann (Hrsg.): Die Schulen der Reformpädagogik heute. Düsseldorf 1986, S. 132.

[3] Montessori, Maria: Gott und die Welt, Freiburg 1995, S. 97.

[4] Montessori, Maria: Über die Bildung des Menschen. Hrsg. von Paul Oswald und Günter Schulz-Benesch, Freiburg 1966, S. 81.

drang".[5] Ganz ähnlich hatte der Philosoph Henri Bergson (1859-1941) von „Lebensschwungkraft" und „Lebensimpuls" gesprochen. Doch lässt sich wissenschaftlich nichts davon nachweisen. Der britische Biologe Julian Huxley (1887-1975) meinte einmal sarkastisch, die Annahme eines Lebensimpulses erkläre das Leben ebenso wie die Annahme eines „Lokomotiv-Impulses" die Arbeitsweise einer Lokomotive erklären würde – nämlich gar nicht.

Die besondere Fähigkeit des Kleinkindes, sich unbewusst vollkommen auf ein bestimmtes, gerade besonders interessierendes Phänomen zu konzentrieren, bezeichnete Montessori als „absorbierender Geist". Bis zum 4. Lebensjahr etwa gelinge es dem Kleinkind mit Hilfe seiner Vitalkräfte, die gesamte Umgebung ganzheitlich in sich aufzunehmen, ohne Zensur der Kritik und ohne sich auf Details einlassen zu müssen. Dieses Absorbieren geschehe leicht und unbewusst; es sei von nachhaltiger Dauer. Zum Beispiel erlernen Kinder eine Sprache ohne Kenntnis des Wortschatzes oder der jeweiligen grammatikalischen Regeln. Bereits mit zwei oder drei Jahren beherrschen sie ohne Sprachunterricht ihre Muttersprache, ganz selbstverständlich aus der Beschäftigung mit ihrer Umgebung. Quasi kopiere das Kind die Welt um sich herum in sich selbst hinein: „Der absorbierende Geist nimmt alles auf, hofft alles, akzeptiert die Armut wie den Reichtum, akzeptiert jeden Glauben, die Vorurteile und Gebräuche seiner Umgebung: Er inkarniert alles."[6]

Montessori behauptet, dass die genetischen Potenziale des Menschen innerhalb zeitlich begrenzter Phasen in besonderem Maße aktivierbar seien. Sie nannte diese Phasen „sensible Phasen" und verstand darunter begrenzte Zeiträume besonderer Empfänglichkeit. Sie seien von vorübergehender Dauer und dienten dazu, dem Kind den Erwerb einer bestimmten Tätigkeit zu ermöglichen. Sobald dies geschehen sei, klinge die Empfänglichkeit wieder ab. So entwickle sich jeder Charakterzug auf Grund eines Impulses innerhalb einer eng begrenzten Zeitspanne. Doch eine sensible Phase zeige sich nach außen nur, „wenn der Erwachsene nicht mit seinen Anweisungen eingreift, die aus Überprüfung, Ratschlägen und Ermahnungen bestehen".[7]

---

[5] Montessori, Maria: Grundgedanken der Montessori-Pädagogik, Freiburg [8]1987, S. 23.

[6] Montessori, Maria: Das kreative Kind, Freiburg 1972, S. 263.

[7] Montessori, Maria: Die Entdeckung des Kindes, Freiburg 2001, S. 107.

Darf sich ein Kind auf diese Weise entfalten, würden seine inneren Bedürfnisse zufrieden gestellt. Kennzeichen der Befriedigung der Bedürfnisse sei eine auffallende innere Ausgeglichenheit und Zufriedenheit. Wo hingegen dem Kind die Möglichkeit versagt bleibt, gemäß seines inneren Dranges zu handeln, ist die Gelegenheit, sich die jeweilige Fähigkeit natürlich anzueignen, versäumt; das Kind wird entsprechend unausgeglichen sein. Später könne das Kind zwar nachholen, aber nur mit bedeutend mehr Mühe. Montessori sah es daher für den Idealfall als zentrale Aufgabe des Erwachsenen, durch Beobachtung diese sensiblen Phasen richtig zu erkennen, um so zu handeln, dass Störungen der kindlichen Aufmerksamkeit in diesen Momenten verhindert würden.

Kinder sind laut Montessori zu anhaltend konzentrierter Beschäftigung fähig und bereit, wenn sie etwas finden, was sie spontan gerne tun möchten und was sie zu beständiger Wiederholung reizt. Montessori nennt dies die „Polarisation der Aufmerksamkeit". Gemeint ist die direkte Verbindung zwischen Kind und Sache, „das Aufgehen in einer […] interessanten, frei gewählten Arbeit, die die Kraft hat zu konzentrieren und, anstatt zu ermüden, die Energien, die geistigen Fähigkeiten und die Selbstbeherrschung erhöht".[8] Diese Arbeit lasse das Kind selbstvergessen mit seiner Umwelt verschmelzen. Wenn ein Kind die Freiheit habe, seinen eigenen Interessen nachzugehen, gebe es Polarisation der Aufmerksamkeit bei jedem Kind. Sie werde nicht durch Ermüdung oder Erschöpfung beendet, sondern durch das gestillte Bedürfnis. Auch hier würden als Folgewirkung Disziplin, ein gutes, kultiviertes Arbeitsverhalten sowie soziale Gefühle auftreten. Es entstehe eine Atmosphäre selbstbeherrschter Zufriedenheit. Montessorianer versuchen deshalb in der Praxis ihrer Einrichtungen, möglichst Anlässe und Gelegenheiten zu schaffen, die zur Polarisation der Aufmerksamkeit führen.

Normalisierung, Normalisation, Normalität: Schlüsselbegriffe der Montessori-Pädagogik

Aus der Zusammenfassung dieser bisher genannten Phänomene folgt Montessoris Begriff von der „Normalisierung" bzw. der „Normalisation" oder der „Normalität". Nur das sich gemäß seines inneren Bauplanes entwickelnde Kind ist laut Maria Montessori psychisch gesund und damit normalisiert. „Normalität" bedeute, dass das Kind durch ein inneres Gleichgewicht in Harmonie gebracht sei. „In der richtigen Umgebung

---

[8] Montessori, Maria: Das kreative Kind, S. 185.

entsteht Normalität in natürlicher Weise von selbst [...] Es ist, als nähme [das Kind; W. P.] eine Maske ab."[9] Nun leben wir – auch heute – in einer Zeit, in der diese „Normalisierung" nicht länger der Normalfall ist. In weiser Voraussicht verlangte Montessori deshalb von Eltern und Lehrpersonen: „Wer [...] verantwortlich ist für die normale Entwicklung, muss diesen Gesetzen [gemeint sind die Gesetze des kosmischen Plans; W. P.] folgen. Wenn man sich von ihnen entfernt, so verliert man sich aus der Leitung, welche Gott als Führung des Kindes gibt; denn es fehlt dann der Kontakt mit den Gesetzen, welche Gott selbst festgelegt hat. [...] Wenn man die Gesetze der Entwicklung des Kindes entdeckt, so entdeckt man den Geist und die Weisheit Gottes, der im Kind wirkt."[10]

Die „Normalisierung" erweist sich damit als der normative Schlüsselbegriff im System der Montessori-Pädagogik. Winfried Böhm, einer der wenigen kritischen Köpfe innerhalb des Montessori-Spektrums, kam zu dem Ergebnis, dass sich im Begriff der „Normalisation" die Gesamtheit der anthropologischen, teleologischen und methodischen Lehrsätze der Montessori-Pädagogik subsumieren lasse.[11] In ihrem weit verbreiteten Buch *Kinder sind anders* hatte Montessori unter „Normalisierung" eine „Bekehrung" im Sinne von „Rückkehr zur Normallage" verstanden.[12] Zustimmend zitierte sie eine Besucherin ihres Kinderhauses, die angesichts der mustergültig auftretenden Kinder sagte: „Diese Kinder machen mir den Eindruck von Bekehrten. [...] Es gibt keine wunderbarere Bekehrung als die, bei der Kummer und Bedrücktheit überwunden werden und das Leben sich auf eine höhere Ebene erhebt."[13] Mit diesem direkten Gottesbezug wird „Normalisierung" insofern besonders hervorgehoben und innerhalb des Systems unangreifbar gemacht. Montessori kommt zu folgendem Schluss: „Das große Geheimnis liegt in der Erziehung zur 'Normalität'. Von ihr hängt die Über-Natur des Menschlichen ab."[14]

Dennoch wird die „Normalisierung" von Montessorianern gerne heruntergespielt. Denn es ist offensichtlich, dass ahistorische „Normalität"

---

[9]   Montessori, Maria: Grundgedanken der Montessori-Pädagogik, S. 23.

[10] Montessori, Maria: Kinder, die in der Kirche leben. Hrsg. von Helene Helming, Freiburg 1964, S. 235.

[11] Vgl. Böhm, Winfried: Maria Montessori. Hintergrund und Prinzipien ihres pädagogischen Denkens, Freiburg 1969, S. 122.

[12] Montessori, Maria: Kinder sind anders, München 1987, S. 152.

[13] Ebd., S. 146.

[14] Ebd., S. 192.

als Ergebnis einer immer gleichen „Normalisierung", unabhängig von gesellschaftlichen Einflüssen, für modern denkende Menschen eine schwer verdauliche Kost ist. Die Montessori-Klientel weiß in aller Regel, dass „Normalität" kulturell definiert ist und sich insofern verändert. Vor allem aber kommt heute auch die Pädagogik ohne Gottesbezug aus, ganz zu schweigen von der Mehrzahl der gebildeten Eltern aus der Mittelschicht. Der Begriff der „Normalisierung" ist problematisch. Erste Verdachtsmomente erhärten sich, wenn Montessoris Bild vom Gegenteil der „Normalität" untersucht wird. „Anormalität" sei ein von außen gesteuertes Abkommen vom richtigen Weg. Der Mensch habe das göttliche Schöpfungswerk desavouriert, seit Adam und Eva die Erbsünde verursachten. Montessori glaubte, die Ursache, weshalb die „Kreatur vom rechten Weg" abkomme, sei „etwas Verborgenes, Subtiles, im verlockenden Gewand der Liebe oder Hilfe, aber im Grunde von seelischer Blindheit der Erwachsenen herrührend, von einer maskierten und unbewussten Eigensucht, die tatsächlich dem Kind gegenüber eine diabolische Macht darstellt. Aber das Kind wird stets aufs Neue geboren, trägt unangetastet in sich den Plan…"[15]

Eine „diabolische Macht" also, immer wieder lockend, letzten Endes aber chancenlos, wegen des noch „unangetasteten", auf ewig rein angelegten inneren Bauplans, der über eine gelungene Normalisierung unbeschädigt bleibt? Mit gutem Grund spricht man über den Begriff Normalisierung nicht ganz so gern. Denn was im ersten Moment ultramontan daherkommt, erweist sich auf einen zweiten Blick als problematisch mit Blick auf die römisch-katholische Lehre. Denn sollte Montessori tatsächlich der Meinung gewesen sein, die vom Katholizismus behauptete Erbsünde könne einem „normalisierten" Kind nichts anhaben? Wir werden im Folgenden sehen, dass man aus christlicher Sicht sehr wohl zum Schluss kommen kann, hier werde Ketzerei betrieben und das Kind an sich vergöttert.

---

[15] Montessori, Maria: Kinder sind anders, S. 158.

Die gesellschaftliche Ebene in der Montessori-Pädagogik

Vorbereitete Umgebung und Unterrichtsmaterial als vorgekaute Diätkost

Wer erstmals mit Montessorianern zu tun hat, wird mit solchen Fragestellungen kaum konfrontiert werden: Erstkontakte dienen im glaubensstarken Milieu schon immer der Köderung neuer Anhänger. Einsteiger werden nicht mit komplizierter und heutzutage oftmals unverständlicher Theorie gefüttert, sondern in konkreter Anschaulichkeit mit der Praxis der Montessori-Einrichtungen konfrontiert. Neulinge dürfen wie „Mäuschen" den Blick nach innen werfen. Neben der oftmals faszinierenden Architektur der Schulgebäude erleben sie eine zumeist höchst beeindruckende Unterrichtspraxis, in der die Lehrperson selbst kaum in Erscheinung tritt. Die Besucher erleben an der Oberfläche des Sichtbaren „ganz andere" Schülerinnen und Schüler und werden so zum zustimmenden *Heureka*-Erlebnis geführt. Die Kinder scheinen innerhalb dieser Schule regelrecht aufzugehen. Die meisten Beobachter sind sich nach einem solchen Besuch einig: Das ist es, so sollte Schule aussehen.

Was macht auf dieser unterrichtlichen Ebene den Unterschied zwischen Montessori- und Regelschule aus? Montessori entwickelte in diesem Zusammenhang den Begriff von der „vorbereiteten Umgebung", die dem Kind helfe, seine schöpferischen Kräfte zu wecken und zu entfalten. „Vorbereitete Umgebung" ist die Zentralkategorie in einer Reihe von Begriffen, mit denen eine ideale unmittelbare gesellschaftliche Umgebung des Kindes erfasst wird. Jedes Kind, so Montessori, müsse „in seiner Umgebung etwas vorfinden, das organisiert wurde in direktem Verhältnis zu seiner sich nach Naturgesetzen abwickelnden inneren Organisation".[16] Die vorbereitete Umgebung wird damit *conditio sine qua non*: Sie müsse immer dynamisch, beweglich und relativ sein und ist gleichsam geistige Nahrung des Kindes. Vorbereitete Umgebung erlaube dem Kind, die Verantwortung für seine eigene Erziehung zu übernehmen. In seiner Arbeit soll sie dem Kind deshalb folgende Freiheiten ermöglichen:

• „der Wahl
• des Interesses
• der Bewegung
• der Zeit

---

[16]   Montessori, Maria: Schule des Kindes, Freiburg 1976, S. 72.

- der Kooperation mit anderen
- des Bildungsniveaus, d. h. der Arbeit in unterschiedlichen Altersgruppen".[17]

Im Detail seien innerhalb der vorbereiteten Umgebung besondere Unterrichtsmaterialien notwendig, „denn ohne Gegenstände kann sich das Kind nicht konzentrieren".[18] Wesentliches Kriterium des Materials soll sein, dass es die Selbstbildung des Kindes ermöglicht. Es muss also dem Entwicklungsstand des Kindes entsprechen und in der Lage sein, die geistigen Energien des Kindes anzuregen. Dazu soll es durch Form und Farbe die Aufmerksamkeit fesseln und jene bestimmte Eigenschaft, um die es beim Lernen geht, klar isolieren. Darüber hinaus soll die eigenständige Fehlerkontrolle ermöglicht werden. Schließlich soll das Material nur ein einziges Mal im Raum vorhanden sein, denn wenn ein anderes Kind dieses Material gerade benutzt, muss das Kind lernen, sich in Geduld zu üben und auf den anderen Rücksicht zu nehmen. So führe das Montessori-Material auch zu sozialem Lernen.

Nirgendwo sonst im Bereich der Montessori-Pädagogik gibt es ähnlich vielfältige Kreativität wie bei der Herstellung von immer neuen Materialien, vor allem mathematisches, sprachliches und geografisches Material. Hilfe bietet aber auch eine florierende, weltweit operierende Industrie, die sich ganz auf die Herstellung und den Vertrieb von Montessorimaterial spezialisiert hat, insbesondere auf einige Klassiker, die man an jeder Montessorischule findet. Diese Industrie scheint davon angesichts extrem hoher Preise gar nicht so schlecht zu leben.

Doch kaum jemand hinterfragt die theoretische Grundlage, auf der sich der Material-Zirkus entfaltet. Schon gar nicht der Besucher, der – ausschließlich beobachtend und bei striktem Sprechverbot – einem Alien gleich durch das Schulzimmer geistert.

In den letzten Jahrzehnten ist die Herstellung von Material für viele Montessorianer zum Selbstzweck geworden. Montessorierfahrene Eltern und auch Lehrkräfte, die das Montessori-Diplom[19] erwerben wollen, se-

---

[17]   Holtstiege, Hildegard: Erzieher, Leitung, in: Steenberg, Ulrich: Handlexikon zur Montessori-Pädagogik, Ulm/Münster 1997, S. 51.

[18]   Montessori, Maria: Das kreative Kind, S. 200.

[19]   Jede Montessori-Lehrkraft muss zu Beginn der beruflichen Tätigkeit das Montessori-Diplom nachweisen oder aber baldmöglichst erwerben. Hier werden die Lehrer auf die Besonderheiten der Montessori-Pädagogik und der Montessorianischen Weltanschauung eingeschworen. Der Kurs wird berufsbegleitend und auf eigene Kosten belegt, oft an Wochenenden, und dauert im

hen sich oft in Bastelkurse versetzt. Aber auch die Eltern neu gegründeter Schulen brauchen sich über fehlende abendliche Beschäftigungsmöglichkeiten nicht zu beklagen. Die bestmöglichen Materialien aus dem Versandhandel stehen oft nicht zur Verfügung, da sie zu teuer und / oder noch gar nicht entwickelt sind. Also gilt es, die Ärmel hochzukrempeln und unter Anleitung von wissenden Montessori-Eingeweihten Materialien selbst herzustellen. Es gibt Eltern, die sich von solchen gruppendynamischen Prozessen freikaufen und lieber etwas mehr Schulgeld zahlen.

Die Sache verkompliziert sich dadurch, dass oft die Lehrenden selbst mit der Handhabung des manchmal komplizierten Materials nicht vertraut genug sind oder aber dieses Material zumindest im Geheimen anzweifeln. Das Erlernen der Anfangsmathematik mit Montessori-Material beispielsweise ist eine Kunst, die ein künftiger Montessori-Lehrer, weil er selbst in seiner Schul- und Ausbildungszeit „falsch" gelernt hatte, erst mühsam neu erlernen muss. Während der Montessori-Diplomkurse müssen viele Stunden darauf verwendet werden, die Grundrechnungsarten neu zu verstehen und das dabei verwendete didaktische Material richtig anwenden zu können.

Die Lehrperson gilt als Teil einer vorbereiteten Umgebung, da es ihre Aufgabe ist, diese zu schaffen und zu pflegen. Sie sorgt dafür, dass es genug Material gibt, was anfangs eine fast unlösbare Aufgabe zu sein scheint. Dann soll jeder Gegenstand funktionsfähig sein und einen allen Kindern bekannten Platz haben, damit er auffindbar und rückstellbar ist. Die Lehrperson achtet auch auf den Raum an sich, das Gebäude in seiner architektonischen Ausstattung und darüber hinaus auf die ganze Stadt bzw. das Dorf, die Region, letztlich die ganze Welt. So ist auch die natürliche Umgebung von Bedeutung, die Jahreszeit, die Möglichkeit eines Ortswechsels. Vom Raum erwartete Montessori, dass er für das Kind freundlich ist. Er soll hell sein, das Bewegungsbedürfnis des Kindes berücksichtigen und er soll ästhetisch ansprechend, aber gleichzeitig

---

Regelfall mindestens ein Jahr. Er umfasst oftmals weit mehr als 100 Unterrichtsstunden. In der Praxis entstehen gelegentlich Probleme mit der internen Anerkennung durch die Träger der Montessorieinrichtung, denn der Begriff „Montessori-Diplom" ist nicht geschützt. Insofern wird mancher nicht unbedingt linientreue Anbieter eines Montessorikurses vor allem aus der zeitgeistig-esoterischen Ecke von der strikt katholischen Montessorianerorthodoxie nach Kräften geschnitten. Mir sind Fälle bekannt, wo die Absolventen solcher Kurse einen weiteren „anerkannten" Kurs absolvieren mussten, um an ihrer Montessorischule weiterarbeiten zu dürfen.

schlicht sein. Die Möbel müssen der Größe des Kindes angepasst sein,
das sich in einem Raum frei bewegen und den Raum jederzeit verlassen
können soll.

Viele Montessorischulen befinden sich aus finanziellen Gründen in
alten, vom öffentlichen Schulwesen ausrangierten Schulgebäuden, die den
genannten Kriterien ganz und gar nicht entsprechen. Die Räume sind im
Vergleich mit öffentlichen Schulen eher dunkel, das Mobiliar abgenutzt
und schon mal billig aus einer öffentlichen Schule abgestaubt, die neues
Mobiliar erhielt. Selbst gebasteltes Material ist oft abgenutzt und für Kinder wenig attraktiv. Manchmal ist das Material mangels Kreativität eine
Zumutung, wenn beispielsweise die Antworten auf Fragen auf der Rück-
seite eines Blattes stehen, damit das Kind selbst die Richtigkeit seiner
Antwort überprüfen kann. De facto sehen die Kinder oft nach, bevor sie
sich der intellektuellen Anforderung überhaupt gestellt haben. Oder wenn
Berge von laminierten Blättern geordnet werden müssen, wobei es oft
sachfremde Kriterien sind, die eine solche Sortierung ermöglichen.

Kinder, die immer wieder mit solchem Material konfrontiert werden,
gewöhnen sich schnell daran und beziehen dieses Material in ihre Lö-
sungsstrategien mit ein. Sie glauben schließlich Dinge zu beherrschen,
vor denen sie später, ohne das Material an der Hand, nicht selten ziemlich
ahnungslos stehen. Grundsätzlich ist dieser Fehler systemimmanent: Vorbereitete Umgebung kann niemals reale Umgebung ersetzen. Dies ist eine
Einsicht, die andere Reformpädagogen übrigens immer wieder betonen.[20]
Vorbereitete Umgebung ist immer selektive Auswahl, mag sie auch noch
so überlegt erzeugt worden sein, und die Kriterien dieser Selektion sind
zumindest für die Kinder nicht transparent. Die Vielfalt des erziehungs-
wirksamen Lebens wird also reduziert auf eine Diätkost vorgekauten
Materials. Dieses Material ist künstlich, didaktisch einseitig auf einen
bestimmten Aspekt hin konzipiert, nicht die reale Vielfalt widerspiegelnd.
Vorbereitete Umgebung ist künstliche Umgebung. Lernen in vorbereiteter
Umgebung ist eine Trockenübung, eine Art Training, aber nicht vergleichbar mit der Bewährung im wirklichen Leben.

Der Lehrer als Wächter und Aufseher

Die Lehrperson soll nicht länger nur Wissensvermittler, sondern vor allem „Wächter und [...] Aufseher der Umgebung" sein.[21] Im Einzelnen

---

[20] So beispielsweise A.S. Neill.
[21] Montessori, Maria: Das kreative Kind, S. 250.

sollen Lehrer das Kind auf seine Bedürfnisse, Neigungen, Potenzialitäten und sensiblen Phasen hin beobachten und dabei vor allem geduldig sein, wenn das Kind mehr Zeit benötigt, um sein Ziel zu erreichen. Der ideale Montessorilehrer hat grenzenloses Vertrauen in die inneren Kräfte des Kindes und hilft diesem nur, wenn es dies wünscht. Der Lehrer soll durch Interesse am Kind „Liebe" beweisen, doch gleichzeitig demütig sein und sich vom Kind und seiner Entwicklung führen lassen. Er sei eben ein „Missionar der Moral",[22] so Montessori, aus Gründen, die oben bereits angedeutet wurden. Unter diesen Voraussetzungen – und nur unter diesen Voraussetzungen – wird das zentrale Dogma der Montessori-Pädagogik formuliert: „Wer [...] verantwortlich ist für die normale Entwicklung, muss diesen Gesetzen folgen. Wenn man sich von ihnen entfernt, so verliert man sich aus der Leitung, welche Gott als Führung des Kindes gibt; denn es fehlt dann der Kontakt mit den Gesetzen, welche Gott selbst festgelegt hat. [...] Wenn man die Gesetze der Entwicklung des Kindes entdeckt, so entdeckt man den Geist und die Weisheit Gottes, der im Kind wirkt."[23] Montessori-Pädagogik ist insofern die Umsetzung des katholischen Weltbildes auf die kindliche Erziehung.

Die Lehrkraft erstellt für jedes Kind ein so genanntes „Pensenbuch", gelegentlich auch Beobachtungsbogen genannt. Das „Pensenbuch" dient als Ersatz für Proben und Prüfungen. Hier soll die Arbeit und die Entwicklung eines Kindes möglichst individuell und möglichst wenig schematisch dokumentiert werden. Die Einträge im Pensenbuch ermöglichen laut Montessori die Beurteilung eines Kindes, ohne auf Ziffernnoten angewiesen zu sein. Der nahe liegende Einwand, dass wegen der unterschiedlichen Formulierungen die Vergleichbarkeit der Leistungen verschiedener Schüler kaum noch gegeben sei, wird mit dem Hinweis auf die Einmaligkeit eines jeden Kindes pariert, der man lediglich Rechnung trage. Nichtsdestotrotz sind diese Einträge durch den Lehrer subjektiv und willkürlich, mag sich der Lehrer dieser Aufgabe auch noch so emotionslos widmen. An manchen Schulen ähneln sie deshalb – eben aus Gründen der Vergleichbarkeit – Wortbausteinen eines Computerschreibprogramms und sind damit im Prinzip auch bloß Noten.

Nicht unerwähnt soll an dieser Stelle bleiben, dass die derart reduzierte Lehrkraft massiv sowohl im Anforderungsprofil als auch an persönlichen Rechten verliert. Montessorilehrer sind primär nicht länger

---

[22] Montessori, Maria: Das kreative Kind, S. 186.
[23] Montessori, Maria: Kinder, die in der Kirche leben, S. 235.

Wissensvermittler, sondern lediglich eine Art „Geburtshelfer". Als solche werden sie im Regelfall deutlich schlechter als vergleichbare staatliche Lehrkräfte bezahlt, im Normalfall netto etwa ein bis zwei Gehaltsstufen darunter. Dabei arbeiten sie deutlich länger, ohne dass ihnen Überstunden erstattet würden. Montessorilehrer haben nachmittags an ihrer Schule sehr oft Präsenzpflicht mit der offiziellen Begründung, dass für sie im Idealfall die klassische Unterrichtsvorbereitung sowieso entfällt. Regelmäßige Konferenzen, oftmals wöchentlich, finden in der unterrichtsfreien Zeit statt. Wenn sich die Lehrer nicht bewusst abgrenzen, was andererseits als unzulässige Distanz zum Beruf erscheinen kann, kommen die Eltern rund um die Uhr auf sie zu, vor Schulbeginn beim Abgeben der Kinder wie auch nach Schulschluss am Telefon. Sie sind abends oft noch im Schulhaus wegen der bereits angesprochenen Materialbastelstunden oder wegen diverser Ausschüsse und Arbeitsgruppen der Elternschaft, wo bei hohem Zeitaufwand häufig wenig Konkretes erreicht wird. Krankheitsvertretungen sind de facto nicht vorgesehen, so dass es immer wieder zu Klassenmitführungen kommt, also der gleichzeitigen Beaufsichtigung von zwei verschiedenen Klassen. Um diesen unhaltbaren Zustand nach Möglichkeit einzuschränken, verbringen die den Lehrkräften zugeordneten „pädagogischen Assistenten", die ungeachtet ihres Namens nicht immer hinreichend qualifiziert sind, ihre Arbeitszeit oft als Krankheitsvertretung in den zu vertretenden Klassen beziehungsweise Gruppen, bei formaler Verantwortlichkeit eines Lehrers.

Obwohl die meisten Trägervereine der Montessorischulen mehr als fünf Beschäftigte haben und insofern die Voraussetzung erfüllen, um einen Betriebsrat wählen zu lassen, gibt es kaum Personalvertretungen. Denn eine Personalvertretung verträgt sich schlecht mit dem erwünschten dienenden Ethos der Montessori-Lehrkraft und zumeist schon gar nicht mit dem Selbstverständnis der die Schule tragenden Eltern, vertreten durch einen Vorstand. Wenn es dann zu Konflikten mit dem Arbeitgeber kommt, fehlen wichtige Schutzmechanismen für die Beschäftigten. Viele Montessorilehrer sind aber auf diese Anstellung angewiesen, weil sie im staatlichen Schuldienst nicht übernommen wurden, oder weil sie eine Stelle an der ideologisch vermeintlich weniger belasteten Montessorischule der an einer Waldorfschule vorziehen und daher schnell bereit sind, ihre Entmündigung zumindest für einen überschaubaren Zeitraum hinzunehmen. Viele nach der II. Lehramtsprüfung zunächst abgewiesene Lehrkräfte kommen nach etwas Wartezeit dann aber doch noch im attraktiveren staatlichen Schuldienst unter. Daher wechselt das Personal oft an den Montessorischulen, die ihrerseits auf immer massivere Probleme stoßen, ausreichend qualifizierte Lehrkräfte zu finden.

Freiarbeit, um zur Haltung zu gelangen

Gelenkter Unterricht mit anschließender normierter Leistungserhebung ist nach Montessori ein pädagogischer Irrweg. Nach außen hin wird betont, dass einem Kind die Entfaltung nur in frei gewählter Selbstbetätigung gelingen kann. Zur Umschreibung dieser Selbstbetätigung hat sich dafür der Begriff „Freiarbeit" eingebürgert. Sie alleine entspräche dem kindlichen Bedürfnis: Das Kind strebe, so Maria Montessori, von sich aus nach Aktivität und empfinde Untätigkeit geradezu als unerträglich. Die Kinder würden auf Grund innerer Antriebe auf diese Weise „unersättlich in ihrer Suche nach Wissen".[24]

Die schulische Wirklichkeit entspricht nur bedingt dieser behaupteten Theorie. Unter den Zwängen der Erfüllung staatlich vorgegebener Lehrpläne findet in den allermeisten Montessorischulen vorwiegend der so genannte „gebundene Unterricht" statt, der sich vom Regelschulunterricht kaum unterscheidet. Angesprochen auf diesen Widerspruch, wird die Montessori-Lehrkraft mög.licherweise auf die staatlichen Auflagen und die damit verbundene Bezuschussung der Privatschule verweisen. Daher müsse – leider, leider – gebundener Unterricht stattfinden, und daher lasse sich die Unersättlichkeit des kindlichen Wissensdranges in der Praxis kaum beobachten.

In der Theorie soll das Kind durch eigenes Denken und Handeln die Lerninhalte, sein Lerntempo und auch sein Lernverfahren selbst bestimmen. Dazu wird eine ausreichend große Freifläche für Material- und Kreisarbeit benötigt: Die Bewegungsfreiheit jedes Kindes muss gewährleistet sein, die Möbel müssen mit Blick auf Form und Größe kindgerecht sein, die Materialbereiche müssen geordnet und für das Kind frei zugänglich sein, Pflanzen- und Tierpflege müssen möglich sein, ebenso Küchenarbeit. Außerhalb des Zimmers müssen unstrukturierte Tätigkeitsbereiche gegeben sein, also solche Tätigkeitsbereiche, die nicht von der Lehrkraft „vorbereitet" sind. Grundsätzlich muss das Ordnungssystem für Kinder selbstständig einhaltbar sein. Durch die „Freiarbeit" entsteht mittelfristig eine besondere „Haltung", die Kinder mit Ordnung, Ausdauer und Disziplin in einer natürlichen Weise arbeiten lässt und die den natürlichen Bedürfnissen des inneren Lebens entspricht.

---

[24] Montessori, Maria: Das kreative Kind, S. 185.

Besuchern der Montessorischule wird fast ausschließlich „Freiarbeit"
vorgeführt und somit eine Praxis vorgegaukelt, die es so nicht gibt. Hinter
vorgehaltener Hand klagen Montessorilehrer darüber, dass sie wegen des
reduzierten gebundenen Unterrichts zum Beispiel in der Hälfte der Zeit
das gleiche Pensum wie eine Regelschule durchnehmen sollen. Das geht
natürlich nicht, und deshalb wissen Montessorischüler häufig weniger als
gleichaltrige Regelschüler. Weil es aber keine vergleichbaren Leistungs-
erhebungen und auch keine Noten gibt, fällt das erst auf, wenn ein Schüler in die reale Welt der Regelschule zurückkehrt.

Das Konzept der „Freiarbeit" gilt heute dennoch vielen im Vergleich
mit traditionellen Unterrichtsformen als überlegen, auch außerhalb der
Montessori-Pädagogik. Offener Unterricht fördere die Gesundheit des
Kindes. Schüler verhielten sich weniger ängstlich, hätten größere Freude
am Lernen. Ihre Aggressivität nehme ab und sie würden seltener die
Schule schwänzen. Sie fänden bessere Beziehungen zu ihrem Lehrer und
auch zu ihren Mitschülern, so beispielsweise der montessorifreundliche
Herbert Goetze von der Universität Regensburg.[25]

Kinder haben die Möglichkeit, in der „Freiarbeit" ihre Aufgaben und
Ziele innerhalb des vorgegebenen Lehrplans als Rahmen selbst zu wählen. Dabei wird erwartet, dass sie die gewählte Aufgabe auch bearbeiten
und nicht grundlos und unüberlegt wieder beenden. Durch eine vorbereitete Fehlerkontrolle erhalten sie dabei eine sofortige Rückmeldung hinsichtlich ihres Lernerfolges. Der Schüler kann selbst entscheiden, ob er in
Einzel-, Partner- oder Gruppenarbeit die gestellte Aufgabe bearbeiten
möchte. Dabei ist es immer wichtig, dass durch die Kooperation nie die
Arbeitswilligkeit beziehungsweise Arbeitsfähigkeit anderer Schüler leiden darf. Darüber hinaus ist es dem Schüler freigestellt zu entscheiden,
was er wann bearbeiten will.

Diese Konzeption der „Freiarbeit" ist, so verlockend sie zunächst auch
erscheinen mag, letzten Endes Illusion. Da es unmöglich ist, die Komplexität unserer Umwelt auch nur ansatzweise auf eine vorbereitete Umgebung zu reduzieren, bedeutet die Auswahl der in die vorbereitete Umgebung integrierten Inhalte immer Lenkung durch Erwachsene. Auch die
Vorspiegelung von freier Arbeit ist de facto eine Täuschung aller Beteiligten. Schon durch die angebliche Reduzierung auf eine einzige Schwie-

---

25 Goetze, Herbert: Offenes Unterrichten bei Schülern mit Verhaltensstörungen.
    In: Goetze, Herbert/Neukäter, Heinz (Hrsg.): Handbuch der Sonderpädago-
    gik, Bd. 6, Berlin 1989.

rigkeit wurde die Komplexität des Ganzen partikularisiert. Dazu kommt die Freiheit, sich dem zu widmen, dem man sich vielleicht doch nicht so gerne widmen möchte. In montessorikritischen Kreisen kursiert dazu ein Witz, in dem ein Montessorischüler seine Lehrkraft fragt: „Müssen wir heute wieder machen, was wir wollen?" Wer Schwierigkeiten lediglich reduziert, isoliert und als vermeidbar kennen lernt, wird kaum die Kompetenz entwickeln, sich außerhalb der Montessorischule zu behaupten. In der Praxis kollidiert „Freiarbeit" nicht nur mit den Notwendigkeiten der Erfüllung eines staatlich verordneten Lehrplans, sondern vor allem mit den komplexen Anforderungen einer differenzierten Gesellschaft. Diese Einsicht geht Schülern und Eltern zum ersten Mal auf, wenn sich ein Montessorischüler einer staatlichen Prüfungssituation unterziehen muss, etwa beim Übergang von der Montessorigrundschule auf ein Gymnasium, sowie bei einem vielleicht nicht ganz freiwilligen Übertritt in die Regel-Hauptschule.

Verborgene Führung als Voraussetzung der Freiheit

Unter heutigen Sozialisationsbedingungen gibt es in der schulischen Praxis die von Montessori idealisiert beschriebenen unersättlich wissenshungrigen Kinder nicht. Man sieht darin unter Montessorianern aber kein Theoriedefizit, sondern den Beleg für widrige Verhältnisse, gerichtet gegen den kosmischen Plan, in denen fast jedes Kind bereits zu stark geschädigt worden sei. Sei ein Kind bereits „geschädigt", so sei es notwendig und richtig, die kindliche Entfaltung trotz allem zu steuern, nämlich gegenzusteuern. Freiheit in der Montessori-Pädagogik dürfe nicht missverstanden werden als „laissez-faire-Pädagogik": Freiheit ist nicht Bindungslosigkeit, Willkür oder Beliebigkeit. Montessori selbst sagte: „Dem Kind seinen Willen lassen, das seinen Willen nicht entwickelt hat, heißt den Sinn der Freiheit verraten." Missverstandene Freiheit führe lediglich in Verwahrlosung und in eine „unkontrollierte Entfesselung nicht mehr kontrollierter Impulse". Montessori schrieb, dass es ihr nicht um „Unterwerfung unter den Willen des Erwachsenen" gehe. Nicht Unterwerfung unter den Erwachsenen, aber eben doch Unterwerfung, nämlich unter die Geltung einer Weltsicht: De facto also unter das Bodenpersonal jener Lichtgestalt, die sich Freiheit nur als relative vorstellen kann. Freiheit sei, so Montessori, „eine Folge der Entwicklung; sie ist die Entwicklung einer verborgenen Führung, die durch die Erziehung unterstützt wird. Die Entwicklung ist aktiv, sie ist Aufbau der Personalität, der durch die Mühe und die eigene Erfahrung erreicht wird; sie ist die große Arbeit, die jedes Kind vollbringen muss, um sich selbst zu entwickeln."[26] Mit anderen Worten: Damit es einmal frei wird, ist es notwendig, dem Kind die Freiheit zunächst zu versagen, dabei aber immer so zu tun, als ob dem gar nicht so sei.

Altersmischung als Höhepunkt montessoripädagogischen Denkens

Die „natürlichste" Form der menschlichen Gemeinschaft sah Montessori in der Familie, da in ihr Menschen verschiedener Altersgruppen nebeneinander leben. Wenn aber Menschen mit unterschiedlichen Erfahrungshorizonten auf engem Raum nebeneinander existieren, kommunizieren sie miteinander und haben verstärkt teil am Leben des jeweils anderen. Die Heterogenität der beteiligten Menschen in Verbindung mit einer verlässlichen Beziehung ist nach Montessori das Band des sozialen Lebens. Daraus entwickelt sie ihre Idee altersgemischter Lerngruppen sowie den Begriff der „Altersmischung" als Mittel gegen die Vorschädigungen der an die Schule kommenden Schüler.

Der „Altersmischung" liegt die Beobachtung zugrunde, dass Einzelkinder häufig schwierige Kinder sind und dass Kinder, denen Freunde fehlen, oftmals mehr Probleme haben. Daraus leitet sie ihre Forderung ab, Gruppen beziehungsweise Klassen nicht mit Kindern gleichen Alters, sondern altersgemischt zu bilden: „Unsere Schulen haben bewiesen, dass sich die Kinder verschiedenen Alters untereinander helfen; die Kleinen sehen, was die Größeren tun und bitten sie um Erklärungen [...], die Größeren werden zu Helden und Meistern, und die Kleinen bewundern sie..."[27] Altersmischung fördert also nicht nur die jüngeren, sondern auch die älteren Kinder, denn wer lehrt, müsse sein eigenes Wissen analysieren und umstrukturieren, um es vermitteln zu können. „Dadurch sieht [er] die Dinge klarer und wird für den Austausch entschädigt."[28] Insofern lehnte Maria Montessori eine Gliederung nach Altersjahrgängen und Jahresklassen ab.

Das verbindende Ziel aller „Altersmischungsmodelle" ist es, den Kindern zu ermöglichen, voneinander zu lernen und sich gegenseitig etwas zu lehren. Jüngeren Kindern könne so der Zugang zu neuen Wissensgebieten erleichtert werden. Bei einem derartigen „geistigen Spaziergang"[29] wür-

---

26   Alle Zitate bei Montessori, Maria: Das kreative Kind, S. 184.
27   Montessori, Maria: Das kreative Kind, S. 203.
28   Ebd., S. 204.
29   Ebd,

den Kinder lernen, sich selbst zu regulieren: „Kann ich", so das Kind, „eine Aufgabe bereits angehen oder muss ich damit noch warten?" Ältere Kinder, die jüngeren Kindern helfen, müssen dazu ihr eigenes Wissen strukturieren, um es verständlich weitergeben zu können. So erleben auch sie einen Zuwachs an Fähigkeiten, Selbstvertrauen und Verantwortungsbewusstsein.

In der Praxis existieren demgegenüber weiterhin viele Montessorischulen, in denen es noch keine „Altersmischung" gibt. Es gibt auch Montessorischulen, in denen sich massiver Elternwiderstand gegen die Einführung der „Altersmischung" regt. Dahinter steckt im Regelfall ein richtiger Instinkt: Die „Altersmischung" koppelt die Montessorischule noch mehr vom öffentlichen Schulwesen ab und macht Übergänge dorthin noch schwieriger. „Altersmischung" bedeutet einen weiteren Schritt in Richtung Schonraum, weg von der real existierenden Konkurrenz im Leben draußen.

Kritik der Montessori-Pädagogik

Montessori-Pädagogik ist unwissenschaftlich und unredlich zugleich

Sicherlich wird an Montessorischulen aufopferungsvoll pädagogische Kleinarbeit geleistet. Im Einzelfall gibt es auch diverse Impulse, von denen die Regelschulen lernen können. Das Thema dieser Darstellung richtet sich aber auf einen besonderen Aspekt der Montessori-Pädagogik: auf ihre theoretische Grundlegung, die massive Defizite aufweist.

Ein besonders wichtiges Merkmal jeder wissenschaftlich fundierten Theorie und Praxis ist ihre Ergebnisoffenheit. Sie formuliert falsifizierbare Thesen, die verändert werden müssen, wenn es begründete Kritik daran gibt. Doch die Montessori-Pädagogik entspricht diesem Kriterium nicht. Was Montessori selbst „Erfahrungswissenschaft" nannte, ist tatsächlich spekulative Erziehungsphilosophie aus einer alles prägenden religiösen Idee heraus. Ihr Ziel stand fest, weil es aus einem Offenbarungszusammenhang heraus vorgegeben war. Auf der Grundlage als „Erfahrungswissenschaft" kann es keine systemimmanent begründete Kritik geben. Nur über den richtigen Weg zum Ziel darf gestritten werden. Insofern ist Montessori-Pädagogik trotz ihrer gegenteiligen Behauptung zuallererst theologisch und erst anschließend auch pädagogisch begründet. Sie ist als Umsetzung des kosmischen Planes gottgewollt, und Maria

Montessori war, wahrscheinlich durch so etwas wie Vorsehung, zur Mittlerin zwischen kosmischem Plan und seiner Umsetzung geworden.

Ich möchte dies am Beispiel der Entwicklung des Begriffs „Polarisation der Aufmerksamkeit" näher verdeutlichen. Dieser Begriff gilt zu Recht als eine zentrale Schaltstelle in Montessoris Theoriegebäude. Doch wie kam er zustande? Ist er das Ergebnis einer wie auch immer gearteten empirischen Forschung? Montessori schrieb dazu: „Mit absoluter Deutlichkeit kam mir die Idee, dass Ordnung, geistige Entwicklung, intellektuelles und Gefühlsleben ihren Ursprung in dieser geheimnisvollen und verborgenen Quelle haben müssen."[30]

Was ist das? Eine „Beobachtung", die zur „Idee" und zur „Ahnung" führt, aus einer „geheimnisvollen und verborgenen Quelle" heraus, um darauf dann ein Theoriengebäude zu errichten? So redet eine Gläubige, nicht aber eine Wissenschaftlerin.

Nicht Beobachtungen am Kind standen am Anfang der schlussfolgernden Kette, sondern die Sorge um den Verfall einer gottgegebenen Ordnung, wie dies zu Beginn des 20. Jahrhunderts von Gläubigen allenthalben empfunden wurde. Winfried Böhm hat zu Recht darauf hingewiesen, dass Montessori ihre Grundüberzeugungen ab 1904 als Professorin an der Universität Rom formulierte, lange bevor sie 1907 ihr erstes Kinderhaus gründete, in dem sie ihre Beobachtungen gemacht haben will. Böhm weist in diesem Zusammenhang darauf hin, dass Montessori später im Kinderhaus nur sporadisch anwesend war und zu keinem Zeitpunkt in ihrer Karriere kontinuierlich über einen längeren Zeitraum hinweg als Lehrerin oder Erzieherin arbeitete. Auch bezog sie sich bei der Erörterung kindlichen Verhaltens vor allem auf Jean Marc Gaspard Itard (1775-1838) sowie seinen Schüler Edouard Seguin (1812-1880), die mit behinderten Kindern gearbeitet und eine damals für unmöglich gehaltene begrenzte Erziehungsmöglichkeit bei diesen festgestellt hatten. Den wichtigsten Schlüssel zu diesem Erfolg hatten sie in der Aktivierung der Sinnesorgane des Kindes gesehen. Böhm schreibt dazu, Montessori habe in ihren grundlegenden Positionen von den beiden schlicht abgekupfert, ihr Plagiat allerdings nicht hinreichend belegt.[31]

---

[30] Zit. nach Böhm, Winfried: Die Montessori-Philosophie und ihre erziehungspraktische Relevanz, in: Röhrs, Hermann (Hrsg.): Die Schulen der Reformpädagogik heute, Düsseldorf 1986, S. 131.

[31] Vgl. ebd., S. 129f.

Montessori-Pädagogik ist unwissenschaftlich, weil ihre grundlegenden Aussagen der Kritik entzogen sind. Die Schriften der Meisterin sind sakrosankt. Es ziemt sich nicht für einen Montessorianer, sich grundlegend an ihre schöpferische Weiterentwicklung zu wagen. Wenn überhaupt, dann beschränkt sich die Anpassung der Montessori-Pädagogik auf nachgeordnete Fragestellungen wie beispielsweise die Materialerstellung. Wie verhält es sich nun unter dieser Voraussetzung mit dem Anspruch der Montessori-Pädagogik, immer dem Kind zu folgen und es somit in den Mittelpunkt aller Anstrengungen zu stellen? Genau das leistet die Montessori-Pädagogik nicht, das kann sie gar nicht leisten und dies lässt sich auch belegen: „Unser erster Lehrmeister wird [...] das Kind selbst sein", schreibt Maria Montessori, fügt dann aber relativierend an, „oder besser noch der Lebensdrang mit den kosmischen Gesetzen, die es unbewusst leiten."[32] Es geht ihr an dieser Stelle keineswegs, wie das immer wieder fälschlich behauptet wird, um das Kind an sich, sondern, oft überlesen, um das „Leben, das in ihm wirkt" und das sich „offenbaren" wolle.[33] Das Kind ist ihr vor diesem Hintergrund nur Mittel zum Zweck. Obwohl nach außen hin in ungeahnte Höhen gehoben, steht das Kind letztlich nicht im Mittelpunkt, sondern lediglich im Rampenlicht der Montessori-Pädagogik. Im Mittelpunkt hingegen findet sich ihre Idee eines göttlich eingepflanzten Lebensdrangs. Dieses Lebensprinzip sollte man weder erforschen noch kommentieren, sondern achten: „Die ganze Entwicklungsarbeit, die das Kind leistet, wird von Gesetzen bestimmt, die wir nicht kennen [...]. Wir versuchen nicht, diese geheimnisvollen Kräfte zu ergründen, sondern wir achten sie als Geheimnis im Kind, das nur ihm alleine gehört..."[34]

Gesetze, die wir nicht kennen? Kräfte, die wir nicht ergründen wollen? Die Montessori-Weltanschauung ist im Kern eine „black box". Werden die eigenen Aussagen Montessoris ernst genommen, so reduziert sich erzieherisches Handeln auf die Kenntnis und Beachtung der göttlich inspirierten Entwicklungsgesetze im Kind, die nicht länger verletzt, sondern nach bestem Vermögen umzäunt und sich selbst überlassen werden müssen. Die bestmögliche kindliche Entwicklung sei, weil normativ durch göttliche Entscheidung gesetzt, der selbstbestimmten menschlichen Fürsorge und Kreativität entzogen und werde durch unser unqualifiziertes

---

[32]   Montessori, Maria: Schule des Kindes, S. 135.
[33]   Montessori, Maria: Gott und das Kind, Freiburg 1995, S. 117.
[34]   Vgl. z. B. Montessori, Maria: Grundlagen meiner Pädagogik, Wiesbaden
       ⁸1996, S. 10.

Eingreifen immer wieder nur vermasselt. Das Kind bewusst erziehen zu wollen, heißt, mit dem Kosmos in unverantwortlicher Weise zu spielen, sich selbst entgegen der kosmischen Ordnung in narzisstischer Weise zu erhöhen und damit ursächlich zu den Übeln dieser Welt beizutragen.

Der Maria Montessori unterstellte Gedanke, das Kind in den Mittelpunkt zu stellen, erweist sich als vordergründig. In einer letzten öffentlichen Erklärung, gerichtet an die katholische Montessori-Gilde Großbritanniens, betonte sie, worum es ihr wirklich geht: nicht um Freiheit, nicht um Gerechtigkeit, auch nicht um kindliche Entfaltung um ihrer selbst willen. Vielmehr stehe der junge Mensch einmal vor der Entscheidung, „zwischen den beiden Standarten zu wählen, zu streiten für oder wider Gott". Deshalb brachte sie ihre Pädagogik folgendermaßen auf den Punkt: „Es sind zwei Dinge zu tun. Erstens eine Kenntnis von Gott und allen Dingen der Religion zu geben. Zweitens die verborgenen Kräfte des Kindes zu erkennen, zu bewundern und ihnen zu dienen und demütig zur Seite zu treten, mit der Intention der Mitarbeit, so dass die Personalität des Kindes mit seiner inneren Gegenwart immer vor uns steht."[35] In ihren früheren Jahren hatte sie dessen ungeachtet ausgeschlossen, dass es möglich sei, dem Kind „eine Kenntnis von Gott" zu geben.[36] In ihren letzten Schriften führte Maria Montessori ihr eigenes Werk selbst ad absurdum. Angenommen, dass auch anderen Leserinnen und Lesern ihrer Schriften die vielen Ungereimtheiten aufgefallen sind, dann gehört zur Eigentümlichkeit der Montessori-Pädagogik, dass kaum ein Insider es wagt, diese Widersprüchlichkeit auch nur zu thematisieren, und wenn, dann höchstens in Andeutungen, Nebensätzen oder Fußnoten. Ein möglicher Grund ist, dass es im katholischen Milieu immer noch zutrifft, was Montessori einmal so ausdrückte: „Es reicht [...] nicht, zu sehen, um zu glauben; man muss glauben, um zu sehen."[37]

Entgegen der nach außen hin behaupteten Absicht wird dem erzieherischen Handeln ein „Erwachsenenstandard" übergestülpt, der außerhalb der Reichweite der kindlichen Erfahrung liegt. Montessori plädierte für eine Lenkung des Kindes, obwohl sie das Gegenteil behauptete. Dabei gilt, und das ist vielleicht tatsächlich ihre größte Entdeckung gewesen: Je früher diese Lenkung einsetzt, umso tiefer wird die Fremdbestimmung im

[35] Alle Zitate nach Schulz-Benesch, Günter: Über Montessoris persönliches Verhältnis zu Religion und Kirche, in: Montessori, Maria: Gott und das Kind. Hrsg. von Günter Schulz-Benesch, Freiburg 1995, S. 204f.
[36] Vgl. Montessori, Maria: Gott und das Kind, S. 96.
[37] Montessori, Maria: Schule des Kindes, S. 216.

Unterbewusstsein des Kindes eingepflanzt. Montessori-Pädagogik praktiziert insofern eine besonders raffinierte Form der Konditionierung. Der Erfolg der Montessori-Pädagogik beruht auf der Ausnutzung der kindlichen Naivität. Je früher diese einsetzt, desto schwieriger wird es dem späteren Erwachsenen einmal sein, den angerichteten Schaden bewusst und damit vielleicht rückgängig machen zu können. Subversiv transportiert Montessori-Pädagogik das katholische Weltbild in die kindliche Psyche.

Letztlich huldigen Maria Montessori und ihre Anhänger einem „anthropischen Prinzip", also dem Wunsch, einen menschlichen Mittelpunkt durch Übereinstimmung von Mensch und Kosmos wiederherzustellen. Das Weltbild der Montessorianer weist zurück in eine ahistorische Romantik. Montessori verkleidete lediglich alte Mythen neu. Montessori-Pädagogik ist uralter Wein in gar nicht so neuen Schläuchen. Wir stoßen auf das alte philosophische Problem, dass die Kette aller Beobachtungen und Ergebnisse an einem ersten Glied hängt, das auf gar keinen Fall von Wissenschaft produziert wurde. Montessori-Pädagogik ist ohne hinreichende Grundlegung.

Montessori-Pädagogik und der Vorwurf des „Bambinismus": Vergöttlichung des idealisierten Kindes?

Offensichtlich war Montessoris private Glaubenswelt zutiefst autoritär strukturiert und damit kompatibel mit einer entsprechenden Religion. Ihre persönliche Entwicklung war aber zu Beginn ihrer akademischen Karriere keineswegs abzusehen. Obwohl auch damals schon tiefgläubig, hatte Montessori mit ihren Ideen innerhalb der katholischen Kirche nicht nur Anhänger. Von Jesuiten, die traditionell im 19. Jahrhundert das katholische Erziehungswesen dominierten und feinfühlig die potenzielle Konkurrenz witterten, wurde sie des „Naturalismus" und des „Determinismus" bezichtigt. Innerkatholisch sind solche Vorwürfe höchst brisant, weil sie zur Ausgrenzung aus der katholischen Kirche hätten führen können. Doch wie kamen die Jesuiten auf eine derartige Idee? Nach ausführlichem Studium der frühen Schriften Montessoris meinten sie, es bestünde eine Verwandtschaft ihrer Pädagogik mit der Erziehungslehre Jean-Jacques Rousseaus (1712-1778), einem der geistigen Väter der Menschenrechte. Dessen Erziehungsroman *Emile* war 1762 unmittelbar nach seinem Erscheinen vom damaligen Erzbischof von Paris in einem Hirtenbrief verdammt worden. Das Buch, so der Erzbischof, diene lediglich dazu, die Grundlagen der christlichen Religion zu zerstören. Es enthalte

„eine große Zahl von Sätzen, die falsch, anstößig, gehässig gegen die Kirche und ihre Diener und gotteslästerlich seien".[38] Rousseaus Ansicht, dass das Kind von Natur aus gut sei, stelle die Existenz der so genannten „Erbsünde" in Frage.

Bei Maria Montessori ist das Kind grundsätzlich gut, mehr noch: es erscheint geradezu verdächtig überirdisch. Parallel dazu sind Erwachsene in gleichem Maße pauschal schlecht. Montessori sprach in diesem Zusammenhang von „seelischer Blindheit" der Erwachsenen und vermutete dahinter eine „diabolische Macht":[39] Der Erwachsene habe „die Seele des Kindes verdrängt, hat sich an deren Stelle gesetzt, hat seine unnötige Hilfe und seine Suggestionen über die Seele des Kindes ausgeschüttet und sie erdrückt: und er hat dies nicht bemerkt".[40] Es war ihr evident, dass ein „Kampf zwischen Kind und Erwachsenem" stattfinde,[41] obwohl doch beide geschaffen seien, „in Liebe miteinander zu leben".[42] Doch der Erwachsene tue für sein Kind „weniger als die Biene, weniger als ein Insekt, weniger als irgendein anderes Geschöpf".[43]

Günter Schulz-Benesch, einer ihrer bedingungslosen Verehrer, hat solche Sätze gelesen und nicht wie so manch anderer darüber hinweg gelesen. Versteckt fällt bei ihm deshalb das Bände sprechende Stichwort „Bambinismus".[44] Merkwürdigerweise wurde aber sofort über all dies ein Mantel des Schweigens gelegt. Dies ist umso erstaunlicher, da Belege für die „bambinistische Vermutung" in praktisch allen Montessori-Schriften zu finden sind. In ihrem vielleicht populärsten Buch *Kinder sind anders* beispielsweise zitierte sie zustimmend Ralph Waldo Emerson: „das Kind ist der ewige Messias, der immer wieder unter die gefallenen Menschen zurückkehrt, um sie ins Himmelreich zu führen."[45] Aber öffentlich nahm kaum jemand wirklich Anstoß daran, so wird nur selten ausgesprochen, was eigentlich evident ist. Die Theologin Susanne Heine meinte in einem

---

[38]   Zit. nach einem Manuskript des Bayerischen Rundfunks, Programm BR II, ausgestrahlt am 4.7.1978 um 7.45 Uhr.

[39]   Montessori, Maria: Kinder sind anders, S. 158.

[40]   Ebd., S. 166.

[41]   Ebd., S. 187.

[42]   Ebd., S. 192.

[43]   Ebd., S. 208.

[44]   Schulz-Benesch, Günter: Über Montessoris persönliches Verhältnis zu Religion und Kirche, S. 201, Anm. 72.

[45]   Montessori, Maria: Kinder sind anders, S. 221.

1996 veröffentlichten Sammelband, Montessori sei in Wirklichkeit gar „keine Gläubige" gewesen.[46] Mit anderen Worten: keine „Rechtgläubige". Vielleicht kamen auch die Jesuiten zu diesem Befund. Dennoch wurde Montessori nach mehr als zwanzigjähriger Untersuchung nicht als Ketzerin und Abweichlerin vom rechten Glauben angeklagt. Die genauen Umstände dieses Freispruches wären eine eigenständige Untersuchung wert. Vielleicht wird einmal ein unabhängiger Forscher Zugang zu den Archiven der Jesuiten und auch zu den noch unveröffentlichten Schriftbeständen der Internationalen Montessori-Vereinigung in Amsterdam erhalten und dabei manche der bis heute noch offenen Fragen klären. Bis dahin lässt sich vermuten, dass in erster Linie wegen des eindrucksvollen Erfolges der Montessori-Pädagogik alle Bedenken unterdrückt wurden. Jedenfalls stellte Ende der 1920er Jahre der Jesuit Josef Schröteler die Vereinbarkeit von Montessori-Pädagogik mit dem katholischen Glauben fest.[47] Im Folgenden fand die Montessori-Pädagogik in katholischen Kreisen breite Anerkennung, wobei Montessori selbst als katholische Reformpädagogin hervorgehoben wurde. Endlich hatten auch die Katholiken eine eigene Reformpädagogin.[48] Am Ende ihres Lebens sagte sie rückblickend, sie sei „durch die Vorsehung [...] das Instrument gewesen [...], durch welches gewisse höhere Möglichkeiten in der Kindheit offenbar geworden sind".[49]

Montessoris fixe Idee vom kosmischen Plan

Maria Montessori wollte ihr persönliches Bekenntnis nicht zum Hindernis werden lassen, an dem eine Übernahme ihrer Pädagogik und Methodik durch nichtkatholische Interessenten hätte scheitern können. Gleichzeitig aber konnte sie weder ihre persönliche Überzeugung verleugnen noch die

---

[46] Vgl. Heine, Susanne: Montessori und die Vergottung des Kindes, in: Harth-Peter, Waltraud (Hrsg.): Kinder sind anders. Maria Montessoris Bild vom Kinde auf dem Prüfstand, Würzburg 1996, S. 239.

[47] Schröteler, Josef: Die Montessori-Methode und die deutschen Katholiken, Düsseldorf 1929.

[48] Vgl. Böhm, Winfried: Die Montessori-Philosophie und ihre erziehungspraktische Relevanz, in: Röhrs, Hermann (Hrsg.): Die Schulen der Reformpädagogik heute, Düsseldorf 1986, S. 140.

[49] Standing, E. M.: Niederschrift 1950/1958: „Il specchio del mondo" – Die Katholische Kirche als Spiegel der Welt, in: Montessori, Maria: Gott und das Kind. Hrsg. von Günter Schulz-Benesch, Freiburg 1995, S. 128.

[49] Ebd., S. 140.

Ideologie ihrer eigenen Weltsicht begreifen. Also unterschied sie sorgfältig zwischen ein paar Schriften für die breite Öffentlichkeit und anderen „inneren" Schriften, die nur zum Gebrauch im engeren Führungszirkel beziehungsweise innerhalb der katholischen Kirche bestimmt waren und von denen der normale Montessorianer bis heute kaum etwas ahnt.

In diesen inneren Schriften, die erst in den letzten Jahren teilweise zugänglich gemacht wurden, erklärte Montessori, dass ihrer Meinung nach der kosmische Plan gestört worden sei. Wäre alles nach Plan verlaufen, so wäre alles gut. Doch gebe es die menschliche Anmaßung, nach Erkenntnis zu streben und vom kosmischen Plan abzuweichen, was im katholischen Glauben auf den Begriff der Erbsünde gebracht wird, ganz zu schweigen vom sonstigen Wirken der angeblichen dunklen Mächte. Demgegenüber war Montessoris Sehnsucht auf die eine ursprüngliche Harmonie hin gerichtet, die es wieder zu erreichen gelte und in der alles schließlich doch noch gut werden würde, indem alle Menschen durch Unterwerfung unter den kosmischen Plan an der göttlichen Geborgenheit teilhaben könnten.

Montessori glaubte, der kosmische Plan könne wieder hergestellt werden, weil es in jedem Menschen, und sei er noch so verstockt, ein natürliches Bedürfnis nach Religion gebe, welches sich im jungen Kind besonders großartig offenbare: „Wir müssen bedenken, dass Religion eine universale Empfindung ist, die in jedem Menschen existiert und existiert hat seit Beginn der Welt. Es ist nicht etwas, was wir dem Kind geben müssen..."[50] Religion sei etwas, „das im Innern jeder Seele ist". Einmal in Fahrt, ließ Montessori sich sogar zu dem oben bereits angesprochenen Satz hinreißen: „Wenn es [das Bedürfnis nach Religion; W. P.] nicht da wäre, könnten wir es nicht geben und wir könnten nicht helfen, dass es sich entfaltet."[51] Von daher bestand für Montessori die Aufgabe in der religiösen Erziehung lediglich darin, das vorhandene religiöse Empfinden des Kindes zu kanalisieren, um ihm danach freien Lauf zu lassen. Und genau deshalb plante sie ihre „rechte Umgebung",[52] die immer zuallererst dadurch gekennzeichnet sei, dass sie dem kosmischen Plan freie Bahn schaffe. Nur deshalb brauchte Montessori in ihrer Schule nicht einmal mehr ein Schulfach Religion, denn sie hatte ja „etwas viel Größeres und auch völlig anderes", nämlich einen Vollzug, etwas, das „gerade kein

---

50 Montessori, Maria: Gott und das Kind, S. 96f.
51 Montessori, Maria: Die Macht der Schwachen, Freiburg 1989, S. 130.
52 Ebd.

Fach" sei, im Auge.[53] Ein Fach Religion hielt sie sogar für „gefährlich":
„Wir dürfen das Lehren von Moral nicht mit dem Geben von Religion
vermengen."[54]

Frei zu leben, frei zu denken, so frei zu sein, sich gemäß eigener Erkenntnis eine persönliche Moral zu geben: das alles konnte Maria
Montessori nicht. In ihren Augen wären das gefährliche Abweichungen
vom richtigen, durch Gott gewiesenen Weg gewesen. In der Mitschrift
eines Gespräches mit einem ihrer Anhänger finden sich bezeichnender-
weise Äußerungen wie diese: „Für mich ist die katholische Kirche das
größte aller Wunder, die Gott auf der Erde gewirkt hat [...]. Die Kirche
[ist] ein lebender Organismus, die Schöpfung des Heiligen Geistes [...].
Die Kirche besitzt eine 'divina sapienza', eine göttliche Weisheit, die
nicht nur vom Heiligen Geist hervorgebracht wurde, sondern auch von
ihm geführt und geleitet wird."[55] Ganz nebenbei outete sie sich in diesem
Zusammenhang auch als rigide Verächterin der Demokratie und als Be-
fürworterin autoritärer Leitungssysteme: „In jedem Bereich des öffentlichen Lebens gibt es eine lange und sachgerechte Ausbildung [...]. Aber in
dieser 'demokratischen' Zeit wird der Regierungschef oft von der unwis-
senden breiten Masse gewählt, die von den erforderlichen Führungs-
qualitäten nichts versteht [...]. Es ist fast so, wie auf die Straße zu gehen
und zu sagen: 'Wir machen den Dritten, dem wir begegnen, zum Pre-
mierminister'." Im Gegensatz dazu, so meinte sie, sei die Methode der
katholischen Kirche „jene einer aufgeklärten Demokratie", weil ihr höchster Amtsträger, also der Papst, „fast immer auf eine lange und vielfältige
Vorbereitungszeit" zurückblicke!"[56]

Montessori verurteilte die Herrschaft der Mehrheit und befürwortete
eine Herrschaft der Besten, noch genauer: des Besten. Und das im Jahr
1950, nur wenige Jahre nach der Beseitigung des faschistischen Regimes!
Ihr Ziel vom neuen Menschen, der mit sich und seiner Gemeinschaft in
Harmonie lebt, war antipluralistisch und wurde so nur von extremisti-
schen Fundamentalisten geträumt. Erfahrungen aus totalitären Systemen
zeigen, dass der größte Terror immer dann über die Menschen kam, wenn
versucht wurde, Menschen mit bestem Gewissen zu vereinheitlichen und
ihnen eine „Frohe Botschaft" überzustülpen, egal ob durch physische oder

---

[53]   Ebd., S. 129.
[54]   Montessori, Maria: Die Macht der Schwachen, S. 135.
[55]   Standing, E.M.: Niederschrift 1950/1958: „Il specchio del mondo" – Die
       Katholische Kirche als Spiegel der Welt, S. 128.
[56]   Alle Zitate ebd., S. 130f.

psychische Gewalt, aber immer mit dem Bewusstsein, es besser zu wissen als diejenigen, die sich wehrten.

Maria Montessori wusste nicht, dass die Vorstellung eines „kosmischen Plans", in den der Mensch bzw. das Kind sinnvoll eingewoben ist, ins Reich der Phantasie gehört. Sie wusste nicht, dass es in der Natur keinerlei Hinweise auf irgendwelche zweckvollen oder leitenden Kräfte gibt. Sie wehrte die Einsicht ab, es könne keine Absicht und keinen Sinn hinter unserer Existenz geben. Doch wer sich aus all diesen Ideen freigeschwommen hat, der weiß: Wir befinden uns in einer uns Lebenden gegenüber gleichgültigen Natur. Wenn überhaupt, so geht es um vorübergehendes genetisches Überleben. Teleologie ist Illusion von vergebens Hoffenden. Der Glaube an den vermeintlichen „Kosmischen Plan" ist Wunschdenken auf der Grundlage persönlicher Psychohygiene. Das Universum kennt keinen Plan, sondern ist allem Menschlichen gegenüber blind.

Die Montessori-Pädagogik hat ebenso wie ihre Namensgeberin den Schritt in den Pluralismus der demokratischen Gesellschaft nicht vollzogen. Im Gegenteil: Montessori-Pädagogik ist ein Konzept zur Abwehr pluralistischer gesellschaftlicher Zustände. Sie weiß sich einer vermeintlichen Wahrheit verpflichtet und möchte zum Beweis dieser Wahrheit das eigene Weltbild dem anderen überstülpen. Ist es das, was die vielen Eltern, die ihre Kinder in Montessori-Einrichtungen schicken, wirklich wollen? Sind sie sich dessen überhaupt bewusst? Es ist an der Zeit, den weltanschaulichen Hintergrund der Montessori-Pädagogik weiterhin kritisch zu durchleuchten, damit Eltern in Zukunft wissen, was sie möglicherweise gerade zu tun im Begriffe sind, das heißt, welchen Einflüssen sie ihr Kind im Falle einer Entscheidung für die Montessori-Pädagogik aussetzen.

Primärliteratur

Das kreative Kind, Freiburg 1972.

Die Entdeckung des Kindes, Freiburg 2001.

Die Macht der Schwachen, Freiburg 1989.

Gott und die Welt, Freiburg 1995.

Grundgedanken der Montessori-Pädagogik, Freiburg [8]1987.

Kinder, die in der Kirche leben, Freiburg 1964.

Kinder sind anders, München 1987.

Schule des Kindes, Freiburg 1976.

Über die Bildung des Menschen, Freiburg 1966.

Sekundärliteratur

Böhm, Winfried: Die Montessori-Philosophie und ihre erziehungspraktische Relevanz, in: Röhrs, Hermann (Hrsg.): Die Schulen der Reformpädagogik heute. Düsseldorf 1986.

Böhm, Winfried: Maria Montessori. Hintergrund und Prinzipien ihres pädagogischen Denkens. Freiburg 1969.

Harth-Peter, Waltraud (Hrsg.): Kinder sind anders. Maria Montessoris Bild vom Kinde auf dem Prüfstand. Würzburg 1996.

Proske, Wolfgang: Vorsicht: Montessori! Warum die Montessori-Pädagogik nichts taugt und warum Alternativen nötig sind, in: diesseits 64 (2003), S. 28-30.

Schröteler, Josef: Die Montessori-Methode und die deutschen Katholiken, Düsseldorf 1929.

Steenberg, Ulrich (Hrsg.): Handlexikon zur Montessori-Pädagogik. Ulm / Münster 1997.

Klaus Prange

Curriculum und Karma
Das anthroposophische Erziehungsmodell
Rudolf Steiners

Es gibt eine amüsante Anekdote, die mit dem großen dänischen Physiker
Niels Bohr verbunden ist. Bohr hatte in den Bergen eine Hütte, und über
der Tür zu dieser Hütte war ein Hufeisen angebracht, ein altes magisches
Zeichen zur Abwehr böser Geister. Als nun Bohr einmal von Fachkolle-
gen und Schülern besucht und gefragt wurde, ob er etwa an solchem Spuk
und Aberglauben festhalte, hat er geantwortet, nein, natürlich nicht, er
glaube nicht daran, dass das Hufeisen wirklich das Unglück vertreibe;
aber sein Nachbar habe ihm gesagt, es wirke auch dann, wenn man nicht
daran glaube.

Diese Anekdote beleuchtet zunächst einmal, wie es sich für Anekdo-
ten gehört, die Eigenart des Mannes, diese spezifisch dänische Mischung
aus Verstandesklarheit und Verschmitztheit. Sie beleuchtet aber auch
noch etwas anderes, viel Allgemeineres: Bei aller Rationalität und wissenschaftlichen Skepsis gegen Aberglauben, angebliche Volksweisheit
und alte Weistümer bleibt doch ein Rest, der sich nicht auflösen lässt,
eine Ungewissheit und Unsicherheit, der man mit Vernunft und Wissenschaft nicht beikommen kann. Die große Hoffnung der modernen Wissenschaft, die metaphysischen Gewissheiten durch einsehbare, nachprüf-
bare und distinkte Bestimmungen zu ersetzen, hat sich nicht erfüllt; vielmehr hat sich gezeigt, dass die Wissenschaft das Problem der praktischen
Orientierung im Leben nicht bewältigen kann. Sie belehrt uns darüber,
was wir wissen, und je genauer sie das tut, desto genauer wird auch die
Grenze erkennbar, die dieses Wissen mit sich führt. Hans Blumenberg hat
in seinem 1986 erschienenen Buch über *Lebenszeit und Weltzeit* überzeugend ausgeführt, dass jene Hoffnung der neuzeitlichen Reflexion illuso-
risch war, eine produktive, ergiebige Illusion, gewiss, aber doch mit dem

Ergebnis, dass die Fragen des Lebens sich nicht in Reflexion ohne Rest und Bruch auflösen lassen.[1] Und genau dies ist ein Ergebnis des organisierten Wissens, auf das man nun unterschiedlich reagieren kann, nicht nur ironisch-verschmitzt wie Bohr, sondern auch resolut, indem man die Wissenschaft und ihre Ergebnisse umdeutet. In jedem Falle ist es so, dass gerade eine selbstkritisch sich bescheidende Reflexion dem „Glauben Platz schafft", so das ausdrückliche Programm Kants, der dieses Problem scharf und deutlich gesehen und ausgesprochen hat. Aber dieser Platz wird nicht nur von dem gefüllt, was nach Kant allein übrig blieb, jenem spezifischen Vernunftglauben, der das Verfahren der Vernunft auf die Bestimmung der moralischen Handlungsgründe anwendet und eine menschliche Welt erzeugt, sondern auf diesem Platz tummeln sich auch ganz andere Konzepte. Die Philosophen interessieren sich in der Regel nicht allzusehr dafür, was es alles an metaphysischen Überlebseln gibt, aber der Pädagoge, der es ja nicht nur mit Akademikern zu tun hat, kann daran nicht vorbeigehen.

Was ich damit meine, lässt sich leicht illustrieren und aktualisieren. Man sieht es in den Buchhandlungen und an den Verlagen: Esoterisches kommt gegenwärtig gut an, Mystik und Mythisches zu herabgesetzten Preisen, ob es sich nun um die Apotheke des lieben Gottes handelt oder um computergestützte Astrologie oder eben auch um Anthroposophisches. Es gibt eine Renaissance vormoderner Weltweisheit, Totallösungen und gebrauchsfertige Sinnangebote, die der Nachfrage nach Orientierung und Sinn entsprechen. Offenbar besetzt die Nachhut der Vormoderne Positionen, die eine resignativ in sich selber verstrickte Rationalität freigegeben hat. Dabei gibt es durchaus Rangunterschiede: auf der oberen Etage wird die „Wahrheit des Mythos" restauriert,[2] und ganz unten haben die Jugendsekten, die indisch kostümierten Guru-Weisheiten, die Scientology-Bewegung u.a. ihren Markt. Man hat zwar gesehen, dass am Ende auch ein Bhagwan nur von dieser Welt ist, aber solche Desillusionierungen sind nicht von Dauer; es ist vielmehr damit zu rechnen, dass es eine Anfälligkeit für totale Sinnangebote gibt, für Schlüsselattitüden und vorreflexive Gewissheiten.

Genau das ist mein Thema. Ich möchte wie in einem klinischen Fall an der Anthroposophie und der anthroposophischen Pädagogik zeigen, dass sie dem Bedürfnis nach einer ganzheitlichen Weltdeutung und Sinn-

---

[1] Vgl. Blumenberg, Hans: Lebenszeit und Weltzeit. Frankfurt a.M. 1986.
[2] Vgl. Hübner, Kurt: Die Wahrheit des Mythos. München 1985.

orientierung entspricht, nach einem Weltbild, in dem sich auch sagen lässt, was es mit diesem menschlichen Leben auf sich hat. Dazu eine Bemerkung in eigener Sache. Ich werde des öfteren gefragt, weshalb ich mich mit der Waldorfpädagogik befasst habe und dann auch noch so „kritisch" und ausgesprochen negativ.[3] Die Leute hätten mir doch gar nichts getan und verdienten solche Unfreundlichkeit nicht. In einigen Waldorf-Rezensionen wird auch gleich Motivforschung getrieben: Welchen Defekt hat jemand, der den Sinn der Waldorfpädagogik in Frage stellt, die doch wirklich das Beste für die Kinder will, eigentlich viel mehr als die reglementierte und verkopfte Staatsschule. Meine Antwort dazu ist: ich betrachte die anthroposophische Pädagogik als Beispiel für eine *absolute* Pädagogik, keineswegs das einzige, aber eben ein guter Fall, so wie ein Kliniker oder Analytiker sich über eine reine Konversionshysterie freut, nicht weil er Neurosen gut findet, sondern weil er an ihr untersuchen kann, wie der Mechanismus dieser seelischen Krankheit zu verstehen ist. In der Tat halte ich die Waldorfpädagogik für einen Irrgang, und die ambivalente Rezeption und Behandlung dieses pädagogischen Konzepts durch die Erziehungswissenschaft wirft ein Licht auf die Anfälligkeit der Pädagogik für „absolute Metaphern" (Blumenberg) und theoretisch nicht ausweisbare Sinnantworten, auch: ihre Anfälligkeit und Schutzlosigkeit gegen politisch-totalitäre Zumutungen.

Soviel zum Hintergrund. Im Folgenden werden drei Punkte behandelt, die ich vorweg als Thesen formuliere:

These I: Die Anthroposophie ist eine Heilsbotschaft für Verlassene und Enttäuschte, für Sinnsucher und Heimatlose.

These II: Die Waldorfpädagogik und die Waldorfschule sind der Versuch, diese Heilsbotschaft über Erziehung auf Dauer zu stellen.

These III: Die anthroposophische Pädagogik ist eine Mogelpackung für Herrschaft. Sie beutet das vielfach anzutreffende Orientierungsbedürfnis aus, um die Herrschaft einer selbstgewählten Elite zu begründen.

Die Anthroposophie als Heilsbotschaft

Dazu nehme ich eine Überlegung auf, die Sigmund Freud vorgetragen hat. Freud hat die Frage gestellt, welche Zukunft die traditionellen Glaubenssysteme noch haben. Bisher haben sie dem Menschen geholfen, seine Hilflosigkeit zu meistern; sie geben Sicherheit und Gewissheit in einem

---

[3]   Vgl. Prange, Klaus: Erziehung zur Anthroposophie, Bad Heilbrunn [3]2000.

Meer von Gefahr und Übermacht. Aber die Menschen ahnen, dass sie
einer Illusion aufsitzen. Sie ahnen und wissen es deshalb, weil die modernen Wissenschaften ihnen drei schwere Enttäuschungen bereitet haben,
drei schwere „Kränkungen", wie Freud auch sagt.[4] Die erste, „kosmolo-
gische" Enttäuschung stammt aus der Astronomie, seit sich die Lehre des
Kopernikus durchgesetzt hat, dass die Erde keineswegs der Mittelpunkt
der Schöpfung, also der Mensch auch nicht der Mittelpunkt der Welt ist.
Galilei, der das ungeschminkt aussprach, wurde dafür verdammt und
musste gegen seine Überzeugung widerrufen. Die zweite, „biologische"
Enttäuschung hat uns Darwin beschert: der Mensch ist nicht fertig und
einigermaßen mit Vernunft begabt geschaffen worden, sondern in einem
sehr langen Naturprozess entstanden. Es gibt ihn ohne Zielbestimmungen
und ohne Schöpfer, der sich den Menschen ausgedacht hat; das ist die
revolutionäre Pointe der Evolutionstheorie. Und die dritte Enttäuschung
besteht darin, so Freud, dass die analytische Psychologie zeigt, dass wir
nicht einmal über uns selbst verfügen, uns mit uns selbst nicht auskennen
und dass unsere Vernunft nur ein schwaches Rohr im Wind unserer vor-
rationalen Antriebe ist. Es gibt nach alledem keine Vorzugsstellung des
Menschen, sei es als Zentralwesen des ganzen Kosmos, sei es als Krone
der Schöpfung, sei es als Vernunftwesen mit absoluter Mitte in sich
selbst. Man kann das in der Konsequenz auch so formulieren: alles könnte
auch anders sein, unser Wissen sowieso, aber auch unser Handeln und
Denken, unsere moralischen und ästhetischen Präferenzen, unser Charakter und das, was wir für unser Wesen halten. Dies sind Varianten des
Satzes von Nietzsche: Gott ist tot. Das gegenwärtige Stichwort dafür
lautet: Kontingenz. Alles könnte auch anders oder gar nicht sein. Wenn
das so ist, wenn Gott tot ist, wenn die Entzauberung der Welt nicht rückgängig zu machen ist, so Max Weber, wie kann man dann mit diesem
Tatbestand fertig werden? Ein Weg ist, und Freud hat es vorgemacht:
Man kann tapfer sein, d. h. Schritt für Schritt versuchen, ein wenig und
immer mehr Licht in die seelischen und intellektuellen Konstellationen zu
bringen, theoretisch gesprochen: das Kontingente durch Relationierungen
zu bewältigen, nicht endgültig und für immer, aber auf Zeit. Man kann
aber auch die Augen schließen und Gott noch einmal einen guten Mann
sein lassen, so tun, als ob alles irgendwie zusammenpasst. So verhalten
sich die meisten, angesichts des Umstands, dass kein endliches Bewusstsein umfassen kann, was überhaupt relevant ist. Die Zeitschere von Le-

---

[4]   Freud, Sigmund: Die Schwierigkeit der Psychoanalyse (1917), in: Gesam-
       melte Werke, Bd. 12, London 1947.

benszeit und Weltzeit ist prinzipiell nicht zu schließen, schreibt Blumenberg. Man kann aber auch, und das ist der Weg Steiners, die Augen offen halten und doch träumen, um resolut darauf zu bestehen, alles sei vorgeordnet, nicht nur die Banalitäten hier, sondern auch der Sternenlauf, die Geschichte von Anbeginn und Ende, die Beziehung von allem und jedem, und zwar so, dass dann auch das kleine und nichtige, belanglos-zufällige Leben einen großen, unverzichtbaren Sinn hat, der sich dem erschließt, der Steiners Wachtraum mitträumt. Steiners Suggestion und offenbar nach wie vor anhaltende Wirkung beruhen auf dem ungestillten Sinnbedürfnis und darauf, dass er sich als einer präsentiert hat, der die Antwort und das Lösungswort weiß, die Antwort auf ein Rätsel, das in Wahrheit gar keines mehr ist.

Wie sieht Steiners Lösungsformel aus? Nun, Steiners Grundgedanke ist simpel und zugleich höchst abstrakt. Er hat ein archaisches uraltes Bild aus der Kindheit der Menschheit aufgenommen und modern inszeniert. Der einzelne Mensch ist ein Kosmos im Kleinen, der Kosmos ein Mensch im Großen. Das ist nicht als Bild gemeint, das auch anders sein könnte, sondern es ist wirklich so. Es gibt eine Grundbeziehung zwischen dem Endlichen und Irdischen hier und dem Ewigen und Kosmos dort. Man kann hin und her gehen. Wie wir uns als Menschen erkennen mit Kopf, Rumpf und Gliedmaßen, so ist die Welt im Ganzen, und schauen wir auf Sonne, Mond und Sterne, auf Stein, Pflanze und Tier, dann erkennen wir uns selbst. In seiner Selbstdarstellung unter dem Titel *Mein Lebensgang*[5] hat Steiner geschildert, wie er zu seinen Ansichten gekommen ist oder besser: wie sich ihm das Weltgeheimnis erschlossen hat und zuteil geworden ist.

Die angegebene Grundbeziehung lässt sich endlos variieren und instrumentieren. Der Knochenbau des menschlichen Arms enthält nach Steiner die klassische Tonskala, der Zahnbestand deutet auf die intellektuelle Verfassung, die Geometrie ist aus dem Kosmos und aus dem Skelett des Menschen herausgeholt, die Elemente spiegeln die Temperamente, die Temperamente die Weltzeitalter, beides ist in die musikalischen Haltungen verwoben, so dass man einem Kinde das richtige Instrument zuordnen kann: alles hängt mit allem zusammen, ein Zaubergarten, wo eine kleine Bewegung hier eingreift in den großen Weltenplan, so wie sich ja auch die archaischen Völker vorstellen, dass sie mit der

---

[5] Steiner, Rudolf: Mein Lebensgang [1923-1925]. Dornach 1962. (Steiner-Gesamtausgabe, Bd. 28)

symbolischen Darstellung des Regens im Tanz auch wirklich den Regen herbeiführen können. Das Fernste und Entlegenste ist nah, das Nächste und Banalste abgrundtief bedeutsam, was auch immer es sein mag. Im letzten Band einer 1985 herausgekommenen Steiner-Ausgabe sagt das Kurt E. Becker so: „Den individuellen Mensch im Mittelpunkt entfaltet sie [die Anthroposophie, K.P.] – ganz ohne dogmatischen Impetus – ein allumfassendes Koordinatensystem vom Besonderen zum Allgemeinen, vom Kleinsten zum Größten, vom Vergangenen zum Zukünftigen."[6] Ganz ohne Dogma? Wohl kaum. Aber man kann schnell sehen, worin der ästhetische Reiz dieses Weltbildes liegt, dieser Harmonie von Mensch, Welt und Geschichte, vor allem dann, wenn der Eingeweihte als ein Visionär verstanden wird, „verbunden mit dem Urquell allen Seins", wie es da weiter heißt.[7] In diesem Netz der Analogien und Korrespondenzen fehlt nichts, passt alles und hat eine tiefe, bleibende, den Menschen recht würdigende Bedeutung.

In der Tat: Wer hätte nicht gern ein solches Weltbild, das ihn in den Mittelpunkt stellt, wo alles, wie in der Kinderwelt, auf alles einen Reim gibt, wo sich alles um den Einzelnen dreht und nichts mehr zufällig, sondern alles schicksalsnotwendig ist, karmisch-kosmisch, eben anthroposophisch. Nichts geht verloren, keine Geste, kein Wort und kein Opfer, die Gesamtrechnung geht auf ohne Rest und Bruch, so wie Bilder fertig und umschlossen sind, während Verstand und Gedanke immer diskursiv unterwegs und relativ bleiben. Mit der Logik solcher Bilder mag es schlecht bestellt sein, aber ihre Psychologie ist machtvoll, weil sie einem tiefen Bedürfnis, der Sehnsucht nach Sinn, Bedeutung und Relevanz entsprechen. Man sieht hier auch, dass Steiner nicht einfach nur eine Erkenntnislehre und Kosmologie präsentiert hat, sondern eine Lebenslehre und einen Lern- und Erziehungsweg. Die Anthroposophie ist pädagogisch durch und durch. Ja, sie entspricht dem kindlichen Bewusstsein auf eine sublime Weise.

Als Kinder erleben wir unsere Umgebung als Agenten und Opfer; wo die Dinge leibhaft nah begegnen, erscheinen sie wie redende, fühlende Wesen. Das ist, wie es Jean Piaget genannt hat, der Egozentrismus des Kindes, nicht im moralischen Sinne, sondern als Form der Welterfassung. Zu den Enttäuschungen im fortgehenden Leben und Lernen gehört, dass

---

[6]   Becker, Kurt E.: Im Mittelpunkt: der Mensch, in: Rudolf Steiner: Ausgewählte Werke, Bd. 10. Hrsg. von K. E. Becker und H.-P. Schreiner, Frankfurt a.M. 1985, S. 17.
[7]   Ebd., S. 18.

diese Nähe falsch ist. Sonne, Mond und Sterne gehen ihren eigenen Gang, die Dinge sind herzlich unbekümmert und indifferent, durch Tränen nicht und nicht durch Zureden zu bewegen, und selbst die anderen Menschen, die bekannten und unbekannten, sind Fremde in ihren eigenen Welten. Wir möchten das nicht wahrhaben, und Steiner lehrt, dass wir das Weltbild des Kindes als Weltanschauung für Erwachsene bewahren können.

Aber kann man als Erwachsener ernsthaft und nicht nur im symbolischen Spiel solche Kindlichkeit wiederherstellen oder aufrechterhalten, ohne kindisch zu werden? Man kann, Steiner hat es vorgemacht. Natürlich geht das nicht direkt, nicht mehr mit den Gebärden alter Wahrsager und im Prophetenmantel, auch nicht mit wallender Künstlermähne, nein, man muss sich als Wissenschaftsmann im Laborkittel präsentieren, aber eben einer anderen Wissenschaft. Dass Steiner alles erlebt und gesehen hat, die nachtodlichen Lebensgänge von Freunden und Bekannten, auch von Goethe und Schiller, soll eben nicht nur seine Sache sein, sondern wissenschaftlich-methodisch gesichert werden, wie es der Zeitstil verlangt. Der abenteuerliche Gedanke einer kosmisch-biographischen Gesamtrechnung, wo jeder Posten bekannt ist, wird nicht als Glaube, sondern als Ergebnis ernster, bescheidener Sachforschung vorgetragen. Jeder kann es lernen, und die Waldorfschule ist die Vorschule zur Einstimmung in die Erkenntnis der höheren Welten und der Einweihung in die übersinnlichen Reiche. Man will nicht nur blind phantasieren, sondern methodisch phantasieren, dass der „ganze Mensch als kleinster Baustein einer Einheit der Welt und gleichzeitig als Abbild kosmischer Gesamtheiten gelten darf".[8]

Dazu dienen nun die Schulungsschriften, zur Erlangung der „Erkenntnis höherer Welten",[9] in denen Steiner seine Gedankenspiele allgemein präsentiert hat. Aber es steht seltsam mit diesem Curriculum fürs Okkulte: zuletzt muss man immer auf die Autorität ihres Erfinders vertrauen, „in devotioneller Haltung" und demutsvoll, und auch dann soll der Initiant immer nur soviel erfahren, wie ihm der Meister zutraut und wessen er würdig ist. Eine kuriose Schule, in der man erst versichern muss, recht brav zu sein, ehe man wissen darf. Aber zuletzt hat der Meister dann doch das Beste für sich behalten, nämlich welche Inkarnation er denn nun eigentlich gewesen sei – ein neuer Christus oder Buddha? Ein wieder-

---

[8]   Becker, Kurt E.: Im Mittelpunkt: der Mensch, S. 17.
[9]   Vgl. Steiner, Rudolf: Wie erlangt man Erkenntnisse der höheren Welten? (1904), in: Steiner-Gesamtausgabe, Bd. 10, Dornach 1975.

erstandener Franziskanerspiritual oder nichts von alledem, sondern nur ein belesener Eidetiker mit dem zweiten Gesicht? Die Anhänger und Glaubenswilligen kann dieser Schleier über dem Mysterium des Dr. Steiner nicht anfechten; im Gegenteil. Nicht wenige haben größere Sympathie mit dem, was sie nicht begreifen, als mit dem Verständlichen, von dem sie wissen, dass es wenig genug ist. In einer Lage, wo keiner weiß, was alle zusammen wissen, und alle zusammen nicht wissen, was noch erforscht und in Zukunft gewusst werden wird, erscheint für viele der Ausweg verlockend, gleich an der Stelle Halt zu machen, wo sie gerade sind und sich damit zu beruhigen, ein anderer habe alles gewusst, gesehen und geschaut.

Der Anfang als Ende und Erfüllung: es gibt keinen besseren Immunschutz gegen die immer neuen Zumutungen, Innovationen und wechselnden Perspektiven, gegen den Dauerstreit um Werte und Positionen und gegen die technischen Folgen eines losgelassenen Wissens. Probleme und Fragen gibt es genug und übergenug; bei Steiner ist Ankunft, Erfüllung und Ende – eben das Weltbild des Kindes als Weltanschauung für Erwachsene. Und es dürfte nicht nur die Gunst der gegenwärtig vielfach bemerkbaren Wende-Stimmung sein, die dem Rezept gegen Wandel, Neuerung, Unsicherheit einen wachsenden Markt verschafft. Sinn wird auch in Zukunft ein knappes Gut bleiben, und solange die falsche Erwartung besteht, man könne Sinn bei Institutionen oder Personen wie vorgefertigt abholen und sich bedienen lassen, dürfen auch die Propheten und die Missionare, die Bhagwans und ebenso die Dornacher Geisterforscher davon ausgehen, dass sie nicht auf ihrem Angebot sitzen bleiben.

Soviel zum Allgemeinen, jetzt zur Anthroposophie als Erziehungslehre.

Die Waldorfschule als Bekenntnisschule

Mit der zweiten These möchte ich zeigen, dass die Waldorfpädagogik den Einstieg in die Anthroposophie darstellt und dass die Waldorfschule eine Bekenntnisschule ist. Das ist aber etwas, was die Anthroposophen bestreiten. Sie stellen ihre Schularbeit als selbstlosen Dienst hin und weisen es weit von sich, dass sie ihren Nachwuchs über schulische Bildung rekrutieren. Anthroposophie werde nicht „gelehrt". Das mag richtig sein, insoweit nämlich, als Anthroposophie überhaupt nicht gelehrt wird wie der Satz des Pythagoras oder die Hauptsätze der Thermodynamik. Sie wird eingeübt und der Schüler soll mitgehen und eintauchen, er soll die Grundbewegung und die Optik miterlebend nachvollziehen; das gilt für die höhere Schulung, und es gilt für die Vorschule der Anthroposophie, die Waldorfschule. Steiner hat das auch klar gesagt: Wer die Waldorf-schule kennen lernen und verstehen wolle, der solle nicht hospitieren, um sich mal einen Eindruck zu verschaffen, das sei naiv; er würde das Eigentliche gar nicht bemerken. Das könne er erst, wenn er Anthroposo-phie gelernt und studiert habe. Darin ist Steiner beizupflichten; man muss den anthroposophischen Blick wenigstens probeweise übernehmen, sonst versteht man gar nicht, wie das gemeint ist, was man da zu sehen be-kommt. Das gilt für die Waldorfschule, das gilt im Übrigen auch sonst für Hospitationen. Daraus folgt aber nicht, dass man nicht kritisch und di-stanziert beobachten könne und nur versteht, was einem von Herzen zu-sagt.

Was ist nun das Besondere des Waldorfunterrichts? Jeder Unterricht, egal ob in der Waldorfschule oder sonst, hat es mit drei Momenten zu tun. Es gibt immer etwas, was gelernt werden soll, das Thema, es gibt den oder die Lernenden und den Lehrer, der zwischen dem Thema und dem Schüler vermittelt. Man hat das auch das didaktische Dreieck genannt. Egal, ob ich jemandem beibringe, wie er ein Auto fährt oder Horaz über-setzt, wie man Gleichungen mit zwei Unbekannten löst oder wie man höhere Welten erkennt, immer geht es um das dreiseitige Verhältnis zwi-schen Lernthema, Schüler und Lehrer. Das Entscheidende ist, wie diese drei Momente jeweils aufeinander bezogen werden, wie sie relationiert werden. Wenn ich die Bergpredigt als göttliche Weisung behandle, bin ich Pastor und verkündige, die Schüler werden zu Hörern des Worts; betrachte ich die Bergpredigt als literarischen Text einer bestimmten Zeit und Autorenschaft, dann bin ich Lehrer im sokratischen Sinne, einer der klar macht und einordnet, und es dem Schüler überlässt, was er nimmt und daraus macht; und betrachte ich die Bergpredigt wie Franz Alt als Rezept zur Lösung der Weltfriedensfrage, dann präsentiere ich mich als Ratgeber für Klienten, die ein bisher ungelöstes, aber lösbares Problem haben.

In allen drei Varianten richtet sich das Lehrer-Schüler-Verhältnis einerseits nach dem Verständnis des Themas; aber auch das Thema (der so genannte Lehrstoff) erscheint andererseits so, wie er präsentiert wird, das heißt: je nachdem, ob sich der Lehrende als Sprachrohr ewiger Wahr-heiten oder als Informator über Sachverhalte oder als beratender Trainer für Lebensprobleme versteht und inszeniert. Wie bringt also der Waldorf-unterricht Thema, Lehrer und Schüler zusammen? Wie werden die didak-tischen Grundgrößen relationiert? Ich gehe von dem Thema aus. Anders als viele meinen, hat die Waldorfschule wie üblicherweise alle Schulen ein Curriculum, d. h. einen festen Themen- und Lehrplan mit wohldefinierten Fächern und spezifischen Themen in den Fächern.[10] Der alles entscheidende Punkt ist nun, *wie* die Themen eingeführt werden, weil dadurch eben auch bestimmt wird, ob wir es im Unterricht mit dem Verhältnis von Lehrer und Schüler wie bei Sokrates zu tun haben, oder um das Verhältnis von Meister und Jünger wie in einem Noviziat. Das Besondere der Waldorfschule ist, dass sie entschieden und einseitig das Weltbild und Menschenbild der Anthroposophie über den Sach- und Fachunterricht transportiert. Aber sie tut das nicht direkt, so dass man prüfen und wählen kann, sondern indirekt, sie tut es nicht ausdrücklich und offen, sondern gewissermaßen subversiv über die Methode des Unterrichts. Es ist die Methode der Ausbildung von Bildern, das Hineinbilden in das Weltbild der Anthroposophie, in ihren Grundgestus und ihre Haltung devotioneller Stimmungen. Steiner hat sich dazu auch ganz klar ausgesprochen. Wir müssen, sagt er, die späteren Gedanken und Urteile durch Bilder vorbereiten, er sagt dazu auch: „infiltrieren". Es kommt für das Kind im Schulalter, also zwischen dem sechsten Lebensjahr und der Pubertät nicht darauf an, alles zu begreifen und begrifflich zu erfassen, sondern es muss mit Bildern ergriffen werden, die es übernimmt, weil es dem Lehrer glaubt. Wenn also z. B. die Raupe behandelt wird, dann geht es nicht allein um die Raupe, sondern in dem Bild, wie die Raupe aus dem Kokon herausschlüpft, gibt man ein Bild dafür, wie die Seele aus dem Körper entweicht und dann weiterlebt.[11] Das ist aber nicht nur ein Bild, das auch anders sein könnte, nicht nur ein beliebiges Gleichnis, sondern das ist wirklich so – natürlich nur für einen Anthroposophen. Und dem Kind soll nicht etwas suggeriert werden, was der Lehrer besser und anders weiß, sondern auch der Lehrer weiß, dass in der Raupe ein Analogon der Unsterblichkeit vorliegt; denn wir wissen ja schon: Alles Endliche, was wir sehen, ist eine Parallelaktion zu einem Unendlichen und Ewigen, das wir noch nicht sehen.

Die Grundform des Unterrichts in der Waldorfschule ist deshalb das „Charakterisieren", das schärft Steiner immer wieder ein. Charakterisieren ist Darstellung einer Sache unter wertenden Gesichtspunkten. Es wird charakterisierend erzählt, und was erzählt wird, wird nachvollzogen, miterlebt, gestaltet und in Darstellung umgesetzt, sei es leibhaft-rhythmisch

---

[10] Vgl. Brügge, Peter: Die Anthroposophen. Hamburg 1984, S. 96.
[11] Vgl. Steiner, Rudolf: Erziehungskunst. Methodisch-Didaktisches [1919], in: Steiner-Gesamtausgabe, Bd. 15, Dornach 1932.

in der Eurhythmie, sei es im gestaltenden Malen oder Schnitzen oder Plastizieren. Man muss Bilder geben und Bilder erzeugen, nicht Begriffe und Urteile; denn Bilder motivieren, führen zusammen, sie geben Einheit, weil Bilder ein Ganzes sind, sinnlich erfahrbar und seelisch erlebbar. Später dann sind die Bilder Grundlage und Fundus der Gedanken und Urteile, aber zuerst bedarf es gleichsam einer Auffüllung mit inhaltlich und moralisch gehaltvollen Anschauungsbildern. Ich will auf diesen Punkt besonders eingehen. Er enthält eine wichtige Einsicht und erklärt die relativen Erfolge der Waldorfschule. Er enthält aber auch eine gefährliche Nuance. Davon gleich. Dass Bilder und auch Scheinbilder, sozusagen semantische und syntaktische Metaphern, motivieren, kann man sich leicht klarmachen. Wenn wir uns für allgemeine Zwecke begeistern oder begeistert werden sollen, dann können wir rufen: „Hoch lebe Kaiser Wilhelm!" oder im Fußball etwa: „Deutschland vor!" oder auch: „Rettet das Vaterland!"; wir würden es aber als ganz unnatürlich und ziemlich wirkungslos empfinden, wenn uns zugerufen würde: „Hoch lebe das kommunikative Apriori des herrschaftsfreien Diskurses" oder „Kämpft für die pluralistische, im Grundgesetz durch Konsens formulierte Gesellschaft nach den Regeln des demokratischen Verfassungsstaates". Das sind rationale Nachträge und Erläuterungen, nicht Motive. Man schwört auf die Bibel oder eine Fahne, nicht auf Theoreme. Bilder motivieren, nicht Argumente, und wenn Argumente motivieren und etwas bewegen sollen, muss man sie in schlagkräftige Slogans und Bildkürzel umwandeln: „Nieder mit den Kapitalisten!" oder „Schlesien ist unser!" Die Frage ist, welche Bilder sollen gelten und wie soll man sich zu ihnen stellen? Das lässt sich unterschiedlich beantworten, und ich will das noch einmal vergleichend verdeutlichen, indem ich auf eine Quelle eingehe, die sowohl Steiner wie Freud benutzt haben. Beide sind schon in ihrer Schulzeit mit der Psychologie Johann Friedrich Herbarts bekannt geworden. Das lag an dem österreichischen Schulsystem und dem Lehrplan der Zeit.[12] Herbart hat eine Lehre von den Vorstellungen aufgestellt, die die Grundlage seiner Pädagogik ist. Der Kerngedanke ist: wir können uns nicht nichts vorstellen. Ich sage jetzt das Wort „Hund" oder „Baum", und Sie haben ein Vorstellungsbild. Das nehme ich wenigstens an. Und wo ein Vorstellungsbild ist – Herbart sagt: wo Schein ist, denn das Bild ist ja nicht die Wirklichkeit –, da muss auch Sein gegeben sein. „Wieviel Schein soviel

---

[12] Vgl. Prange, Klaus: Fermenta cognitionis – Zur Herbart-Rezeption in Kakanien, in: „Knaben müssen gewagt werden" – Johann Friedrich Herbart gestern und heute. Hrsg. von K. Klattenhoff, Oldenburg 1997.

Hindeutung auf das Sein", heißt es bei Herbart.[13] So wie es eine Fotografie von einem Menschen nur gibt, wenn es den Menschen gibt, so kann es Bilder nur mit einem Grund geben, dem Sein. Man kann auch volkstümlich sagen: Wo Rauch ist, muss auch Feuer sein. Fragt sich nur, welches Feuer – nämlich ein wirkliches oder nur ein eingebildetes Feuer. Das ist der entscheidende Punkt, wo Steiner und Freud auseinandergehen. Man kann den Bildern nicht einfach trauen; sie enthalten auch unerklärte, verworrene, destruktive Motive. Freud hat deshalb auch die Wahnbilder und Trugbilder untersucht und aufzulösen gesucht, die Verschiebungen und Verdeckungen, um ihrem Bann zu entgehen, Steiner bestärkt ihren Bann und führt so in sie ein, dass man ihnen nicht mehr entrinnen kann.

Dazu ein Beispiel ohne jeden Nimbus und weihevolles Tabu. Wir alle kennen die Rede vom Weihnachtsmann. Ich unterstelle einmal, dass es Weihnachtsmänner nicht gibt, aber es gibt das Bild des Weihnachtsmanns, und es ist für Kinder höchst wirkungsvoll, eingebunden in Geschichten, Träume und Erwartungen, nicht eigentlich wirklich, aber eben doch wirksam. Im Übrigen für manche Eltern auch pädagogisch praktisch; man kann damit drohen und locken, solange das Kind an den Weihnachtsmann glaubt, und man nimmt dem kleinen Kind auch etwas, wenn man die Weihnachtsmannfiktion nicht anbietet, weil es ihn ja nicht gibt, so wie man ihm etwas nimmt, wenn man ihm keine Märchen als Identifikationsobjekte anbietet, weil Märchen nur Märchen sind. Dann lernt das Kind aber, dass es Weihnachtsmänner nicht gibt, das Bild verliert seine Kraft, es motiviert nicht mehr direkt. Das ist Verlust und Gewinn, Verlust einer wohltätigen Illusion und Gewinn an Realitätssinn.

Die Pädagogik der Waldorfschule ist, mit Verlaub, eine Weihnachtsmannpädagogik. Sie führt ein in die Bilderwelt, als ob sie unmittelbar wahr seien, sozusagen Fotografien des Absoluten. Es wird wie in Steiners Erkenntnislehre laufend von der Wirklichkeit des Vorstellens auf die Wirklichkeit des Vorgestellten geschlossen. Das ist die Logik des eingebildeten Kranken, der zwar seine Schmerzen hat und unter Leidensdruck steht, aber nachprüfbar eben doch nicht krank ist. Um die Realität der Bilder tief einzuprägen, verfährt die Waldorfpädagogik ausdrücklich charakterisierend, bietet Bilder, vermeidet ihre Erklärung, das würde ihren Bann aufheben, und dazu braucht sie, wie jeder weiß, der erzählt und charakterisiert, auch eine spezifische Autorität des Lehrers, die so

13 Herbart, Johann Friedrich: Hauptpunkte der Metaphysik [1806], in: Sämtliche Werke, Bd. 2, Aalen 1964, S. 187.

genannte geliebte Autorität; in Wahrheit, so wird es auch gesagt, ist es eine weihepriesterliche Stellung und Selbstauffassung des Lehrers, nicht das sokratische Vorbild des Gesprächsführers, sondern das religiöse Vorbild des Seelenführers. Aus diesem didaktischen Grundverhältnis ergibt sich alles Weitere: die Organisation der Schule, die Verachtung prozeduraler Sicherheiten und Revisionsmöglichkeiten, die tief gelagerte Verhaltenssicherheit, das Einlehrerprinzip, um die Einheitswirkung der Bilder und einer bestimmten Bilderreihe zu garantieren, daraus ergibt sich auch die Form der Zeugnisgebung.

Der Lehrer unterrichtet nicht nur und prüft, was gelernt ist, sondern er erfasst das Kind wesensmäßig und gibt ihm das Bild zurück, das er von ihm hat. So wie der Unterricht in Hinsicht auf die Themen und Stoffe charakterisierend verfährt, um Motivdepots zu installieren, so verfährt der Lehrer in Hinsicht auf das Kind, indem er ihm z. B. im Zeugnisspruch ein Wesen zuspricht, indem er sagt, *wie* es lernt, *wie* es teilnimmt, *wie* es einschwingt in Bezüge und *wie* es die Geschichten aufnimmt, die es zu hören hat. Das Kind wird nicht daran gemessen, wie es definierten Standards der Aneignung eines Lehrgutes entspricht, sondern wie es dem *Lehrer* entspricht und dem, wofür er einsteht. Das Waldorfzeugnis ist eine erweiterte und spezifizierte Form der Beurteilung des Verhaltens und des Betragens, der Beteiligung am Unterricht und der Form, wie der Lernende sich auf den Unterricht einlässt. Er wird am Lehrer gemessen, nicht daran, ob er Geometrie oder Geschichte erkennbar gelernt hat. Die neuere Forschung zur sozialen Interaktion hat gezeigt, wie solche Zuschreibungen oder Etikettierungen stabilisiert werden können, z. B. über Ritualisierung, über den Ausschluss alternativer Orientierungen, über die Androhung und Anwendung von Sanktionen. Aus Zuschreibungen, aus der Art, wie jemand gesehen und behandelt wird, werden Eigenschaften, die er sich selbst zurechnet. Er wird so, wie er gesehen wird, und so soll er ja auch werden. Und das umso mehr, als ja das Widerlager einer Kompetenz fehlt, die unabhängig von der persönlichen Beziehung zum Lehrer begründet ist.

In der Kritik an der gängigen Zensurengebung wird zu Recht vorgetragen, dass in die Zensur ein Übermaß an persönlicher Meinung, an Sympathie oder Antipathie eingeht; es gibt nicht genug Sicherungen gegen das subjektive Urteil und deshalb muss man sich bemühen, die Zensur auf das Prüfbare zu beschränken und Formen der objektiveren Beurteilung zu finden. Die Waldorfschule verfährt von vornherein subjektiv und spricht dem Lehrer in seiner weihepriesterlichen Stellung als Seelenführer von vornherein die Aufgabe und Fähigkeit zu, das Wesen des Kindes zu erfassen und formulieren zu können. Sie ist der üblichen Zensurengebung nicht überlegen und voraus; sie hat vielmehr einen Modus der Personenbeschreibung und charakterlichen Würdigung festgehalten, der vormodern ist; die Zensurengebung und Zeugnisgebung ist überschwänglich; so musste man sich in der Feudalzeit das Empfehlungsschreiben einer Reputationsgröße verschaffen.

Ich fasse diesen Punkt so zusammen: Die Pädagogik der Waldorfschule beruht auf der Technik der Indoktrination. Sie besteht darin, Lerninhalte, Verhalten und Gesinnungen fest zu verkoppeln. Sie wird gestützt durch Gewissheiten, die gläubig und Glauben fordernd vorgetragen werden; Gewissheiten, die einzig und allein auf der Annahme beruhen, der „Doktor" habe als Fotograf des Übersinnlichen etwas festgehalten, was die blinden Sinnenwesen irgendwann auch einmal sehen werden. Es gibt keine andere Pädagogik, die mit solcher Einseitigkeit auf die Behauptungen eines Einzelnen gestellt sind, darunter solche von höchster Bedenklichkeit, die im Herrschaftston überweltlicher Weisheit und Einsicht verkündet werden. Als Beleg und zur Illustration nur dieses Beispiel: Warum sind einige Menschen nicht „weiß", wie die meisten Europäer, sondern dunkel bis schwarz? Die wissenschaftliche Antwort wird üblicherweise in der Physischen Anthropologie gesucht. Dr. Steiner jedoch weiß es besser und tiefer. Dass jemand dunkel auf die Welt kommt, liegt daran, dass er in seinem vorherigen Leben ein „dunkles", verderbliches Leben geführt hat.[14] Mehr noch: Er könne *jetzt* schon bei einigen Zeitgenossen voraussagen, dass sie in der nächstfälligen Inkarnation als *Schwarze* auf die Welt kämen, zur Strafe für ihre Schandtaten. Das ist die feine anthroposophische Art des Rassismus. Ebenso werden Krankheiten, Missbildungen, Geistesstörungen als Ergebnis früherer moralischer Verfehlungen gedeutet.

Die Zukunft einer Illusionierung

Damit bin ich beim dritten und letzten Punkt, der sich kurz abhandeln lässt. Es ist nach allem klar, dass die Aufklärer und Kant, dass die furchtlosen Kritiker des Aberglaubens, die z. B. gegen den Wahnsinn der Verfolgungen und Gesinnungsschnüffelei Front gemacht haben, für die

---

[14] So nachzulesen in den „Konferenzgesprächen" (Bd. 300 c der Gesamtausgabe, Dornach 1975, S. 71).

Waldorfpädagogik umsonst gelebt haben. Der Geist der Prüfung und offenen Erörterung, der Kritik und Selbstkritik ist nicht der Geist des Dr. Steiner und seiner Anhänger, auch nicht der Geist der Differenzierung und der weitergehenden Forschung. Das aber ist der Geist der Demokratie und einer „offenen Gesellschaft" (Karl Popper), um es kurz zu sagen. Er beruht nicht auf Offenbarungen und ewigen Ordnungen, sondern er rechnet mit der Fehlbarkeit und Irrtumsanfälligkeit eines jeden, so dass auch keiner ein für allemal das letzte Wort haben und kein Amt unwiderruflich und auf unbeschränkte Dauer vergeben werden darf. Wir handeln unter Bedingungen der Ungewissheit und Unsicherheit. Deshalb müssen wir uns vorher beraten und uns hinterher prüfen lassen, um uns korrigieren zu können.

Doch diese prinzipiell unaufhebbare Vorläufigkeit in allen Dingen, die unseren gemeinschaftlichen Umgang betreffen, erscheint vielen als unbefriedigend und als Störung ihres Wunsches, ihr Leben unter Kontrolle zu haben. Sie erscheint aber vor allem dann als unliebsame Blockade, wenn man andere regieren und über sie herrschen will. Das erste betrifft Steiners Gefolgschaft, das zweite ihn selbst. Diejenigen, die nach letzter Sicherheit und Gewissheit streben, bringen die Chancen des Urteils und eigener Prüfung als Morgengabe ihrer Unterwerfung unter das Diktat derer, die diese Unsicherheit ausbeuten und im Namen des Dienstes, der Liebe und der huldreichen Zuwendung ihre Herrschaft aufrichten. Es verhält sich hier wie mit der tief verdächtigen Selbstbeschreibung der Papstautorität als servus servorum: Die gesteigerte Dienstfertigkeit ist die Maske des Unterwerfungsanspruchs. Man sollte meinen, dass das letzte Jahrhundert genug Machtmissbrauch, regellose Herrschaft und blanke Gewalt im Namen des wahren Fortschritts, der Freiheit und des allgemeinen Menschenglücks erlebt hat, als dass es noch erlaubt wäre, auf totale Antworten und letzte Lösungen zu setzen.

Das Problem heißt aber nicht Rudolf Steiner. Seine physikalischen, historischen, psychologischen Ansichten werden in der Wissenschaft nicht beachtet; das Problem ist die Folge- und Unterwerfungsbereitschaft derer, die im Namen von Wissenschaft ihre Aufhebung wollen und faktisch betreiben. Die Nutznießer sind die Gurus und Seelenführer, die Agenten des Okkultismus und – um dies mit aller Deutlichkeit zu sagen – auch diejenigen Pädagogen, die glauben, den Kindern zu helfen, das Leben zu bestehen, indem sie ihnen eine Welt präsentieren, die nur in ihrer Phantasie besteht. Der Lehrer bleibt in der Waldorfwelt, aber die Kinder und die Schüler müssen sie verlassen und haben in vielen Fällen schwer daran zu leiden, es sei denn, dass sie als Lehrer in den sicheren Hafen der Waldorfwelt zurückkehren.

Dennoch bleibt das Problem bestehen, mit dem ich begonnen habe: Wir finden uns nur schwer in einer sich wandelnden Welt zurecht, die keine bleibenden Sinnangebote bietet und dem Einzelnen zumutet, seine individuelle Gleichung von Fall zu Fall selber zu finden. Doch eben damit müssen wir wohl oder übel zurechtkommen und sei es mit dem Zwinkern der Auguren, an das die Bohr-Anekdote erinnern sollte. Es mag noch andere Formen der Kontingenzbewältigung geben, aber eines scheint mir sicher: Dr. Steiner und die Seinen haben dafür keine vertretbare Antwort.

Literatur

Becker, Kurt E.: Im Mittelpunkt: der Mensch, in: Rudolf Steiner: Ausgewählte Werke (10 Bände), Bd. 10, hrsg. von K. E. Becker und H.-P. Schreiner. Frankfurt 1985.

Blumenberg, Hans: Lebenszeit und Weltzeit. Frankfurt 1986.

Brügge, Peter: Die Anthroposophen. Hamburg 1984.

Freud, Sigmund: Eine Schwierigkeit der Psychoanalyse [1917], in: Gesammelte Werke, Bd. 12, London 1947.

Herbart, Johann Friedrich: Hauptpunkte der Metaphysik [1806], in: Sämtliche Werke, Bd. 2, Aalen 1964.

Hübner, Kurt: Die Wahrheit des Mythos. München 1985.

Prange, Klaus: Erziehung zur Anthroposophie. Darstellung und Kritik der Waldorfpädagogik. Bad Heilbrunn ³2000.

Prange, Klaus: Fermenta cognitionis – Zur Herbart-Rezeption in Kakanien, in: „Knaben müssen gewagt werden" – Johann Friedrich Herbart gestern und heute, hrsg. von K. Klattenhoff, Oldenburg 1997.

Steiner, Rudolf: Mein Lebensgang [1923-1925], Steiner-Gesamtausgabe (= GA), Bd. 28, Dornach 1962.

Steiner, Rudolf: Erziehungskunst. Methodisch-Didaktisches. Ein Vortragskurs bei der Begründung der Freien Waldorfschule in Stuttgart 1919, in: GA, Bd. 15, Dornach 1932.

Steiner, Rudolf: Wie erlangt man Erkenntnisse der höheren Welten? [1904], in: GA, Bd. 10, Dornach 1975.

Claudia Barth

Der neue Mensch des New Age:
Im Einklang mit Volk und Vaterland

Spricht man über die Funktion von Esoterik für Erziehung und Bildung, ist es zunächst sinnvoll, sich auf eine Definition der Begrifflichkeiten zu einigen. *Bildung* und *Erziehung* werden landläufig als positiv besetzte Begriffe verwendet – resultierend aus humanistischer Denkweise, nach welcher mittels Erziehung vernünftige, soziale Menschen herangezogen werden sollen. Esoterik dagegen mutet dem aufklärerisch Gesonnenen bei oberflächlicher Betrachtung als eine Art Unbildung, Verbildung an, die mit den Idealen der Bildung nichts gemein zu haben scheint.

In den Sozialwissenschaften herrschen indessen neutrale Bedeutungs-beschreibungen des Bildungsbegriffes vor. So erklärte der *Deutsche Ausschuss des Erziehungs- und Bildungswesen* 1966: „Gebildet [...] wird jeder, der in der ständigen Bemühung lebt, sich selbst, die Gesellschaft und die Welt zu verstehen und diesem Verständnis gemäß zu handeln." Ähnlich erläutert das *Lexikon Wissenswertes zur Erwachsenenbildung* 1998, Bildung könne „als Prozess und zugleich Ergebnis des Erwerbs der jeweils für besonders wichtig gehaltenen Wissensbestände einer Gesellschaft oder Kultur" verstanden werden und ziele darauf ab, „Menschen einen bewussten Zugang zur Kultur in ihren verschiedenen Ausdrucks-formen zu ermöglichen, damit sie ein umfassendes Verständnis von der Welt und der eigenen Stellung in ihr entwickeln können. Dadurch werden sie zu selbstbestimmtem Handeln und zu gesellschaftlicher Mitbestim-mung befähigt. Bildung ist in diesem Sinne stets Allgemeinbildung, der gesellschaftliche Bedeutung zukommt."[1]

---

[1] Gesellschaft Erwachsenenbildung und Behinderung e.V. Deutschland (Hrsg.): Lexikon Wissenswertes zur Erwachsenenbildung. Neuwied / Kriftel / Berlin 1998; siehe auch: http://www.111er.de/lexikon/begriffe/bildun00.htm

Unter dem Begriff *Erziehung* wird allgemein verstanden „die Gesamtheit aller Maßnahmen, Handlungen und Einflüsse, die die Haltungen, Einstellungen, Fähigkeiten und Fertigkeiten von Kindern und Jugendlichen entwickeln, verbessern oder verändern sollen, um ihre Teilhabe am gesellschaftlichen Leben zu sichern und dieses dadurch aufrechtzuerhalten."[2] Weiter ist zu unterscheiden zwischen *intentionaler*, also direkt beabsichtigter, *Erziehung* (wie sie etwa durch Lehrpläne vorgegeben wird) und so genannter *funktionaler Erziehung*, also der Übernahme von Verhaltens- und Erklärungsmustern von sozialen Bezugsgruppen (Sozialisation).

Diese gängigen Definitionen verraten kaum mehr, als dass der Mensch ein kollektives Wesen ist, der die erkannten Gesetzmäßigkeiten oder vermuteten Abläufe der Umwelt, in der er sich einrichten muss, durch Gesellschaftsgenossen gelehrt bekommt. Beschrieben wird lediglich, dass jede Gesellschaft Interpretationsmuster zum Begreifen der Wirklichkeit und der eigenen Lebenslage in der Welt an das Individuum weitergibt. Welcher Art die Erkenntnisse der Gesellschaft sind, die erzieherisch transportiert werden, ist dabei zunächst sekundär. Erzieherisches und bildendes Bestreben bestehe lediglich darin, die Teilhabe an demjenigen Leben sicherzustellen, das gesellschaftlich für Kinder, Jugendliche, Erwachsene und ältere Menschen vorgesehen wird.

Tatsächlich ist Bildung niemals einheitlich, homogen für eine ganze Gesellschaft, sondern gestaltet sich je nach unterschiedlicher Interessenslage verschiedenartig aus. Zur selben Zeit streiten in derselben Gesellschaft unterschiedliche Bildungs- und Erziehungskonzepte und -ziele gegeneinander. Während die Kirchenfürsten den Bauern im Mittelalter erklärten, Untertänigkeit und Leibeigenschaft seien gottgewollt und ewig, verbreiteten die aufständischen Bauern die Gewissheit, dass ein paradiesgleiches freies Leben unter selbstbestimmten Bauern möglich sei und sangen „als Adam grub und Eva spann, wo war denn da der Edelmann?"[3] Als die Kaisertreuen in den Jahren der Aufrüstung zum Ersten Weltkrieg die Erziehung für Gott und Vaterland vorgaben, konterte die Arbeiterjugendbewegung mit einer breiten Bildungsoffensive unter dem Motto: „Wissen ist Macht". Bildungskonzepte sind also nicht universal, sondern

---

[2] Ebd.; siehe auch: http://www.111er.de/lexikon/begriffe/erziehun.htm

[3] Aus: „Wir sind des Geyers schwarzer Haufen", ein Lied aus den Bauernaufständen, in: Sozialistische Jugend Deutschlands – Die Falken (Hrsg.): Laut, schrill & manchmal leise; Das Liederbuch der SJD – Die Falken, Bonn 1992, S. 113.

unterscheiden sich nach Sinn und Intention des Ausführenden. An der vorherrschenden Bildung einer Zeit können die Bestrebungen der Herrschenden abgelesen werden, denn bis in die heutige Zeit ist das vorrangige Ziel von Bildung die Aufrechterhaltung der herrschenden gesellschaftlichen Ordnung. Auch in der eingangs zitierten Definition der *Gesellschaft Erwachsenenbildung und Behinderung e. V.* wird als Zweck von Erziehung nicht die *Teilhabe des zu Erziehenden am gesellschaftlichen Leben* genannt (wie bei flüchtigem Lesen fehlerhaft assoziiert werden kann), sondern Erziehung als Mittel verstanden, das – nicht näher definierte und somit herrschende – gesellschaftliche Leben aufrechtzuerhalten. „Erziehung: die Gesamtheit aller Maßnahmen [...] und Einflüsse, die die Haltungen [...] von Kindern [...] verändern sollen, um ihre Teilhabe am gesellschaftlichen Leben zu sichern und *dieses* dadurch aufrechtzuerhalten." [Hervorhebung hinzugefügt, C.B.]

Es stellt sich demgemäß die Frage, ob esoterische Sinndeutungen tauglich sind, um Menschen ein „umfassendes Verständnis von der Welt und der eigenen Stellung in ihr" zu geben, inwiefern diese Deutungsmuster mit den herrschenden Ansichten kompatibel sind und die Aufrechterhaltung der bestehenden gesellschaftlichen Zustände ermöglichen.

Bildung, Welterklärung und Esoterik

Dass die Wiederkehr des Religiösen ewig währt – solchem Fatalismus will ich nicht zustimmen. Richtig ist aber zumindest, dass religiöse Konzepte in der gesamten Menschheitsgeschichte einen bedeutenden Anteil daran hatten, wie Menschen sich die Geschehnisse der Welt erklärten, und wie sie ihre eigene Rolle darin begriffen. Religion gab eine umfassende Deutung der Welt, vermittelte Erklärungsmuster und beinhaltete Handlungsanweisungen, deren Befolgung eine Beeinflussung der Umwelt in für den Gläubigen vorteilhafter Weise versprach.

In der Frühzeit der menschlichen Geschichte tritt diese Funktion von Religion als Träger und Vermittler von Welterklärung und -verständnis am ausgeprägtesten hervor. Wenig ist über den lang andauernden Prozess des Erwerbs von Wissen in dieser frühen Menschheitsstufe erforschbar, da die verstandesmäßige Leistung, die zum Erkennen der Kausalität von natürlichen Vorgängen von statten gehen muss, mangels schriftlicher Ausdrucksformen nicht überliefert wurde. Die Wissenschaft ist heute lediglich dazu in der Lage, den Verlauf des Fortschritts etappenweise nachzuzeichnen anhand von Funden, die auf den jeweiligen Stand der

Produktivkräfte hinweisen. In Unkenntnis des exakten Verlaufs des Wissenserwerbs muss redlicherweise davon ausgegangen werden, dass der Prozess des Erkenntnisgewinns von Fehlannahmen und Irrwegen geprägt war. Plausibel ist es heute, anzunehmen, dass unsere steinzeitlichen menschlichen Vorfahren einst entdeckten, dass Korn vermehrt an jenen Stellen wächst, an denen im Jahr zuvor geerntet, gemahlen und gearbeitet wurde. Und sie begannen, diese Plätze regelmäßig aufzusuchen. Sie hatten keine Kenntnis darüber, dass sie selbst durch das unbeabsichtigte konzentrierte Ausstreuen und Festtreten der Körner dafür sorgten, dass dort besonders viele Getreidepflanzen aufkeimten. Unbekannt war also, weshalb das Korn an bestimmten Stellen besser gedieh; zur Kenntnis genommen aber wurde dieses Geschehnis – wie auch andere natürliche Erscheinungen – als Gesetzmäßigkeit der als magisch-göttlich betrachteten Natur. Als umfassende Erklärung für das Wachsen wurden göttliche Kräfte angenommen. Richtete man das Leben nach den geglaubten Gesetzmäßigkeiten der übermächtigen Wesen ein, so versprach dies, das Dasein zu erleichtern.

So hatten die Menschen eine erste Welterklärung, die Bildung beinhaltete: Die Bildung besagte, dass es gut sei, bestimmte Plätze aufzusuchen und in bestätigter Weise vorzugehen. Die Erklärung dazu war, dass es dem höheren, mächtigeren Wesen offenbar so gefiel. Hielt man sich an die vorgegebenen Gesetzmäßigkeiten der vermeintlich göttlichen Ordnung, so führte das zu Verbesserungen im Leben. Bald erkannte man, dass das Korn lediglich deshalb an einer bestimmten Stelle wuchs, weil es dort in konzentrierter Form in die Erde gebracht wurde, und der Grundstock für den Ackerbau war gelegt.

Im Prinzip ist damit bereits an einem simplifizierten Beispiel beschrieben, was bis heute unter Bildung und Welterklärung verstanden wird.

In allen Epochen menschlicher Entwicklung bis in die heutige Zeit hatten und haben religiöse Konzepte bedeutenden Anteil daran, wie Menschen sich die Situationen, vor die sie gestellt sind, erklären und in welcher Weise sie darauf einwirken. Nahezu kein Bereich des Lebens bleibt, für den die Religionen nicht Erläuterungen und Verhaltensanweisungen bereit hielten. Religionen hatten immer den gesellschaftlichen Anspruch, eine umfassende Erklärung der Welt sowie der Stellung und Aufgabe der Menschen darin zu geben. Sie üben elementare Bildungsfunktionen aus.

Die beiden christlichen Großkirchen stellten sich – von einzelnen Randerscheinungen abgesehen – zeit ihres Bestehens zu Diensten der

Herrschenden. Nicht nur für das Individuum wurde als christlicher Lebensentwurf ein Bild der Unfreiheit und Unterdrückung gezeichnet – schlecht kaschiert mit christlicher Barmherzigkeit, um revolutionären Bestrebungen für eine menschenwürdige Gesellschaftsordnung begegnen zu können. Ebenso wurde die Wissenschaft und damit die Erkenntnis der wirklichen Entwicklungsgesetze der Welt nach Kräften sabotiert bis hin zur blanken Lüge. So hielt die Kirche selbst nach Darwins Entdeckung der Evolution der Lebewesen am paradiesischen Schöpfungsmythos fest. Als mit der Durchsetzung der bürgerlichen Gesellschaftsordnung die grundlegenden Entdeckungen der Wissenschaft sich nicht mehr leugnen ließen und zu Allgemeinbildung wurden, aber eben auch als der aufsteigende Kapitalismus Heere von Arbeitslosen und soziales Elend produzierte, dem mit christlicher Barmherzigkeit nicht mehr beizukommen war, schlug in Deutschland die Geburtsstunde einer neuen Form der Religion. Einer Religion, die in der Lage war, elementare Grundlagen, auf denen das neue Zeitalter fußte, in ihre Mythologie einzubauen. In dieser neuen Religion, der Esoterik, die 1888 mit Helena Petrowna Blavatskys zweibändigem Werk *Die Geheimlehre* debütierte, wurden nationale Staatsgründungen, bürgerlich-demokratische Verfassungen sowie wissenschaftliche Erkenntnisse über Entwicklung von Menschen und Natur berücksichtigt. Damit konnte eine zeitgemäßere, plausiblere Antwort auf offene Fragen des Daseins gegeben werden, als die christlichen Amtskirchen mit ihren überkommenen Dogmen zu geben fähig waren.

Für Volk und Vaterland –
Esoterik als Transporteur rechter Staatsmythen

Laut einer vom ORF im Jahr 2001 durchgeführten Umfrage glauben lediglich 14% der österreichischen Bevölkerung, dass es einmal keine Kriege mehr auf der Welt geben wird, und nur 9% gehen davon aus, dass einmal kein Mensch mehr in Hunger und Armut leben muss. Diese von annähernd 9 von 10 Befragten getroffene Einschätzung der gesellschaftlichen Verhältnisse als für alle absehbaren Zeiten miserabel, menschenfeindlich und elend lässt auf ein grundsätzliches Gesellschafts- und Weltbild schließen, welches diesen Pessimismus nährt. Vergleichbare Zahlen lassen sich für Deutschland annehmen.

Die verzweifelte Suche nach einfachen Antworten in einer Welt der rational kalkulierten Irrationalität und das Bedürfnis, das gesellschaftliche Chaos begreifbar und ertragbar zu machen, sind der Nährboden, auf dem

irrationales Gedankengut wächst. Esoterik ist eine religiöse Glaubens-
spielart, die geschichtlich gesehen periodisch dann hervortritt, wenn weite
Teile der Bevölkerung von sozialer Deklassierung betroffen sind sowie
Unsicherheit und Angst vor der Weiterentwicklung der Wirtschaft spür-
bar werden.

Das erstmalige Aufblühen der Esoterik in Deutschland Ende des
19. Jahrhunderts geschah in der Zeit, in der durch rasche technische Entwicklung und Monopolisierung eine breite Skepsis gegen die Moderne
sowie Angst vor sozialer Deklassierung herrschten. Anschaulich zeigte
sich dies in den Protestbewegungen der bürgerlichen sowie der Arbeiter-
jugend, die sich beide im Jahr 1904 zu formieren begannen.

Die Arbeiter- und auch die Arbeiterjugendbewegung vertraten die
feste Haltung, dass Not und Krieg beseitigt werden könnten. Die Kriegs-
gefahr erklärten sie aus der herrschenden Wirtschaftsweise, die (auf
Grund ungeheurer Produktivität) mittels Expansion aus dem nationalen
Rahmen heraus drängte, um fremde Absatzmärkte und Rohstofflieferan-
ten kämpfte und dabei mit imperialen Interessen anderer Nationalstaaten
in Kollision geriet. Den bürgerlich-demokratischen Staat fasste die Arbeiterjugendbewegung als zeitgemäße gesellschaftliche Organisations-
form auf, die durch die Entwicklung der kapitalistischen Produktions-
weise notwendig geworden war. Mit der Industrialisierung wurde der
leibeigene Bauer anachronistisch. Zur weit verzweigt organisierten, ar-
beitsteilig gestalteten industriellen Großproduktion bedurfte es freier
Arbeiter und größerer Handelsräume, die wiederum gleicher Gesetzmäßigkeit unterstehen. Für die Arbeiterjugendbewegung war die Errichtung
einer Welt des Friedens und des Wohlstands für alle Menschen realistische Zukunftsperspektive. Wie die Übernahme der Produktion und der
Organisation der Gesellschaft für eine bessere Zukunft von statten gehen
könnte, das lehrte sie in „Arbeiterbildungsvereinen", die zu Beginn der
Bewegung ihre tragenden organisatorischen Säulen darstellten.

Konträre Geschichts- und Gesellschaftsbilder wurden in den Zusam-
menschlüssen der bündischen bürgerlichen Jugendbewegung transportiert, die sich ebenfalls kritisch zur Entwicklung der modernen Gesellschaft stellte. Ihr Protest und ihre Sehnsucht nahmen infolgedessen gänzlich andere Züge an. In der bündischen Jugendbewegung fanden die
Schriften der irrationalen esoterischen Bewegung Widerhall, die in der
Moderne nichts als Dekadenz und Verfall erblickten, was unweigerlich
zum Krieg der Kulturen und zum Kampf ums Dasein führen müsse. Die
Rettung sei aus einer Rückverbindung mit alten mythischen Seelenkräften

des Volkes zu ziehen. Gespeist wurde diese Denkweise von einer Vielzahl irrational-esoterischer Literatur, die sich um die Jahrhundertwende ausbreitete. Die irrationale Protestbewegung gegen die Moderne entstand jedoch nicht als isoliertes Phänomen, sondern war aufs Engste verwoben mit reaktionären gesellschaftlichen Tendenzen des jungen Deutschen Reiches.

Anknüpfend an die Romantik existierten in Deutschland seit Beginn des 19. Jahrhunderts völkische Bestrebungen zur deutschen Einheit. Die deutschen Fürstentümer, die hinter dem Zeitalter der Aufklärung, Industrialisierung und des modernen Nationalstaates hinterherhinkten, wurden von der wesentlich moderner organisierten französischen Armee überrannt. Im Kampf gegen die französische Besatzung zeigte sich deutlich das vorherrschende Moment des deutschen Nationalstaatsgedankens. Auf der vielzitierten deutschen Einheitsfeier der Burschenschaften auf der Wartburg 1817 drückten diese ihre Sehnsucht nach einem einheitlichen deutschen Reich in einer Bücherverbrennung aus. Verbrannt wurden all jene niedergeschriebenen Gedanken, die ihnen für das zukünftige deutsche Projekt verhasst waren: Als erstes wurde der *Code Napoleon*, das bürgerliche Gesetzbuch, in die Flammen geworfen. Denn eines war für diese frühen Träger des schwarz-rot-goldenen Gedankens von Beginn an klar: Ein deutscher Nationalstaat sollte auf gänzlich anderen Werten gegründet werden als auf denen der Französischen Revolution. Freiheit der Person, Gleichheit vor dem Gesetz, Brüderlichkeit verstanden als Volkssouveränität waren Werte, die ihnen dem deutschen Wesen nicht gemäß erschienen.

Ein weniger bekanntes Detail des Wartburgfestes ist die Verbrennung einer Schrift Saul Aschers. Ascher, einem aus jüdischer Familie stammenden Philosophen, war es auf Grund des Wegfalls der Glaubensschranken in dem durch Napoleon eingerichteten Königreich Westfalen gelungen, an der Universität arbeiten zu können. 1815 wandte er sich in einer Streitschrift mit dem Titel *Germanomanie* gegen Germanentümelei und Auserwähltheitsgedanken der Deutschnationalen. Er forderte dazu auf, einen deutschen Nationalstaatsgedanken anders zu konstituieren als durch den Glauben, Deutschland sei „vor uralter Zeit einem Volk anheimgefallen, das sich in Hinsicht des Charakters, der Sprache und der Sitte von allen andern Nationen unterscheidet".[4] In Ascher fand der Hass

---

[4] Ascher, Saul: Die Germanomanie. Skizze zu einem Zeitgemälde, 1815; siehe: http://www.litlinks.it/a/ascher_s.htm.

der Deutschnationalen auf Aufklärung und Gleichheit eine ideale Personifizierung. Juden wurde vorgehalten, sie seien Träger aufklärerischer
Gedanken und moderner Staatsidee. In der Tat stellte die Verfassung der
französischen bürgerlichen Demokratie eine Chance für jüdisch gläubige
Menschen dar, aus jahrhundertealter Sondergesetzgebung heraus zu
treten. Viele Juden in den deutschen Fürstentümern erhofften, durch das
neue Zeitalter eine zivilrechtliche Gleichstellung zu erlangen. Die Bur-
schenschaftler sahen in ihrer völkischen Staatsauffassung Juden als Stör-
element des zu schaffenden deutschen Volkes; eine Auffassung, die auf
jahrhundertealten Vorurteilen fußte und auch in den bald darauf ent-
stehenden esoterischen Schriften weiter getragen wurde.

Neben diesen Vorstellungen gab es ebenso fortschrittliche Ideen für
eine herzustellende nationale deutsche Einheit. Diese fanden in der Revolution 1848/49 ihren Höhepunkt. Mit der blutigen Niederschlagung und
anschließenden Verfolgung und Einkerkerung der Demokraten wurden
diese Bestrebungen gründlich ausgemerzt. Als Bismarck 1870 den deutschen Staat schließlich per Reform von oben einführte, war das ebenso
wenig mit einer umfassenden Demokratisierung wie mit einer breiten
Beteiligung der Volksmassen verbunden. In seiner Abhandlung *Zerstörung der Vernunft. Der Weg des Irrationalismus von Schelling zu Hitler*
resümierte Georg Lukács die Wirkung, die diese verordnete Nationalstaatswerdung auf weite Teile des Volkes ausübte: „Während Nationen,
die ihre gegenwärtige politische Form erkämpft haben, diese als ihr eigenes Produkt betrachten, erscheint die nationale Existenz den Deutschen
als eine rätselhafte Gabe höherer irrationaler Mächte."[5]

In diese Zeit des schnell erstarkenden Deutschen Reiches fiel das
Aufkommen der Esoterik. Bereits Helena Petrowna Blavatsky schrieb in
ihrem Standardwerk *Die Geheimlehre* von menschlichen Wurzelrassen,
die sich in ihrer Vorherrschaft auf der Welt evolutionär ablösten. Jede
Wurzelrasse hätte ihre weltgeschichtliche Mission zu erfüllen, danach
würde sie von einer nächsten, höhergestellten, abgelöst. Blavatskys Weltgeschichte der „menschlichen Wurzelrasse" war durch die junge wissenschaftliche Disziplin der Linguistik inspiriert. Dort wurden Sprachfami-
lien entdeckt und die Theorie einer indo-germanischen Sprachverwandtschaft aufgestellt. Blavatsky schloss sich Spekulationen an, die von einem
einstigen indo-germanischen Urvolk fabulierten, und nahm diese neue

---

5   Lukács, Georg: Die Zerstörung der Vernunft. Der Weg des Irrationalismus
    von Schelling zu Hitler, in: Georg Lukács: Werke Bd. 9, Berlin 1962, S. 44.

Redewendung in ihre esoterische Menschheitsgeschichte auf. Danach sei die „arische weiße Menschenrasse" die am weitesten fortgeschrittene Wurzelrasse der Geschichte, insbesondere der „germanischen Rasse" käme herausragende Bedeutung zu, die Welt zu erneuern. Ihre kruden Theorien, in die sie verquast wissenschaftliche Entdeckungen ihrer Zeit aufnahm, wurden von anderen Esoterikern des deutschsprachigen Raumes konkreter gefasst. Lanz Liebenfels und Guido List, die beide um die Jahrhundertwende herum in Wien esoterische Schriften verfassten, sahen die Deutschen als die Nachfahren der als weltgeschichtlich bedeutungsvoll überhöhten Germanen. Die Deutschen müssten sich auf ihre Wurzeln zurückbesinnen und die einstige spirituelle Gemeinschaft der Germanen wiedererwecken, um der Welt der Moderne, des Fortschritts und der Wirren die Stirn bieten zu können. Bedingung dazu sei die Zusammenfassung aller „Deutschblütigen" in gemeinsamen Staatsgrenzen. Hierin solle dann eine andere Form von Staatswesen erblühen: Eine am Mittelalter orientierte herrschaftlich gegliederte Ständegesellschaft, in der das Regieren den dazu aristokratisch Berufenen überlassen bliebe, und das gemeine Volk sein Tagwerk verrichten solle. Dieses zu schaffende Gemeinschaftsprojekt richtete sich vor allem gegen demokratische und soziale Bestrebungen. Gegen den Kampf der Arbeiterbewegung gab Lanz die Parole aus: „Sie wollen den Klassenkampf, sie sollen den Rassenkampf haben!"[6]

Von Beginn an trug Esoterik in Deutschland also dazu bei, völkische Deutungen der Nationalstaatswerdung zu festigen. Gegen den sozialen Kampf um Fortschritt und Demokratie wurde mit Rassen- und Volksgemeinschaftskonzepten gekontert.[7] Ebenso augenfällig ist das Einbeziehen neuer Forschung in die Esoterik und deren Verbrämung. Nicht nur die Sprachwissenschaft wurde mit ihrer Entdeckung der „indogermanischen Sprachverwandtschaft" benutzt und unwissenschaftlich weiterverarbeitet. Auch das Konzept der sich evolutionär ablösenden menschlichen Wurzelrassen verrät eindeutig, dass eine Religion, deren Entstehung im 19. Jahrhundert u. Z. datiert, an Darwins Entdeckung der Evolution der Arten nicht mehr vorbeikam. Die platte Behauptung eines Urparadieses,

---

[6] Lanz von Liebenfels: Der Weltfriede als Werk und Sieg der Blonden, in: Ostara III, Serie Nr. 4, Wien 1928, S. 9.

[7] Wie verwurzelt das Denken bis heute ist, dass ein Staat nicht als Herrschaftsgebilde seiner Zeit, sondern als Ausformung eines Urvolkes auf seinem angestammten Territorium angesehen wird, zeigt sich z. B. an der deutschen Version des Textverarbeitungsprogrammes Microsoft-Word: Als Synonym für „Rasse" wird die „Nation" angeboten.

in dem der Mensch aus Tonklumpen und Rippen gebaut worden sei und seitdem unverändert auf Erden wandle, war nicht mehr zeitgemäß. So machte Blavatsky mit ihrer neuen Religion Zugeständnisse an grundlegende wissenschaftliche Erkenntnisse über die Menschheitsentwicklung und sprach von einer Veränderbarkeit der menschlichen Gestalt (obgleich auch sie als Anfang der Entwicklung ein göttliches Wesen behauptet und ihre Wurzelrassentheorie vor Abstrusität strotzt). Auch ihr Nachfolger Lanz Liebenfels legte Wert darauf zu betonen, dass die Esoterik im Einklang mit neuerer wissenschaftlicher Forschung stehe. Bereits Blavatsky, so konstatiert er, habe erklärt, dass die Menschheit „polygenetischen" Ursprunges sei.[8]

Wie im rechten nationalstaatlichen Bewusstsein fest verankert, beschuldigten auch die aufkommenden Esoteriker die Menschen jüdischen Glaubens als Volkszersetzer. Bereits Blavatsky wies ihnen eine Sonderstellung in ihrem menschlichen Wurzelrassenensemble zu. Lanz und List verschärften dies und erklärten jüdisch Gläubige zu Zerstörern der deutschen germanischen Urgemeinschaft, da die Juden durch Durchmischung der Blutsreinheit die deutsche Art degeneriert hätten. Ebenso verantwortlich seien sie für revolutionäre moderne Bestrebungen wie das allgemeine Wahlrecht und die Gleichheit, mit denen sie die deutsch-völkische Vorstellung eines ständisch geordneten Nationalstaates untergrüben.

Deutschwerdung als Kulturkampf

Breites Echo fanden in den Kreisen der bürgerlichen Jugendbewegung Theorien, wie sie Oswald Spengler in seiner 1920 erschienenen Schrift *Der Untergang des Abendlandes* zusammenfasste. Darin breitete Spengler eine – der historisch-materialistischen Geschichtsauffassung der Arbeiterbewegung diametral entgegenstehende – Geschichte von Entstehung und Verlauf menschlicher Zivilisationen aus und erklärte die Weltgeschichte als kriegerischen Zyklus von auf- und absteigenden Völkern. Jedes Volk, von ihm als „Kultur" betitelt, sei ein lebendiges Wesen, das in seiner Entwicklung eine sinusförmige Kurve von unterschiedlichen Lebensphasen durchlaufe. Die Frühphase der Entwicklung sei gekennzeichnet durch Naturnähe und eine volkstümlich homogene Verbundenheit der Volksmitglieder. Sei dieser „urkulturelle" Zustand durchlaufen,

---

[8] Lanz-Liebenfels, [Jörg]: Die Theosophie und die assyrischen „Menschentiere", Groß-Lichterfelde o.J., S. 30f.

trete die Kultur gesetzmäßig in den höchsten Scheitel ihrer Entwicklung ein, an dem sie eine „Zivilisation" darstelle. Moderne Staatsverfassung und hochentwickelte Technik kennzeichnen dieses Stadium. Es sei aber bereits gleichzeitig die Epoche des unaufhaltsamen Verfalles der jeweiligen Kultur. Sie habe sich so weit von ihren „Ursprüngen" wegentwickelt, dass sie nun ihrem Sterben entgegen sehe. Die Zeit sei reif, dass die dem Tode entgegengehende Kultur von einer anderen epochal abgelöst würde.[9] So interpretierte Spengler beispielsweise die Auseinandersetzung Deutschlands und Englands im Ersten Weltkrieg als das naturgesetzlich notwendige Aufbäumen der deutschen Kultur gegen die englische.[10]

In diesem weltgeschichtlichen Entwicklungsmodell entriss Spengler die Ursache von Kriegen ihrem jeweiligen historischen Entstehungshintergrund und setzte eine simple Universalerklärung für Kriege an. Diese seien der Entwicklung einer Kultur immanente Notwendigkeit. Gleichzeitig unterstellte er eine kontinuierlich homogene Volkszusammensetzung einer Gesellschaft von der Frühzeit bis in hochzivilisatorische Stadien und rückte die Abstammungsgemeinschaft als wichtiges Kriterium hochentwickelter Gesellschaften ins Blickfeld der Betrachtung.

Spengler untermauerte auf pseudo-wissenschaftlicher Ebene die antimodernistischen, völkischen Anschauungen deutscher Irrationalisten, wie sie etwa Julius Langbehn, in ihrer Frühphase bereits 1890 formuliert hatte: „Eine auch noch so große Anzahl unter sich ganz gleichberechtigter Individuen ist niemals ein Volk; [...] sondern eine Herde."[11] Gleichheit und Demokratie entsprächen nicht der „Natur" der Deutschen, sie machten den deutschen „Volkskörper krank". Langbehn forderte: „Der besitz- und friedlose Pöbel muß wieder in Volk verwandelt werden! Er muß den nach außen hin eingegliederten und in sich selbst abgegliederten Teil eines aristokratischen Ganzen bilden. Natürlich kann dies nur auf nationaler Basis geschehen."[12] Mit diesen metaphysischen Geschichtsbetrachtungen wurde ein Gegenbild zu Analysen gegeben, die den Ersten Welt-

---

[9] Vgl. Spengler, Oswald: Preußentum und Sozialismus, München 1925, S. 83, zit. nach: Lukács, Georg: Die Zerstörung der Vernunft. Der Weg des Irrationalismus von Schelling zu Hitler, in: Werke, Bd. 9, Berlin-Spandau 1962, S. 414.
[10] Ebd.
[11] Julius Langbehn: Rembrandt als Erzieher. Von einem Deutschen. Leipzig 1922 [1890], S. 224.
[12] Ebd.; das Buch erreichte im zweiten Jahr seines Erscheinens bereits die 39. Auflage.

krieg als imperiales Kräftemessen um Gebietsaufteilung erklärten. Ebenso wurden all jene Kräfte gestützt, die den deutschen Nationalstaat nicht als Konzession an das bürgerliche Zeitalter begreifen wollten, sondern in ihm nach wie vor die staatsförmige Gestaltwerdung einer Deutschen Blutsverwandtschaft sahen.

Die rückwärtsgewandte Sehnsucht nach den festen Ordnungen einer alten Zeit verbunden mit der Vorstellung, aus germanischen Überlieferungen Widerstandskraft ziehen zu können, prägte das Bild der bürgerlichen Jugendprotestbewegung um die Jahrhundertwende. Für sie stellten die rückwärtsgewandten Gesellschaftskonzepte und irrationalen Geschichtsbilder eine ideologische Unterfütterung für ihre Hinwendung zu mittelalterlich-ständischer Volksmystik und Germanentümelei dar. Sie lebten die vorgegebenen ideologischen Muster aus und zogen, mit mittelalterlicher Tracht bekleidet, in Wälder und Fluren, um verschüttetes bäuerliches Kulturgut zu bergen. Runen waren allseits beliebtes Accessoire, der Ausschluss von jüdischen Mitgliedern folgte. Mit der Bezugnahme auf eine alte Volksseele glaubten sie das Mittel gefunden zu haben, die im Verfall begriffene moderne Gesellschaft kurieren zu können. Die irrationalen Geschichtsbilder speisten gleichzeitig das vehemente Anti-Westlertum dieser Bewegung, da moderne demokratische Staatsverfassungen als End- und Untergangsstadium einer Gesellschaft begriffen wurden. Die irrationalen Theorien wirkten als Bildungselemente. Sie waren sinnstiftend, gaben eine individuelle Aufgabenstellung vor und vermittelten anerkannte kulturelle Vorstellungen über ein „deutsches Wesen" an die junge Generation.

Mit dem Glauben, Nachfahre der Germanen zu sein, paarte sich das Bild, die modernen zivilisierten Staaten seien geistige Nachfahren des alten Roms. Dieses wurde gleichgesetzt mit der Überbringung des Christentums, welche der alten germanisch-heidnischen Naturreligiosität feindlich gegenüberstand. Rom galt als „Vielvölkerstaat", als Symbol der zivilisatorischen Weiterentwicklung. Mit der Mobilmachung des Volkes für den ersten imperialen Raubzug Deutschlands 1914-1918 trug die Erziehung der Jugend mit dieser esoterischen vaterländischen Religiosität schließlich ihre Früchte. Begeistert zog der vom irrationalen Zeitgeist getragene Teil der Jugend aus, um der Welt die deutschen Ideale nahezubringen. Anders als die Arbeiterjugendbewegung, die zusammen mit Karl Liebknecht die Speerspitze des Kampfes gegen den Krieg bildete, glaubten die Esoteriker, die gegen Deutschland kämpfende Entente sei die „Vereinigung der westlichen Welt, der Erben Roms, der Zivilisation gegen [...] das [...] so urgewaltig wie nur je protestierende Deutschland".[13] Man sah im Ersten Weltkrieg den „Ausbruch, den großartigsten vielleicht [...], des uralten deutschen Kampfes gegen den Geist des Westens", wie Thomas Mann 1918 – damals noch Feind einer liberalen Demokratie – schrieb.[14] Der deutsche Feldzug wurde unterstützt im Glauben, die *Ideen von 1914* gegen die *Ideen von 1789* durchsetzen zu müssen, eine Schlacht „Germaniens" gegen „Rom", der „Kultur" gegen die „Zivilisation" zu führen.

Wie sich in diesen Schlaglichtern auf die historische Genese der Esoterik gezeigt hat, war sie ein wirksamer Transporteur für Staatsideen der politischen Rechten, die eine völkisch-nationale Beeinflussung der Jugend bis hin zu ihrer begeisterten Teilnahme am militärischen Eroberungsfeldzug wünschte.

Der anti-westliche Heimathafen esoterischen Protestes

Auch wenn die Esoterik der heutigen Zeit vielerlei neue Impulse eingebaut hat, sind die skizzierten Züge noch immer als durchgängige Grundannahmen vorzufinden. Der Bezug auf eine naturreligiös-heidnische Volksgemeinschaft ist bis heute integraler Bestandteil esoterischen Denkens. Sei es in der unkritischen positiven Bezugnahme auf vermeintlich spirituell hochstehende Völker wie das tibetische, wo das Volk treu und unverbunden seiner lamaistischen Herrscherkaste huldigt, sei es in der allerorts anzutreffenden Runen-Mystik, der arteigene Tiefsinnigkeit und dem Deutschen gerechte Spiritualität angedichtet wird. Parlamentarische Demokratie und Individualität werden negativ dargestellt und Vertreter des modernen westlichen Weges als „zivilisatorisch entwurzelt" bezeichnet. Besondere Würdigung finden abermals die als spirituelle Vorreiter des ersehnten neuen Zeitalters (*New Age*) bezeichneten Deutschen. Deutschland wird positiv zugute gehalten, dass hier die „westliche Demokratie nach wie vor nicht verwurzelt ist".[15] Rudolf Bahro, der diese undemokratische Tradition der Deutschen lobt, nimmt in einem seiner esoterischen Werke denn auch nicht mehr den Umweg über die alten Germanen, die das Vorbild für einen esoterisch-harmonischen Volkskörper darstellen, sondern beruft sich direkt auf die NS-Zeit. Ihre vitalen spi-

---

[13] Thomas Mann: Betrachtungen eines Unpolitischen, Frankfurt a.M. 1988, S. 40.
[14] Ebd.
[15] Bahro, Rudolf: Logik der Rettung, Stuttgart/Wien 1987, S. 345.

rituellen Volkskräfte seien wieder wachzurufen, da sie die „Wurzeln" darstellten, aus denen das „Rettende erwachsen könnte".[16]

Auch die Bezugnahme auf Völker als lebendige Organismen, wie sie Oswald Spengler 1920 formulierte, findet sich im heutigen esoterischen Denken wieder. Fritjof Capra ahmt in seinem Grundlagenwerk *Wendezeit. Bausteine zu einem neuen Weltbild*[17] Spenglers Idee nach und entwirft ein nahezu identisches Bild der Weltgeschichte als zyklischen Kulturkampf. Ähnlich wie in dem beliebten zeitgenössischen Konzept Samuel P. Huntingtons *Clash of Civilization* wird damit der Fokus der Kriegsursachenforschung auf kulturell-religiöse Grenzlinien gelegt; ausgeblendet und verschleiert werden damit wirtschaftlich-materielle Analysen der Entstehung von zwischenstaatlichen Konflikten.

In der Darstellung von menschlichen Gesellschaften als lebendigen Organismen, bei Capra „Systeme" genannt, taucht die Vorstellung einer in sich gegliederten Volksordnung wieder auf. Wie in einem Bienenstaat habe jedes Einzelteil des Systems seine ihm gemäße Aufgabe zu übernehmen. Ausgangspunkt der Betrachtung, wie soziale Zusammenhänge zu strukturieren seien, ist nicht das Individuum und seine größtmögliche freie Entfaltung. Vielmehr finde der Einzelne seine Bestimmung durch seine optimale Unterordnung unter die Erfordernisse des Gesamtsystems. Untergeordnete Einheiten, welche gegen das System arbeiteten, würden sich schließlich aus Einsicht selbst auflösen.[18] Capras systemisches Modell, das er selbst auf menschliche Zusammenschlüsse überträgt, ist nichts weiter als ein geschickter Neuaufguss autoritärer Herrschaftsformen, versetzt mit einer Dosis spiritualisiertem Sozialdarwinismus. Capra, selbst Atomphysiker, fungiert als akademisches Alibi für irrational-metaphysische Ausdeutungen wissenschaftlicher Befunde. Nicht nur seine a-kausalen Deutungen der Quantentheorie, nach welcher nicht mehr die Materie sondern der Geist als primäre Realität gesehen wird, dient als Grundlage für einen Angriff auf eine materialistische Wissenschaftstheorie. Auch seine schwammige Forderung nach einem „neuen systemisch-ökologischen Denken" – welches mit der Konstruktion zweier polarer männlich / weiblicher Urenergien (Yin / Yang) gepaart ist – bildet den Grundstock für metaphysische Spekulation in anderen wissenschaftlichen Gefilden. Schon lange spielt sich Esoterik nicht mehr nur in Randbereichen der

---

[16] Ebd.
[17] Capra, Fritjof: Wendezeit, Bausteine für ein neues Weltbild, Stuttgart/München 1987 [1982].
[18] Ebd., S. 310.

Gesellschaft in geschlossenen Zirkeln ab, sie hat längst Einzug in den herrschenden Wissenschaftsbetrieb, in Forschung und Lehre gehalten. In einem Grundlagenwerk, das Studierenden der Heil- und Sonderpädagogik angetragen wird, knüpft der Autor Otto Speck an Capras Systemtheorie an.[19] Mit einer Fülle von Anleihen aus der Terminologie der New-Age-Vordenker gespickt, deren Aussagegehalt den nicht-esoterisch vorgebildeten Leser in rätselhaften Deutungsversuchen zurücklässt, will der Autor auch in der Heilpädagogik eine *Verganzheitlichung* erreichen (wobei mit der Forderung nach *Ganzheitlichkeit* landläufig ein Angriff auf intellektuelles Erfassen der Welt und eine Betonung von Gefühlen und Empfindungen gemeint ist). In Anlehnung an andere Autoren bedarf es laut Speck des Durchbruchs zu einer „neuen planetarischen Kultur",[20] einer „ökologisch reflexiven Grundlegung" (die Stichwortgeber Bahro und Capra verstehen Ökologie als eine Übertragung göttlich-kosmischer Ordnungsgesetze auf menschliche Gemeinschaften), sowie einer „neuen Yin-Yang-Sicht der Komplementarität".[21] Auch auf Bahro und dessen politische Forderungen bezieht sich das Standardwerk der Heilpädagogik. Bahro wollte mittels seines *Ökologie-Konzeptes* der „Re-Spiritualisierung der Welt" durch netzwerkartige regionale Zusammenschlüsse Gleichgesinnter eine Zusammenarbeit rechter und linker politischer Richtungen bewirken, um einen gemeinsamen nationalen Aufbruch einzuleiten.[22] Ebenso greift Speck in seinem *System Heilpädagogik* diese politischen Ambitionen auf und erklärt, dass von „dem alten (...) politischen Links-Rechts-Schema" abzukommen und (wiederum in Anlehnung an Henderson) ein „Dritter Weg" zu finden sei.[23] Auf die Suche nach

---

[19] Vgl. Otto Speck: System Heilpädagogik. Eine ökologisch reflexive Grundlegung. München/Basel 1996, S. 29.

[20] Hazel Henderson: Die neue Ökonomie. Menschliches und ökologisches Wirtschaften im Solarzeitalter, München 1989; vgl. Otto Speck: System Heilpädagogik, S. 30.

[21] Nach Capra herrschten zurzeit männliche, auch christlich/jüdisch geschimpfte *Yang*-Denkweisen vor, die sich in der Trennung Welt/Gott, der Vorstellung der intellektuellen Erfassbarkeit natürlicher Geschehnisse und einer zu geringen Bewertung weiblicher, auch naturreligiös-heidnisch verstandener Eigenschaften (wie nach Synthese strebend, nicht-intellektuell, naturnah) niederschlagen.

[22] Vgl. Bahro, Rudolf: Logik der Rettung, Stuttgart/Wien 1987, S. 346f.

[23] Vgl. Speck, Otto: System Heilpädagogik, S. 31. „Aus dem alten eindimensionalen politischen Links-Rechts-Schema entwickelt sich ein ganzheitlicherer,

einem „Dritten Weg" hatte sich einst auch Rudolf Bahro gemacht. Er machte diesen schließlich als vermeintliche Synthese zwischen Sozialismus und Kapitalismus aus und landete letztlich bei der Idee einer volksgemeinschaftlich-esoterischen Sammlungsbewegung. Auch die Bezugnahme auf Volk und Rasse findet sich in heutigen esoterischen Konzepten wieder. Bert Hellinger, der mit seinen „Systemischen Familienaufstellungen" ein Massenpublikum begeistert, bedient nicht nur reaktionäre Geschlechterbilder, wie sie in der Esoterik gängig sind (vgl. die Charakterzuschreibungen des *Yin/Yang*), sondern bindet sein von ihm favorisiertes althergebrachtes Familienbild in ein System der festgefügten Ordnungen von Kultur, Rasse und Volk ein, dem der Einzelne sich unterzuordnen habe.[24] Mit der Reinwaschung des Nationalsozialismus komplettiert Hellinger seine pseudo-therapeutischen Schicksalsverheißungen. Seine Theorien sind nicht von ihm selbst ersonnen, sondern eine bunte Mischung, die zu Teilen aus der seriösen Familientherapie abgekupfert sind (z. B. von Virginia Satir) und mit Techniken der Psychoszene (z. B. NLP: Neurolinguistisches Programmieren) sowie seiner vormaligen Priesterschaft (Erzählen von Gleichnissen) angereichert wurden. Hellinger hat eine weitreichende Schar an Mitstreitern gefunden, die seine Lehren auch an Universitäten und Hochschulen weiter tragen. Einer der herausragendsten Vertreter ist der an der Münchner Katholischen Stiftungsfachhochschule lehrende Professor für Psychologie Franz Ruppert.

---

[24] mehrdimensionaler Dialog. Die alte Entweder-Oder-Debatte weicht der Yin-Yang-Sicht der Komplementarität."

Vgl. Hellinger, Bert: Das Judentum in unserer Seele. Was Juden und Christen versöhnt, Vortrag 2002, http://www.hellinger.com/deutsch/virtuelles_institut/bert_hellinger/vortraege/judentum_in_unserer_Seele.shtml.

„Das Leben fließt durch viele Generationen. [...] Wie immer die Einzelnen sind [...] spielt hier überhaupt keine Rolle. Sie können das Leben selbst nicht beeinflussen, nichts hinzufügen, nichts hinweg nehmen. In dem Augenblick sind meine Eltern groß und vollkommen. [...] Nun kommt aber das Leben zu mir durch diese besonderen Eltern, die einer bestimmten Religion angehören oder einer bestimmten Weltanschauung, einer bestimmten Kultur, einem bestimmten Volk, einer bestimmten Rasse. Wenn ich das Leben von ihnen nehme als Ganzes, nehme ich damit auch diese Religion, diese Kultur, diese Sprache, die Mitgliedschaft zu diesem Volk, alles. Nur so kann ich das Leben haben, [...] nur, indem ich ihm zustimme, wie es ist."

In seinem 2002 erschienen Buch *Verwirrte Seelen* über die Arbeit mit psychisch kranken Menschen führt Ruppert den Begriff der „Seele" wieder in den wissenschaftlichen Diskurs ein. Die Seele sei eine „überindividuelle Größe", die bis in den Stoffwechsel eines jeden Menschen hinein wirke.[25] Gleichzeitig arbeite die Seele „gemäß einer Ordnung, die ihr im Einzelfalle vorgegeben ist".[26] Nötig sei eine Seele, laut Ruppert, „weil sie erstens Getrenntes verbinden und zweitens nicht Dazugehörendes abgrenzen muss".[27] Der Prozess des Zusammenschlusses der Individuen gemäß der Seele folge nach der Ordnung „von den kleineren Einheiten zu den größeren (Familie, Sippe, Clan, Stamm, Volk, Nation...)."[28] Ruppert strebt mit seinem systemischen Therapieansatz explizit die „Vermeidung eines anthropozentrischen Weltbildes" an, womit nicht mehr länger der Mensch und sein Wohlbefinden Maßstab und Mittelpunkt therapeutischen Handels sein soll.[29] Stattdessen macht Ruppert das Glück des Individuums abhängig von dessen gelungenem Einfügen in vermeintlich naturgegebene Ordnungsinstanzen von Sippe und Nation.

Neben der Verbreitung autoritären Denkens, dem Angriff auf Individualismus, der Wiedereinführung der Kategorien „Rasse", „Volk" und „Nation" als Angelpunkte ihres Weltverstandnisses schicken sich zeitgenössische Esoteriker auch an, aktuelle machtpolitische Auseinandersetzungen zu deuten und vaterländisch zu beantworten. Insbesondere die Konkurrenz, die Deutschland gegen die USA ausficht, ist Gegenstand esoterischer Politikbetrachtung. Wie frühere Irrationalisten das Beispiel des römischen Imperiums gebrauchten, das die urdeutsch-germanische Art und Religion umzingeln und auslöschen wollte, wie den Antimodernisten demokratisch verfasste Gesellschaften verhasst waren, so sehen auch heutige Esoteriker die „deutsche Art" wieder von modernem Feindesland umgeben. Neben dem Topos „Rom" als Synonym für zivile Vielvölkerstaaten, so war und sind die USA Zielscheibe irrationaler Kritik. Bereits vor mehr als 100 Jahren, in der Frühphase der Esoterik, wurden die USA als der Prototyp für eine moderne bürgerliche Gesellschaft angegriffen. Ihr System sei für US-Amerikaner möglicherweise geeignet, aber mit deutschen Verhältnissen möge es nichts zu schaffen

---

[25] Franz Ruppert: *Verwirrte Seelen. Der verborgene Sinn von Psychosen. Grundzüge einer systemischen Psychotraumatologie.* München 2002, S. 61.
[26] Ebd., S. 62.
[27] Ebd., S. 62f.
[28] Ebd., S. 63.
[29] Ebd., S. 49.

haben. Als die Irrationalisten noch gegen das allgemeine Wahlrecht und für eine ständisch gegliederte Gesellschaft eintraten, formulierte Julius Langbehn: „Gesetzmäßiger Aristokratismus ist beispielsweise für Deutschland wie Demokratismus für Amerika, wenigstens für das jetzige Amerika, natürlich und berechtigt; aber beide Systeme sind räumlich und zeitlich zu sondern."[30] Wie die historischen Vorläufer der Esoterik behaupteten, eine demokratische Staatsverfassung sei eine den Deutschen wesensfremde und durch ausländische Mächte aufoktroyierte, so werfen heutige New-Ager den USA vor, „uns nach dem zweiten Weltkrieg die Demokratie aufgezwungen zu haben", wie beispielsweise im *Magazin 2000 plus. Kosmos Erde Mensch* im Mai/Juni 2004 zu lesen.[31] Im selben Heft ist zu erfahren, dass die Gründung der Vereinigten Staaten durch jüdisch-freimaurerische konspirative Zirkel vorbereitet wurde, und Zeichen auf der Dollarnote bis heute deren Macht über die USA bezeugten. Auf sie ist das Feindbild heutiger Esoteriker übertragen. Man beschuldigt die USA einerseits, keine wirkliche Demokratie zu sein, um im nächsten Atemzug zu betonen, dass man auf die „arteigene deutsche" Ablehnung demokratischer Werte stolz sei.

Der Vergleich der USA mit Rom, der suggeriert, das eigene Land sei eine Trutzburg gegen angreifende feindliche Invasoren, ist heute wieder allgegenwärtig. Auch die intellektuelle Elite des Landes hat erkannt, dass sich mittels esoterischem Gedankengut politische Weichenstellungen vermitteln lassen. Martin Walser, dafür bekannt, die Deutschen in ihre nationale Selbstfindung drängeln zu wollen, benutzte schon lange bevor er in seinen prosaischen Mordphantasien *Tod eines Kritikers* deutlich wurde, europäisch-heidnische Spiritualität als Abgrenzung zu den USA. Wie in *Tod eines Kritikers* der tiefsinnig deutsche Schriftsteller die Vormachtstellung des jüdischen Literaturkritikers nicht mehr erdulden kann, so hat Walser bereits 1998 die Grundlage für diesen Kulturkampf formuliert. Schon Ende der 1980er Jahre sprach er davon, dass „wir" durch den „Import von Religion [...] unserer Fruchtbarkeit beraubt worden" seien und hegte die Hoffnung, dass die verlorengegangene Religion „im tiefsten Inneren noch in uns" schlummere.[32] Er setzte sein Sinnieren 1998 in der

---

[30] Langbehn, Julius: Rembrandt als Erzieher. Von einem Deutschen [1890], Leipzig 1922, S. 220.
[31] Woltersdorf, Hans Werner: Das Ideal der Freiheit und die Irrlehren des Materialismus, in: Magazin 2000 plus. Kosmos Erde Mensch Nr. 6/2004, S. 28ff.
[32] Martin Walser im Gespräch mit dem katholischen Theologen Karl-Josef Kuschel, in: Kuschel, Karl-Josef (Hrsg.): Weil wir uns auf dieser Erde nicht

Neuen Zürcher Zeitung fort: Das Christentum habe „uns" unterworfen, unsere „Seele" aufgegessen, die von ihm als „uns" Benannten also ihrer innersten kulturellen Identität beraubt.[33] Bedauernd stellt er fest, dass kaum mehr etwas an „unsere vorchristlichen Vorgänger" erinnere. Indem er abermals ein undefiniertes „uns" benutzt und nicht anzunehmen ist, dass die Leser der *Neuen Zürcher Zeitung* mit Walser in einem Verwandtschaftsverhältnis stehen und somit über gemeinsame Vorfahren verfügen, muss angenommen werden, dass Walser eine bis heute wirkende kulturelle verwandtschaftliche Zusammengehörigkeit der deutschsprachigen Leserschaft auf Grund heidnischer Vorfahren konstruiert. Nachdem er feststellt, dass die europäische Eigenart in heidnisch begründeter Friedensliebe bestehe, attackiert er „zentralistische Visionen", Weltmachtsauftritt und Globalisierungseifer, die landläufig den USA unterstellt werden, und entwirft ein Bedrohungsszenario, dem „wir uns" widersetzen müssten. „Das darf einem ruhig luxuriös europäisch vorkommen", meint Walser und bestärkt mit diesen esoterisch-heidnischen Auslassungen die deutsche Regierungspolitik, die auf Grund nationaler Expansionsinteressen mittels eines starken Europas versucht, US-amerikanische Weltgeltung zurückzudrängen.[34]

So abstrus Erklärungen von Esoterikern beim ersten Anblick anmuten mögen – sie üben bedeutenden Einfluss aus auf das jeweilige Welt- und Gesellschaftsverständnis und transportieren rechte Deutungsmuster, wie beispielsweise die Unvermeidbarkeit von Krieg oder den völkischen Nationenbegriff. Damit funktionieren sie als Erziehungsbeistand für rechte Staatsideen. Da die transportierten Inhalte an gesellschaftlich getragene Positionen anknüpfen, wird im Bildungsbereich eine Kritik der Esoterik vor einer Kritik der anti-aufklärerischen deutschen Tradition nicht halt machen können.

---

ganz zu Hause fühlen. 12 Schriftsteller über Religion und Literatur, München 1987, S. 151f.

[33] Martin Walser: Ich vertraue. Querfeldein / Über das Gift der Verachtung gegen das Nächste, in: Neuen Zürcher Zeitung vom 10.10.1998, S. 65.

[34] Ebd.

Literatur

Ascher, Saul: Die Germanomanie. Skizze zu einem Zeitgemälde, 1815.

Bahro, Rudolf: Logik der Rettung, Stuttgart/Wien 1987.

Blavatsky, Helena Petrowna: Die Geheimlehre, gekürzte Ausgabe in einem Band. Hrsg. von Elizabeth Preston und Christmas Humphreys, Graz/London 1975 [1888].

Capra, Fritjof: Wendezeit. Bausteine für ein neues Weltbild, Stuttgart/München 1987 [1982].

Hellinger, Bert: Das Judentum in unserer Seele. Was Juden und Christen versöhnt, Vortrag 2002, http://www.hellinger.com/deutsch/virtuelles_institut/bert_hellinger/vortraege/judentum_in_unserer_Seele.shtml.

Langbehn, Julius: Rembrandt als Erzieher. Von einem Deutschen. Leipzig 1922 [1890].

Lanz von Liebenfels, Jörg: Der Weltfriede als Werk und Sieg der Blonden, in: Ostara III. Serie Nr. 4, Wien 1928.

Lukács, Georg: Die Zerstörung der Vernunft. Der Weg des Irrationalismus von Schelling zu Hitler, in: Georg Lukács, Werke Bd. 9, Berlin 1962.

Mann, Thomas: Betrachtungen eines Unpolitischen, Frankfurt a.m. 1988.

Ruppert, Franz: Verwirrte Seelen. Der verborgene Sinn von Psychosen. Grundzüge einer systemischen Psychotraumatologie, München 2002.

Speck, Otto: System Heilpädagogik. Eine ökologisch-reflexive Grundlegung, München/Basel 1998.

Spengler, Oswald: Der Untergang des Abendlandes. Umrisse einer Morphologie der Weltgeschichte, München 1972 [1923].

Walser, Martin: Ich vertraue. Querfeldein / Über das Gift der Verachtung gegen das Nächste, in: Neuen Zürcher Zeitung vom 10.10.1998.

Weißmann, Karlheinz: Druiden, Goden, Weise Frauen, Freiburg 1991.

Woltersdorf, Hans Werner: Das Ideal der Freiheit und die Irrlehren des Materialismus, in: Magazin 2000 plus. Kosmos Erde Mensch Nr. 6/2004, S. 28-31.

Maria Wölflingseder

Rationale Irrationalität und irrationale Rationalität – eine mörderische Co-Produktion

Esoterik in Zeiten des kapitalistischen Overkills

Seit Mitte der achtziger Jahre haben sich esoterische Vorstellungen in unseren Breiten in Windeseile verbreitet – seit den neunziger Jahren auch im ehemaligen Ostblock. Die „Sinnlosigkeit" unserer gesellschaftlichen Verhältnisse ist seither nicht geringer geworden – ganz im Gegenteil. So ist es aus der individuellen Perspektive verständlich, dass die Menschen Esoterik, Religion, Spiritualität offenbar als Überlebensmittel *brauchen* in einer Welt, in der der Wahnsinn regiert. Die Hinwendung zur Esoterik als etwas, das sich der kapitalistischen Logik zu entziehen scheint, ist *auch* als Abwendung von den immer mörderischer werdenden Weltverhältnissen zu verstehen. Genauso wie die viel zitierte Politikverdrossenheit durchaus ein berechtigtes Moment hat, weil Politik ja tatsächlich nichts auszurichten hat; sie war stets nur Anhängsel der Ökonomie. Heute, wo es aus wirtschaftlichen Gründen (letztlich aus Gründen der Rationalisierung und der Zerstörung der Natur) nichts mehr zu verteilen gibt, wird dies deutlicher denn je.[1]

In unserer verdinglichten Welt, in der die „verschleierten und verkehrten Verhältnisse" (Marx) auch vor dem Bewusstsein nicht Halt machen, sind Religion, Esoterik und Spiritualität genauso ein Mittel der Alltagsbewältigung wie Bungee Jumping, Auto-Fetischismus, Arbeits- oder Drogensucht, Konsum oder andere Verrücktheiten. Volkmar Sigusch

---

[1] Vgl. Schandl, Franz: Lob der Politikverdrossenheit, in: Streifzüge 3/2003, (www.streifzuege.org).

bezeichnet Esoterik als „die Regression, die Infantilisierung, die Unterwerfung, die kleine Innerlichkeit gegen die große Politik, die Gesell-
schaftsferne, die rationale Irrationalität der einzelnen gegen die irrationale
Rationalität des Ganzen".[2] Daher ist jedes Sich-Ereifern über die „böse
Esoterik" im Gegensatz zum „guten politischen Engagement" fehl am
Platz und obendrein simplifizierender theoretischer Humbug. Analytisch
betrachtet gilt es zu fragen, ob Esoterik eine emanzipatorische Perspektive darstellt.[3]

Esoterik – eine warenförmige Religion

Bei genauerer Betrachtung entpuppt sich Esoterik als keine brauchbare
Alternative zu den Verhältnissen im Kapitalismus, sondern als deren
Fortsetzung. Am deutlichsten ist dies an zwei Merkmalen zu erkennen.
Erstens am weit verbreiteten Paradigma „Jeder ist seines Glückes
Schmied". Alles, was dir geschieht – du alleine bist dafür verantwortlich.
Jeder Erfolg und jedes Unheil wird mit jemandes Karma (das durch früheres Handeln bedingte gegenwärtige Schicksal) begründet und für gut und
notwendig erachtet. Gleichzeitig mit der Bestimmung wird jedoch stets
der Allmachtsaspekt betont: „Durch dein Bewusstsein schaffst du dir
deine Realität." Eine Strömung, die durchaus dem Solipsismus
(Standpunkt, der nur das eigene Ich mit seinen Bewusstseinsinhalten
gelten lässt) zugerechnet werden kann. Hierbei spiegelt die Esoterik die
allgemeine gesellschaftliche Entwicklung. Hier wie dort wird die Indivi-
dualisierung auf die Spitze getrieben. Sie mündet in der Atomisierung
jedes Einzelnen, in Orientierungslosigkeit und im beinharten Konkurrenzkampf.

Ein zweites Kriterium, welches das Verhaftetsein in den gegebenen
Verhältnissen aufzeigt, ist der Konsumaspekt in der Esoterik. Esoterik ist
eine warenförmige Religion; eine Religion, die die Züge unserer Waren-
gesellschaft angenommen hat.[4] Sie gleicht einem Supermarkt, in dem sich

---

[2] Sigusch, Volkmar: Vom Trieb und von der Liebe. Frankfurt a. M. 1984,
     S. 158.
[3] Vgl. Wölflingseder, Maria: Esoterik und die Linke. Oder: Warum Spiritualität
     eine völlig beliebige und keine emanzipatorische Größe ist, in: AntiVisionen
     (Hrsg.): Schicksal und Herrschaft. Materialien zur Kritik der Esoterik-Bewe-
     gung. Hamburg 1999 (www.streifzuege.org).
[4] Dies fügt sich in die gesellschaftliche Tendenz, immer mehr Lebensäußerun-
     gen und Naturressourcen, die bisher nicht für kommerzialisierbar gehalten
     wurden, in die Warenform zu pressen. So wird etwa zwischenmenschliche

jeder an der Ware Sinn bedienen kann. Ging es früher um die Einhaltung der Zehn Gebote, um die Teilnahme an kirchlichen Ritualen und um einen christlichen Lebenswandel, kann heute auf einem schier unendlichen Markt an Religionen, Therapien, Wochenendseminaren, esoterischen Urlauben, Ausbildungen, heilenden und spirituellen Accessoires, einschlägigen Büchern und Zeitschriften gekauft werden, was das Herz begehrt; wenn's nicht hilft, wird das nächste Produkt konsumiert. Da die Konkurrenz groß ist, versuchen sich die Anbieter an Kuriosität, Pathos und Exotik zu übertrumpfen. Hier trifft sich Esoterik mit dem allgemeinen Boom der Ratgeber-Mentalität. Jeder ist ständig auf der Suche nach *dem* Allheilmittel – vergleichbar mit der Hoffnung auf den Lottosechser.

War Religion – die eine, in die jemand hineingeboren wurde – früher etwas sehr Rigides, kann man sich heute ihrer Mannigfaltigkeit und ihres Laisser-faire kaum erwehren. Ihre Angebote sind wie jede Ware beliebig, beliebig austauschbar und gleich gültig. Die Beliebigkeit manifestiert sich auch im Individuum. Wurde es früher von seinen engen gesellschaftlichen Grenzen, seinen Rollen eingeschränkt, ist es heute orientierungs- und heimatlos ob der rapiden Auflösung all dieser Grenzen und Rollen. Esoterik ist eine der Durchsetzungs- und Erscheinungsformen dieser Auflösungstendenzen.[5] Die Warenförmigkeit der Esoterik gipfelt in der

---

Zuwendung immer öfter gegen Geld erworben: in Form von „Therapien" aller Art, in Form von Lach-, Flirt- und Trauerseminaren, in Form von Massagen, „Streicheln – Stressabbau – Entspannen", in Form von Partnervermittlungen, die ungeahnte Ausmaße und ganz neue Formen angenommen haben. Oder: die weltweite Kinderprostitution hat sich rapide ausgeweitet; selbst im tschechischen Grenzbereich reichen Eltern ihre Kleinkinder deutschen und österreichischen Männern durch das Autofenster zum sexuellen Vergnügen. Aber auch Luftverschmutzungskontingente können neuerdings ver- und gekauft werden: ein Land, das sie nicht zur Gänze ausnützt, verkauft sein Restkontingent an eines, das mehr Gifte in die Luft bläst als erlaubt. Oder: Marketingkampagnen werben mit den gesundheitlichen Möglichkeiten der Biotechnologie, um endlich die Patentierung aller menschlichen, tierischen und pflanzlichen Gene durchsetzen zu können, immer das Ziel fest im Auge, auch noch dem kleinsten DNS-Strang einen Preisstempel aufdrücken zu können. Oder: Menschen verkaufen ihre Organe für einen Bettel; Kinder werden entführt, um sie als „Ersatzteillager" zu handeln.

[5] Das Erstarken fundamentalistischer Strömungen stellt einen Versuch dar, diese Entwicklung aufzuhalten. Wobei es auch in der Esoterik fundamentalistische Strömungen geben kann. Auflösungsbewegungen beinhalten durchaus Widersprüchliches.

Tatsache, dass sie seit fast 20 Jahren eine der wenigen florierenden Branchen, also ein wesentlicher Wirtschaftsfaktor im maroden Kapitalismus ist.

Esoterik – die Postmoderne in der Religion

Die Beliebigkeit als Charakteristikum der Esoterik entspricht dem Anything goes der Postmoderne, die durch die gleiche Gültigkeit aller Anschauungen und Entwürfe gekennzeichnet ist. Postmoderne ist ein genauso oszillierender Begriff wie Esoterik, unter dem alles und jedes verstanden werden kann. Esoterik ist die Postmoderne in der Religion.

Gegen die etablierten Religionen grenzt sich Esoterik – wohl aus Konkurrenzgründen – meist vehement ab. Aber letztlich erfüllt Esoterik, also Religion in einer postmodernen Erscheinungsform, dieselben Aufgaben wie jede Religion: Die Unvorstellbarkeit des eigenen Todes macht Angst; diese soll durch die Verheißung auf ein Leben nach dem Tod gemildert werden. Religionen bieten konkrete Handlungsanweisungen für das Leben, und sie stiften Sinn. Da Esoterik eine Variante von Religion ist, ist das Gegenüberstellen von „guten" anerkannten Religionen einerseits und „bösen" Sekten und Esoterik andererseits absurd. Warum soll eine Religion schlechter als eine andere sein, und wer hätte diese Unterscheidung zu treffen? Der Knackpunkt ist: jede Religion, jede Kirche, jede Spiritualität ist ein Füllhorn, das mit *beliebigen* Inhalten gefüllt werden kann, mit Gewalt und Unterdrückung genauso wie mit emanzipatorischen Versatzstücken; meist wird es mit allem gefüllt, was im Leben fehlt.

Trotz des großen Wandels der Erscheinungsform von Religion ist ihr Bedarf nicht geringer geworden. Das Individuum ist heute eklatanten Widersprüchen ausgeliefert. Es ist gleichzeitig mächtig und ohnmächtig. Es kann alles kaufen und konsumieren, aber die Lebensbedingungen mitgestalten kann es immer weniger. Es ist konfrontiert mit Krieg und Atomgefahr, mit massenhaftem Flüchtlingselend, mit Umweltzerstörung, mit kontaminierten Lebensmitteln, Luft und Wasser, mit dem Massensterben der Weltbevölkerung durch Hunger, mit Mangel an Trinkwasser und Medikamenten, mit sinnentleerter, Mensch und Natur zerstörender Lohnarbeit, mit Mobbing und Massenarbeitslosigkeit, mit Menschenhandel und Kinderprostitution – nun auch bereits mitten in Europa auf Grund von bitterer Armut. Der Mensch ist einem tiefgreifenden Gefühl des Ausgeliefertseins ausgesetzt. Körper und Geist sind zum Ich-Kapital, zur Ich-Aktie mutiert, zur Marionette des Marktes. Ja, sogar Liebe, Sex und

Sinnlichkeit und das Schlafen werden mehr und mehr auf einen Produktivitätsfaktor reduziert. In einer Welt, in der Utilitarität im Sinne von Geldmachen und Konsumieren oberstes Prinzip ist, wird jegliches Mitgefühl, jegliche Solidarität permanent zu Gunsten einer beinharten Konkurrenz untergraben. Innere Leere und Erschöpfung sind größer denn je.[6] Deshalb „geht Sinn seit einigen Jahren besser als Sex", stellt Klaus Ottomeyer fest.[7] Im Gegensatz zu früher ist der Sinnlieferant Religion heute aber nur mehr einer unter vielen anderen. Dies ist ein weiteres Kriterium postmoderner Erscheinungsweise von Religion.

Keine Renaissance von Religiosität

Esoterik dient vielen als Beleg für eine Renaissance von Religiosität. Religion generell ist jedoch im Zustand des Absterbens, weil sie historisch bereits überholt wurde. Nunmehr hat der Stellenwert von Geld einen religiösen Charakter angenommen. Walter Benjamin sah im Kapitalismus eine Religion, das heißt der Kapitalismus dient essentiell der Befriedung derselben Sorgen, Qualen, Unruhen, auf die ehemals die so genannten Religionen Antwort gaben.[8] Esoterik, diese Fusion aus Religion und Markt, ist Ausdruck des Niedergangs von Religion. Im Zuge der Aufklärung wurden alle äußeren Autoritäten – Religion, Naturanschauung, Staatsordnung etc. – der Kritik unterzogen. Alles sollte der Vernunft und der Rationalität unterworfen werden. Damit einher ging die Durchsetzung der Warenförmigkeit der Gesellschaft: Wir sind alle KäuferInnen und VerkäuferInnen von Waren – einschließlich der Ware Arbeitskraft. Die Warenförmigkeit ist im Gegensatz zum Feudalismus, in dem Religiosität das oberste Prinzip war, die herrschende gesellschaftliche Verkehrsform geworden, die alles durch und durch prägt. Das durchzusetzen hat eine Religion mitgeholfen – die protestantische; der Kapitalfetisch ersetzte mehr und mehr den Religionsfetisch.[9] Heute wird in zahlreichen Esoterik-

---

6   Vgl. Wölflingseder, Maria: Die Spirituellen, die aus der Kälte kamen, in: Awadalla, El: Heimliches Wissen – unheimliche Macht. Sekten, Kulte, Esoterik und der rechte Rand, Wien/Bozen 1997 (www.streifzuege.org).

7   Ottomeyer, Klaus: New Age – verdiente Strafe für die Sünden der akademischen Psychologie, in: Gugenberger, Eduard / Schweidlenka, Roman (Hrsg.): Mißbrauchte Sehnsüchte? Wien 1992, S. 81.

8   Vgl. Benjamin, Walter: Kapitalismus als Religion (Fragment 1921), in: Baecker, Dirk: Kapitalismus als Religion, Berlin 2003.

9   „*Fetisch* meint, dass die Menschen *sich nicht selbst sind*, sondern eines Konstruktes bedürfen, um sinnvoll miteinander in Beziehung treten zu können."

Seminaren der spirituelle Umgang mit Geld gelehrt, und verkündet, wie man mit dem richtigen Bewusstsein spielend reich wird. Auf diese Weise wird versucht, den Kapitalfetisch zu resakralisieren. Der systemimmanente Zwang, Geld verdienen zu müssen, um zu überleben, wird spirituell überhöht, anstatt kritisiert.

Esoterik dient außerdem vielen als Beweis, dass Religion eine anthropologische Konstante sei; etwas, das es immer geben wird, ein Bedürfnis, das dem Menschen angeboren ist. Seit einigen Jahren wird Spiritualität als „progressive Religiosität" gehandelt. Auch unter Linken und Liberalen wird kaum mehr etwas ohne den spirituellen Aspekt diskutiert: Feminismus, Partnerschaft, Liebe, Sexualität, Erziehung, Ökologie und insbesondere das Geld. Wo nichts mehr befriedigend gestaltbar ist, soll das Zaubermittel Spiritualität zum Kick verhelfen. Religion ist dennoch keine anthropologische Größe, nichts, das immer währen wird. Karl Marx schreibt: „Der *Mensch macht die Religion*, die Religion macht nicht den Menschen. [...] Dieser Staat, diese Sozietät produzieren die Religion, ein *verkehrtes Weltbewusstsein*, weil sie eine *verkehrte Welt* ist."[10] Franz Schandl betont jedoch: „Marx huldigte keinem primitiven oder rigorosen Atheismus, nach dem Motto: Nur kein Opium! Seine Kritik ist keine bloße Negation, sondern er betont im Gegenteil die historische, aber somit zeitlich begrenzte Notwendigkeit religiösen Bewusstseins. Der Kommunismus war ihm keine Antireligion, sondern jenseits der Religion. Nirgendwo propagierte er einen Sozialismus, der einer Kirche glich."[11]

„Der Zerfall der abendländischen Kirchen und Religionen ist weit fortgeschritten. Er ist nicht mehr umkehrbar. Das, was Kirche in Vorzeiten großgemacht hat, wurde in der Zwischenzeit durch die Herrschaft des Geldes ziemlich niedergemacht. Von einem Basisprinzip der Gesellschaft ist die Religion zu einer bloßen Sinnstiftungsvariante unter vielen abgestiegen. Austauschbar wie alles, was unter die Herrschaft des Werts gerät. Nachdem das Geld Gott endgültig abgelöst hat, ist es für ihn schwierig geworden, zu bestehen. Darin liegt der eigentliche Grund der Krise der Kirche." Schandl, Franz: Fetisch Religion. Zur fundamentalen Kritik des scheinbar Unüberwindbaren, in: Weg und Ziel 5/1996, S. 19; das zweite Zitat stammt aus der modifizierten Fassung dieses Artikels: Fetisch Religion. Eine kleine abendländische Glaubenskunde auf www.streifzuege.org.

[10] Marx, Karl: Zur Kritik der Hegelschen Rechtsphilosophie [1843], MEW, Bd. 1, S. 378.

[11] Schandl, Franz: Fetisch Religion. Zur fundamentalen Kritik des scheinbar Unüberwindbaren, in: Weg und Ziel 5/1996, S. 19; modifizierte Fassung die-

Diesen Fehler begingen andere, die den Sozialismus von der Theorie zur Ideologie umfunktionierten.

Unproduktive Empörung der Esoterik-KritikerInnen

Aufgabe von Theorie ist es, Esoterik als Form von Entfremdung kenntlich zu machen und deren gesellschaftliche Ursachen offen zu legen. Um mit Adorno zu sprechen: „Wer die Wahrheit übers unmittelbare Leben erfahren will, muss dessen entfremdeter Gestalt nachforschen, den objektiven Mächten, die die individuelle Existenz bis ins Verborgenste bestimmen."[12] Ist die obligate Empörung der Esoterik-KritikerInnen also – in Anlehnung an Karl Kraus – nicht als „unproduktive"[13] zu bezeichnen?

Typisch für die gängige Kritik ist die Gegenüberstellung von Esoterik einerseits und guter richtiger Religion, Psychotherapie, Wissenschaft, Politik etc. andererseits. Esoterik wird als Widerpart zu vernünftigem, demokratischem, politischem und wissenschaftlichem Verhalten definiert. Als ob das eine Alternative wäre!

Esoterische Ideologien strömen nicht von außen auf uns herein, sondern sprießen mitten aus dem Wahnsinn der ganz normalen Verhältnisse des politischen Alltags. Auch Psychologie, Psychotherapie, Schulmedizin und die hehre Wissenschaftlichkeit sind Teil dieser mörderischen Verhältnisse. Esoterik ist die „verdiente Strafe für die Sünden der akademischen Psychologie", Strafe „für den Verlust der Dialektik in unserem wissenschaftlichen Denken".[14] Abgesehen von der Gut-Böse-Diktion ist dem zuzustimmen, da Esoterik schlicht eine Reaktion auf unsere Verhältnisse ist. Genauso sind auch Populismus und Nationalismus eine Folge unserer gesellschaftlichen Verhältnisse, eine Folge unserer marktwirtschaftlichen und rechtsstaatlichen Demokratie, die Fortsetzung der hier herrschenden Normen mit anderen Mitteln. Rassismus, Nationalismus oder Esoterik sind eine typische Form konformistischer Revolte. Wie eingangs bereits dargestellt: *Esoterik ist die rationale Irrationalität, die aus der irrationalen Rationalität unserer Verhältnisse erwächst.*

---

ses Artikels: Fetisch Religion. Eine kleine abendländische Glaubenskunde auf www.streifzuege.org.

[12] Adorno, Theodor W.: Minima Moralia. Berichte aus dem beschädigten Leben, Frankfurt a. M. 1975, S. 7.

[13] Kraus, Karl: Sittlichkeit und Kriminalität [1908], Frankfurt a. M. 1987, S. 11.

[14] Ottomeyer, Klaus: New Age – verdiente Strafe für die Sünden der akademischen Psychologie, S. 60, 66.

Ob das Starren der KritikerInnen auf die nach außen projizierte böse Esoterik nicht damit zu tun hat, dass vom himmelschreienden Wahnsinn der so genannten guten demokratischen Verhältnisse abgelenkt werden soll? Das eine ohne das andere zu kritisieren, ist jedenfalls ein Ding der Unmöglichkeit. Es ist paradox, Esoteriker oder sonstige Verblendete abzukanzeln *statt* die Bedingungen, die sie hervorbringen. Das ist wohl das Spiegelbild einer Gesellschaft, in der sich zur Zeit keine wirksamen emanzipatorischen Kräfte regen: Es gibt moralisierende Esoterik-KritikerInnen verschiedenster Provenienz, aber kaum jemand, der die herrschenden Verhältnisse, die immer mehr unsere gesamte Lebensgrundlage zerstören, von Grund auf kritisiert; den Kapitalismus als solchen, und nicht nur die stets beschworenen „Auswüchse". Und die, die es tun, werden für verrückt erklärt.

Diesem System, in dem nur Mehrwert schaffen und Konsumieren zählt, wird letztlich unumwunden gehuldigt. Stichwort Transfaire oder Shopping for a Better World: gute Konsumenten kaufen Produkte „politisch korrekter Konzerne". Es sieht so aus, als ob es im Feminismus heute neben Esoterik hauptsächlich darum ginge, wie Frauen endlich voll'wert'ige Mitglieder des durch und durch menschenverachtenden Systems werden können. Ganz im Trend liegen feministische Börsenseminare, und im Schaufenster der Frauenbuchhandlung stehen massenhaft Bücher mit Anleitungen zum Geldmachen. Business, Business und nichts als Business. Egal ob Kultur, Soziales, (Geistes)Wissenschaft, NGOs, immer mehr auch jedes einzelne Individuum, alles, was sich nicht marktkonform verhält, hat keine Existenzberechtigung.

Esoterik-Kritik wird oft auch stark personalisiert (wer macht mit wem was Böses) – eine recht verkürzte Sichtweise – oder man beschwört Esoterik als rechtsradikale Gefahr. Es stimmt, dass biologistische Ideologien, wonach aus vermeintlichen Naturgesetzen gesellschaftliche Regeln abgeleitet werden sollen, wieder en vogue sind.[15] Faschismusgefahr ist heute aber nicht das Hauptproblem. Die akute Bedrohung liegt einerseits im demokratischen System selbst, andererseits in den fehlenden emanzipatorischen Perspektiven. Es wird zwar von vielen gefordert, den Kapitalismus menschlich*er*, gerecht*er* und ökologisch*er* zu machen. Dass es aber in einem System, in dem der Mensch nur als Produktionsfaktor und als Konsument etwas zählt, in einem System, das auf dem Konkurrenz-

---

[15]   Fischer, Gero / Wölflingseder, Maria (Hrsg.): Biologismus – Rassismus – Nationalismus. Rechte Ideologien im Vormarsch, Wien 1995.

prinzip beruht, weder Menschlichkeit noch Gerechtigkeit geben *kann*, das wollen die Wenigsten wahrhaben. Das von vielen beschworene Zurück zur Politik ist ebenso eine unbrauchbare Alternative wie die von Esoterikern gebotene. So lange nicht die mörderische Warenlogik überwunden wird, wird immer im Namen von Demokratie und Menschenrechten gemordet werden: aktiv und passiv.[16]

Positives Denken – vom Esoterik-Ideologem zum selbstverordneten Gleitmittel

Im zweiten Teil dieses Beitrags sollen aktuelle gesellschaftliche Entwicklungen aufgezeigt werden, die sich in den letzten Jahren herauskristallisiert haben bzw. gerade dabei sind, sich herauszubilden. Sie zeigen sehr deutlich, wie die aus der Rationalität der Gesellschaft erwachsene Irrationalität der Esoterik immer mehr wiederum in der Rationalität der Gesellschaft aufgeht. Insbesondere das Positive Denken, einst eines der Parade-Esoterik-Ideologeme, ist nunmehr zum selbstverordneten Gleitmittel zur bedingungslosen Anpassung an die herrschenden sinnlosen, wahnsinnigen Verhältnisse aufgestiegen.

---

[16] Vgl. Schandl, Franz: Politik. Zur Kritik eines bürgerlichen Formprinzips, in: Weg und Ziel 2/1995; Kurz, Robert: Antiökonomie und Antipolitik, in: Krisis 19, Bad Honeff 1997; Lohoff, Ernst: Krise und Befreiung – Befreiung in der Krise. Ein postpolitischer Streifzug, in: Krisis 18, Bad Honeff 1996; Trenkle, Norbert: Weltgesellschaft ohne Geld, in: Krisis 18, Bad Honeff 1996; Kurz, Robert: Das Ende der Politik, in: Krisis 14, Bad Honeff 1994 (www.krisis.org).
Bei meinen Vorträgen werde ich stets gefragt, was denn meine „Alternative" zu Esoterik sei, woher denn Trost nehmen, wenn es schon keinen Sinn gibt? Um diese Frage geht es in dem vorliegenden Beitrag nicht. Er beschäftigt sich mit der Analyse von gesellschaftlichen Gegebenheiten. Das Thema Praxis der Lebensbewältigung unter den herrschenden Verhältnissen steht auf einem anderen Blatt und ist unter Linken meist genauso tabu wie grundsätzliche Kapitalismuskritik. Es herrscht schweigender Pragmatismus, wenn es um Zwischenmenschliches, um unsere Alltagsbewältigung oder um fehlenden Trost geht. Jedenfalls bin ich nicht – wie die meisten Linken – der Meinung, *Denken* sei die alleinige Alternative zu Esoterik. Mir fehlen bei den Linken Poesie, Ironie und Warmherzigkeit ganz besonders! Diese sind in ganz anderen Welten zu finden – allerdings werden sie auch dort immer mehr dem alles durchdringenden Moloch Warenlogik geopfert.

In seinem Roman *Herrn Kukas Empfehlungen* schildert Radek Knapp höchst treffend die anstandslose Unterordnung unter den Guru Verwertbarkeit. Sein junger polnischer Held, zum ersten Mal nach Wien gereist, ist bass erstaunt über die Sitten im goldenen Westen. Die Menschen „sitzen vierzehn Stunden am Tag über ihren Computern. Ihre ganze Abwechslung liegt darin, dreimal am Tag auf die Toilette zu gehen, und das Essen holen sie aus einem Automaten, der auf dem Flur steht. Sie verzehren es über ihren Computertastaturen. Die Hälfte davon landet zwischen den Tasten, und sie merken nicht mal was davon. In ihren Armani-Sakkos tragen sie eine ganze Apotheke gegen Kopfschmerzen und Gastritis. Nach Büroschluss sehen sie wie Zombies aus. Aber glauben Sie, dass sich jemals einer deswegen beschwert hätte? Im Gegenteil. Je mehr Magenschmerzen, desto süßer lächeln sie."[17]

Volkshochschulen – gespenstische Stätten der Stählung der „automatischen Subjekte"

Volkshochschulen (VHS), einst gesellschaftskritischer Hort, sind im Laufe der vergangenen beiden Jahrzehnte immer mehr zu einer wahrlich gespenstischen Stätte der Stählung der „automatischen Subjekte" mutiert.

Aus dem Kursprogramm zweier Wiener Volkshochschulen:[18]

* „Kraft und Wirkung von Gedanken: Unsere Gewohnheiten kreieren unsere eigene Welt. Es gibt kaum eine größere Kraft als die Kraft unserer Gedanken, und körperliche sowie seelische Gesundheit hängen davon ab. Erst wenn wir anfangen, die Verknüpfung von Gedanken, Gefühlen und Handlungen zu verstehen, können wir Eigenverantwortung übernehmen und die Qualität unseres Lebens bestimmen. Unser Schicksal liegt in unserer Hand."

Die Esoterik predigt seit Jahrzehnten: Das Bewusstsein schafft die Realität, durch dein Bewusstsein schaffst du dir deine eigene Realität. Jeder ist seines Glückes Schmied. Alles, was dir passiert, ist notwendig und gut, weil es dein Karma ist.

---

[17] Knapp, Radek: Herrn Kukas Empfehlungen, München 1999, S. 42.
[18] Das zweite Zitat aus: VHS polycollege, Wien-Margareten, Herbst 2000; das vierte Zitat aus: VHS Wien-Meidling, z. B. Sommer 2000, Frühjahr 2001; beim ersten und dritten konnte die VHS-Filiale nicht mehr eruiert werden, Zeit um 2000

Im VHS-Programm klingt es fast genauso, aber nicht etwa in Ankündigungen esoteriknaher Kurse, sondern in jenen der unzähligen Selbstmanagement-Kurse.

* „Stressbewältigung: Der Stresspegel ist rapide angewachsen. Das Leben befindet sich auf der Überholspur, um den beiden Verfolgern, nämlich dem chronischen Erschöpfungssyndrom und dem Erleben eigener Unfähigkeit, zu entkommen. Bauen Sie sich wieder auf und werden Sie belastbarer!"

* „'Krieg' am Arbeitsplatz – Den Kampf gewinnen: Die Luft am Arbeitsmarkt ist dünn, das Raumklima dementsprechend: Ungerechtes Gehalt, aufreibende Arbeitszeiten, schlechte Stimmung unter den Kollegen, Arbeitsdruck, Konkurrenz, Neid, Mobbing, despotische Chefs und schlechte Aufstiegschancen machen vielen Menschen den Berufsalltag zur Hölle. Harmonie ist nicht immer erreichbar, einen Kampf zu gewinnen aber allemal besser als ihn verlieren."

* „Ohne Wollen geht nichts! Key Mind – der neue Weg zur Selbstmotivation: Können Sie nur das tun, was Sie wollen? Schön wär's! Wir haben tagtäglich auch jede Menge Aufgaben zu erledigen, die wir uns nicht ausgesucht haben und die uns keinen Spaß machen. Damit verdeckte Widerstände nicht zu heimlichen 'Energiefressern' werden und wie Sie mit inneren Widerständen konstruktiv umgehen."

Neben all den unzähligen „Durchhalte"-Kursen gibt es keinen einzigen, der den menschenverachtenden Alptraum kritisch hinterfragt, keinen einzigen, der die Mechanismen durchleuchtet, warum alle, ohne mit der Wimper zu zucken, blindlings ihr eigenes Grab buddeln und sich dabei einreden, ein Haus zu bauen.

Das Gegenteil von Positivem Denken ist keineswegs Negatives Denken, sondern schlicht Kritik und Veränderung in Richtung Emanzipation. Legionen von ArbeitslosentrainerInnen, Legionen von Arbeitslosen, Legionen von Arbeitslosenverwaltern, Legionen von Angestellten in Sozialinstitutionen – darunter zahlreiche frühere lautstarke GesellschaftskritikerInnen – beten heute inbrünstig die makabren Litaneien des Marktes. Nirgendwo ist die Rede von all den Arbeitslosen, die sich das Leben nehmen, weil ihre „Wert"losigkeit unerträglich ist – sie werden höchstens als Kranke abgehakt. Kein Aufschrei ob der sozialen und gesundheitlichen Folgen des täglichen Kampfes: von der Ausdünnung der zwischenmenschlichen Beziehungen bis hin zu Herzinfarkt und Gehirnschlag bei 30- und 40-Jährigen.

Dazu hat die Esoterik unermüdlich ihr Scherflein beigetragen, indem sie seit zwei Jahrzehnten die Flucht in Scheinwelten übt und damit dem Zugang zu grundsätzlicher Kritik im Wege steht.

Jeder ist sein eigener Sklaventreiber

In der gesamten Arbeitswelt und noch stärker in der Arbeitslosenwelt ist jede/r vom (inneren) Zwang zum Positiven Denken beherrscht. Wer seinen Arbeitsplatz erhalten und noch mehr, wer wieder einen ergattern will, hat nur so vor Optimismus und Charme zu strahlen. Frappant: Business-Adepten ist dasselbe entrückte Lächeln, besser gesagt Grinsen, ins Gesicht gemeißelt, wie es einst nur esoterisch Entrückten und Sektengurus eigen war.

Von Arbeitslosen wird behauptet, sie hätten den Dreh noch nicht raus. Sie werden vom Arbeitsamt mit Kursen zwangsbeglückt, in denen sie in die Geheimnisse des Positiven Denkens eingeweiht werden: „Lächle mehr als andere, besonders auch beim Telefonieren." „Sie haben doch so viel Charme, den müssen Sie im Bewerbungsgespräch besser einsetzen!" Schreckliche Erfahrungen bei der oft jahrelangen Arbeitssuche dürfen im Kurs nicht erwähnt werden: „Vergessen Sie all ihre schlechten Erfahrungen! Sie sind kein Opfer, es liegt an Ihnen." „Wenn Sie zu einem Bewerbungsgespräch gehen, denken Sie an etwas Schönes, sehen Sie sich ein Foto Ihrer Familie an oder trinken Sie ein Glas Wein (Ratschlag nur an nicht Alkoholsuchtgefährdete), damit Sie ganz beschwingt und voll überzeugt sind, den Job zu bekommen." „Wenn du wirklich willst, wenn Du einfach besser bist als die anderen, schaffst du es!"

In einer Welt, die immer mehr an ihren Widersprüchen zugrunde geht, in der der Schein längst mehr zählt als alles andere, ist Positives Denken das wirksamste Mittel zur Anpassung. Früher wurden Sklaven brachial zur Arbeit gezwungen, heute ist jeder sein eigener Sklaventreiber – ganz positiv eingepeitscht.

Früher, als es noch etwas nützte, machten Arbeitslose eine Ausbildung oder eine Umschulung. Heute geht es nicht mehr darum, dass die Arbeitskraft reale Vernutzungsfähigkeiten anzubieten hat, sondern um Selbstvermarktungstechniken und Autosuggestion. Heute gibt es von den Arbeitslosenverwaltern statt Jobs Durchhalteparolen. Durchhalteparolen wie in einem Krieg, der längst verloren ist. Wer glaubt denn wirklich, dass die

Arbeitslosen wegzuphantasieren seien? Wer glaubt denn wirklich, dass die Arbeit noch zu retten sei?[19]

Rationale Irrationalität und irrationale Rationalität – eine mörderische Co-Produktion

Positives Denken, Visualisierung – oder wie immer es genannt wird – mag durchaus seine Berechtigung haben; zum Beispiel, um seine Gesundheit zu verbessern oder sie wiederzuerlangen. Wer denkt schon immerzu negativ? Wer beschwört schon permanent eine self-fulfilling prophecy herauf? In der Arbeitswelt und im Umgang mit Arbeitslosigkeit haben solche Psychotechniken aber nur die Funktion, selbst die offensichtlichsten gesellschaftlichen Verrücktheiten zum Privatproblem umzufunktionieren und für deren Bewältigung jeden Einzelnen verantwortlich zu machen. Im Lichte des Positiven Denkens erscheint nie der Zwang, das Leben vollständig auf die Kriterien betriebswirtschaftlicher Rationalität auszurichten, als aberwitzig. Als irrational werden immer nur die psychischen und biologischen Barrieren gegen diese Zumutungen bezeichnet. Das Positive Denken spart nicht an Tipps zum Wegretuschieren nachteiliger lebensgeschichtlicher Details. Diese Techniken des Selbstmarketings helfen jedoch selten, schließlich ist jeder Personalchef mit den standardisierten Tricks längst vertraut. Wer nicht das richtige Alter, nicht die nötige Erfahrung oder gar Kinder hat, bleibt allemal ohne Chance. Wer durch die Schule des Positiven Denkens gegangen ist, lernt höchstens, dass alles Unverwertbare an der eigenen Biographie den Status einer Behinderung hat und dass die Kriterien der Arbeitskraftkäufer die einzig verbindlichen sind.

Die esoterisch unterlegte Rückbesinnung auf die „inneren Kräfte" und den „eigenen Weg" versprach einmal einen gewissen Abstand zu den äußeren Zwängen des Daseins und Erlösung von falschen Schuldgefühlen. Heute erfüllt sie genau die umgekehrte Funktion. Das Positive Denken hilft nicht nur bei der Durchsetzung totaler Anpassungsbereitschaft, es macht Menschen permanent für Umstände verantwortlich, für die sie nicht das Geringste können. Dass auf dem Arbeitsmarkt die gesellschaftlichen Verhältnisse nichts seien und der reine Wille alles, wird offiziell als Ermutigung verkauft. Diese Botschaft hat aber eine Vorverurteilung zum eigentlichen Kern: Misserfolg beweist, der Erfolglose war des Er-

---

[19]   Vgl. Manifest gegen die Arbeit. Hrsg. von Krisis, Eigenverlag 1999 (www.krisis.org).

folgs nicht wert. So spiegelt sich im Positiven Denken eine ins Diesseits verlegte Wiederkehr der calvinistischen Prädestinationslehre.

Infantile Omnipotenzphantasien

Traditionell verbindet man mit dem Prozess des Erwachsenwerdens so etwas wie zunehmende Einsicht in die eigenen Möglichkeiten. Als erwachsen gilt, wer eine realistische Vorstellung jener Schranken entwickelt hat, die seiner eigenen Person durch Biographie, Charakter und soziale Umstände gesetzt sind. Infantiles Verhalten ist demgegenüber von Omnipotenzphantasien geprägt und schwebt (noch) traumtänzerisch über solche Grenzen hinweg. Das Positive Denken stellt diese Ordnung auf den Kopf, aber nicht in einem emanzipatorischen, sondern in einem durch und durch repressiven Sinn. Positives Denken steht nicht für den Traum, die eigenen Grenzen überschreiten zu können, sondern für den Zwang, permanent den Eindruck erwecken zu müssen, dazu jederzeit in der Lage zu sein. Allmachtsträume sind nichts mehr, was Menschen besser verstecken, wenn sie von ihrer Umgebung als zurechnungsfähig anerkannt werden wollen. Sie sind als Vermarktungsargument zu präsentieren. Psychologisch betrachtet ist Positives Denken somit als kontrollierte Einübung in Regression und infantilen Größenwahn zu charakterisieren. Es führt Menschen zurück auf die Entwicklungsstufe des magischen Denkens. Ein klinisches Symptom ist zum Sozialisationsziel aufgestiegen.

Das Frappierende am Positiven Denken ist, dass es im Großen und Ganzen dazu benutzt wird, um das Negative zu affirmieren. Es wird letztlich gebraucht, um den lebensfeindlichen Status quo in der Gesellschaft aufrecht zu erhalten: entweder indem man sich einredet, es sei ohnehin alles bestens, oder um sich vor all dem Wahnsinn in eine heile Welt zu flüchten. Um eine emanzipatorische Perspektive geht es jedoch nie.

Die Arbeits„kirche" nimmt immer sektenhaftere Züge an

Heute ist nicht mehr allein die Arbeitskraft gefragt, sondern der „ganze Mensch" hat sich einzubringen – nach dem Vorbild des Künstlers oder des Sportlers. Ein pseudomenschliches Management, das statt auf klassische Hierarchien auf soft skills und Selbstverantwortung setzt, verhilft zur „Vollauspressung" bis an die physischen und psychischen Grenzen. Seine klassische Ausprägung hat diese Tendenz in der new economy gefunden. In diesem Sinne werden heute alle trainiert – vom Arbeitslosen bis zum Manager –, um für den Konkurrenzkampf gestählt zu sein: von Autosuggestion bis zum berüchtigten survival-Kurs wird so manches mit ihnen angestellt. Solche Inszenierungen und Methoden sind denen von Sekten nicht unähnlich. Der in Wien lange Zeit für alle Arbeitslosen gleich zu Beginn ihrer Arbeitslosigkeit zwingende „Bewerbungs-Impulstag"[20] ähnelte ebenfalls frappant einer „Gehirnwäsche". Wie ein Fernsehprediger besprengte der Trainer die versammelten 500 Arbeitslosen mit Wortgeklingel: „Der Arbeitsmarkt ist zwar schwierig, aber man braucht nur von der Schattenseite in die Lichtseite treten."

Eine weitere Gemeinsamkeit zwischen Sekten und der Zurichtung von Humankapital für den Arbeitsmarkt ist eine Regression bis zur Infantilisierung: immerzu lächeln, immer super-gut drauf sein, das Leben ist ein Hit! Selbstindoktrination jenseits jeglicher Realität. Früher wurde Realitätsverlust als psychische Krankheit betrachtet, heute wird er kollektiv verordnet. Schließlich sorgt sowohl bei Sekten als auch in der Arbeitswelt oftmals eine Uniformierung der Kleidung – Stichwort corporate identity – einerseits für eine Beschränkung der Individualität und bietet andererseits eine Identifikationsmöglichkeit. Das kommt hier wie dort einer negativen Aufhebung der Trennung von Arbeitsbereich und Privatbereich gleich. Sowohl Sektenmitglieder als auch immer mehr jede Arbeits„monade", und jeder Arbeitslose erst recht, stehen rund um die Uhr im Einsatz.

Job und Weiterbildung als Pyramidenspiel

Die negative Aufhebung der Trennung von Arbeit und Privatem betrifft nicht nur das Rund-um-die-Uhr-Arbeiten der Ich-AGs oder Angestellten, sondern in variierter Form das Jobben im so genannten Strukturvertrieb, im Schneeballsystem. Arbeitslose stoßen bei der Arbeitssuche unweigerlich immer wieder auf Organisationen, die solcherlei anbieten. Was sich einst als klassische Tupperware-Party präsentierte, ist heute zum finanziellen Überlebenskampf für viele geworden. Bei dieser Verkaufsmethode geht es nur bedingt darum, viel zu verkaufen, sondern darum, neue VerkäuferInnen zu finden, an deren Umsatz man mitverdient. Das Ganze ist

---

[20] Die Autorin wurde ebenfalls zu dieser „Maßnahme" vorgeladen. Zusammenfassung des Seminars auf der CD *Du bist toll – Mach was draus. Erfolgreich bewerben: Visionen leben, Potentiale erkennen, Strategien entwickeln* (von Business Coaching Partners GMBH, Gonzagagasse 1, 1010 Wien).
Vgl. auch Wölflingseder, Maria: „Eine Umschulung Richtung IT oder Wirtschaft! Sonst geht's nur bergab!" Phänomenale Erlebnisse einer arbeitslosen Geisteswissenschaftlerin, in: Lohoff, Ernst u. a. (Hrsg.): Dead Men Working. Gebrauchsanweisung zur Arbeits- und Sozialkritik in Zeiten kapitalistischen Amoklaufs. Münster 2004.

hierarchisch, wie ein Pyramidenspiel, aufgebaut. Die ganz oben sind, können womöglich tatsächlich gut verdienen, aber je weiter unten man steht, desto aussichtsloser ist das Unterfangen. Wer rechnen kann, wird merken, dass bald die halbe Erdbevölkerung zu MitverkäuferInnen werden müsste, damit es sich auszahlt. Die meisten, die sich auf solche Machenschaften einlassen, kommen nicht ohne einen riesigen Schuldenberg davon. Über einen exemplarischen Fall berichtete der WDR am 29. März 2001. Ein junger Mann nahm einen Kredit von 70.000 DM auf, um den Vertrag, die Waren und das nötige Outfit zu finanzieren. Er schaffte es nicht, seinen Irrtum den Angehörigen gegenüber einzugestehen und nahm sich das Leben.

In Deutschland gibt es zwar ein Gesetz, das Strukturvertrieb („progressive Kundenwerbung") verbietet; weil dieser aber oft schwer nachweisbar und das Strafausmaß gering ist, kommt es selten zu Verurteilungen. Mit kultähnlich inszenierten (Werbe-)Abenden werden sowohl potenzielle KäuferInnen als auch (potenzielle) VerkäuferInnen bei der Stange gehalten. Geworben wird immerzu mit Selbstständigkeit, Unabhängigkeit, Glück und Reichtum, und bei der legendären Firma *Herbalife* natürlich auch mit Gesundheit. Überdies können bei dieser Verkaufsform private Kontakte leicht getrübt oder zerstört werden, wenn man Freunden etwas andreht, das sie von einem Fremden nicht kaufen würden.

Zurzeit grassiert ein wahrer Weiterbildungs- und Coachingwahn. Wenn sonst schon nichts mehr verkauft werden kann, versucht man eben, den Arbeitslosen die vor Arbeitslosigkeit rettende Idee anzudrehen. Bewerbungsratgeber, sowohl in Buchform als auch in Person, gibt es wie Sand am Meer. So verwundert es nicht, dass es bereits auch Persönlichkeitsbildungsseminare im Strukturvertrieb gibt – äußerst kostspielige, mit nur vage angedeuteten Inhalten, aber garantiert mit sektenartiger Indoktrination.

Seriöse oder dubiose Weiterbildungen?

Verbraucherschutz-Organisationen und Sektenberatungsstellen der evangelischen und katholischen Kirche warnen immer öfter vor Aus- und Weiterbildungen, für die Unsummen hinzublättern sind und deren Brauchbarkeit meist gering ist. Neuerdings suchen immer mehr Menschen Sektenberatungsstellen auf, die sich Sorgen um Angehörige machen, die durch berufliche Weiterbildungen oder Seminare zur Persönlichkeitsentwicklung ein völlig verändertes Verhalten und Bewusstsein an den Tag legen. Es zählt nur mehr der berufliche Erfolg; alles andere – ihre Familie, ihr Privatleben – nehmen sie kaum mehr wahr, sie haben weder Zeit noch Energie dafür. Die Zahl der Menschen, die sich in Unkosten stürzen, die ihre ganze Freizeit opfern, weil sie den Erfolgsversprechungen erliegen, nimmt immer epidemischere Ausmaße an. Der Trend geht zurzeit in Richtung lang dauernde und teure Seminare, die die TeilnehmerInnen meist selbst finanzieren. Der aktuelle Renner in Deutschland: „Fasten, Schweigen, Meditieren". Dieses Seminar dauert neun Tage, in denen den Leuten das Essen, das Reden und jeder Kontakt zum anderen verboten wird.[21] Die Sektenberater versuchen, eine Unterscheidung zwischen seriösen und dubiosen Weiterbildungen aufzuzeigen. Sie meinen, wenn dabei der Mensch, der Partner, Familie und Freunde auf der Strecke bleiben, wenn das Selbstbestimmungsrecht beschnitten wird, sei äußerste Vorsicht geboten.[22] Es scheint jedoch mehr als fragwürdig, ob eine Trennung in gute und schlechte Seminare möglich ist. Was ist mit all den zwangsweise verordneten, oft unnützen Weiterbildungen für Arbeitslose? Was ist mit all den Aus- und Fortbildungen, die den TeilnehmerInnen weder Job noch berufliches Weiterkommen bringen?

Noch abstruser wird es, wenn bezüglich Weiterbildungen gefragt werden soll, ob der Mensch, der Partner, Familie und Freunde auf der Strecke bleiben oder ob das Selbstbestimmungsrecht beschnitten wird. Diese Frage sollte allen voran hinsichtlich der Arbeit selbst gestellt werden! Als ob es heute noch Jobs gäbe, die das Selbstbestimmungsrecht nicht beschneiden würden, Jobs, bei denen der Mensch, der Partner, Familie und Freunde nicht auf der Strecke blieben, ganz zu schweigen vom Raubbau an der Gesundheit! Ist all das für die Herrn und Damen Sektenberater seriös? Die simple dualistische Einteilung in Seriös und Dubios, in Gut und Böse greift nicht und lenkt davon ab, dass „Auswüchse" nur eine Fortsetzung der Normalität sind. Das Dubiose ist lediglich eine logische Weiterentwicklung des Seriösen. Niemand will wahrhaben, dass die Grenze zwischen Seriös und Dubios immer mehr verschwimmt. In Zukunft werden sich die Grenzen zwischen Arbeit, Weiterbildung, Glücksspiel und Sekte wohl noch viel mehr auflösen.

---

[21] Von der Wiege bis zur Bahre gibt es nicht nur Seminare, in: Der Standard, 20./21.12.2003.

[22] Interview von Otto Fritscher mit Axel Seegers und Rudi Forstmeier, zwei Münchner Beratern in Sachen Sekten und Weltanschauungsfragen, in: Süddeutsche Zeitung, 7.6.2003.

Bildung als „schnell verfügbarer Sinnersatz"

Je höher die Arbeitslosenrate steigt, desto durchgeknallter wird das Bildungshirngespinst. Von Tag zu Tag wird's beklemmender. Egal wohin man blickt, von überall schlägt einem der Appell entgegen: Lass dich coachen! Lies Ratgeber! Besuche Kurse! Lass dich umschulen! Mache eine Weiterbildung! Nütze die Zeit der Arbeitslosigkeit für eine Ausbildung! Komme zur BeSt, zur Berufs- und Studieninformationsmesse! Lerne lebenslänglich! Solche Aufforderungen haben längst Zwangscharakter. Willst du in der gnadenlosen (Arbeits-)Welt überleben? Die Bedingungen kannst du nicht ändern, ändere dich! Stärke dich! Werde widerstandsfähiger! Werde härter und besser als die anderen! Baue „Kraft und 'Nervenspeck'" auf! Es gibt nichts, aber auch gar nichts, was nicht gegen gutes Geld als Ausweg aus den (arbeitslosen) Nöten angeboten wird: „Umfassende Lebensqualität"; „Lassen Sie Ihre Seele wieder lachen"; „Verjüngungscoaching"; „Berufserfolg durch Auflösung von selbstbehindernden Denkmustern. Ganzheitsphilosophisches Training".

Von Elfriede V. Gerdenits, der legendären Coach des „Bewerbungs-Impulstags",[23] der Massenveranstaltungen des Arbeitsamtes im Wiener Prater, ist soeben der erste Bewerbungsratgeber für Jugendliche erschienen.[24] Das Cover ziert das Portrait eines kampfbereit blickenden Mädchens – mit schmalen, schrägen Augen, großer Nase und wulstigen Lippen, mit einem roten Boxhelm und roten Boxhandschuhen, die die Hälfte des Bildes einnehmen. Der Titel ist Programm: „Survival Kit für junge Jobfinder – Dein persönlicher Bewerbungscoach". Purer Sozialdarwinismus spricht aus dem Vorwort.

Aber die wahre Fundgrube an Gruseligkeiten stellen einmal mehr die Volkshochschulen dar – jene traditionellen Bildungseinrichtungen, die viel Konkurrenz bekommen und sich in den vergangenen zwei Jahrzehnten stark verändert haben. Ein Wiener VHS-Inserat zum Thema „Kommunikation", das eine flatternde rot-weiß-rote Fahne darstellt, liefert so die Botschaft von der nationalen Notwendigkeit einer „Standortsicherung" via Bildung gleich mit. Ein Auszug der aufgelisteten Angebote: „Nie mehr sprachlos; Professionelles NLP; Abwehren unfairer Rhetorik; Smalltalk; Stressmanagement; Work-Life-Balance; Change

---

[23] Vgl. Wölflingseder, Maria: „Eine Umschulung Richtung IT oder Wirtschaft! Sonst geht's nur bergab!"
[24] Gerdenits, Elfriede V.: Survival Kit für junge Jobfinder – Dein persönlicher Bewerbungscoach, Wien 2005, www.survivalkit.at

Management im Alltag; Mentale Wellness: Wohlfühlen beginnt im Kopf; Erfolg beginnt im Kopf: Zielcoaching für Frauen; Energycoaching; Wie gehe ich mit meinen Gefühlen um?; Mein Wunsch sei Dir Befehl; Humor – eine Lebenseinstellung; Horse-Meeting: Persönlichkeitstraining mit Pferden".[25]

Die erste fundierte Kritik des immer perverser werdenden Bildungswahns findet sich in der Pädagogenzeitschrift *schulheft*: „Pädagogisierung – Die Kunst, Menschen mittels Lernen immer dümmer zu machen!"[26] Das allseits geforderte „lebenslange Lernen" – heute als „universelles Fortschrittsprogramm" gefeiert – wird von der Pädagogenzunft selbst entlarvt. Die Erfolgsstory der Bildung verorten Karlheinz Geißler und Frank Michael Orthey in ihrer Tradition von Aufklärung und Emanzipation. Sie ist sakrosankt, ähnlich wie Gerechtigkeit oder Liebe. Bildung ist in der Krise besonders attraktiv: Sie wird zum „schnell verfügbaren Sinnersatz", sie macht immer wieder „neuen Sinnersatz zugänglich – und dies lebenslänglich".[27] Der reale Erfolg – z.B. eine Jobchance – wird immer dürftiger, Bildung gerät so immer mehr zum Selbstzweck. Klar, es gibt immer wieder Beispiele, die belegen, dass eine Umschulung etc. jemanden „gerettet" hat, genauso wie immer wieder Lotteriegewinne jemanden vor dem sicheren Ruin bewahren. Deshalb „glauben" alle an die Bildung und an das Glücksspiel.

Gesellschaftliche Probleme werden nicht gelöst, sondern individualisiert und pädagogisiert. Bildung ist ein „lebenslänglicher Standardausweg",[28] ein Ausweg mit einer starken Zukunftsorientierung. Die Vorstellung, die Zukunft sei anders, „besser" und gestaltbar, lenkt von der Gegenwart und ihren Problemen ab. Lernen birgt eine Defizitorientierung: „Misserfolg beflügelt die ‚Mehr-Desselben-Dynamik' eher als dass er sie entlarvt."[29] Wenn trotz Bildung der Erfolg ausbleibt, habe ich falsch oder das Falsche gelernt. Zurück an den Start!

[25] Special 10 – Die Beilage zur Stadtzeitung Wien, Februar 2005, Beilage zur Programmzeitschrift Falter, S. 13.
[26] schulheft Nr. 116/2004: Pädagogisierung – Die Kunst, Menschen mittels Lernen immer dümmer zu machen. Hrsg. von Ribolits, Erich und Zuber, Johannes. Innsbruck 2004.
[27] Geißler, Karlheinz: Bildung und Einbildung, in: schulheft 116, S. 62.
[28] Orthey, Frank Michael: zwielichtiges lernen. Über Grenzen, Zumutungen und andere Seiten des Lernens, in: schulheft 116, S. 74.
[29] Orthey, Frank Michael: zwielichtiges lernen, S. 83.

Karlheinz Geißler analysiert treffend: „Erwachsenenbildung, insbesondere in ihrer Institutionalisierungsform 'Volkshochschule', fungiert heute als Arrangement für personale Innenausstattung und als Orientierungsmedium innerhalb der Pluralität von Lebensstilen und Wertvorstellungen. Sie wird immer mehr zur zentralen, relativ unverbindlichen Bindung in einem weitgehend bindungslosen Lebenskonzept. Sie ist zum attraktiven Ersatz für ein Leben jenseits von Familie und sozialer Tradition geworden. Primär klärt sie nicht über die Realität auf, sondern produziert Realität, die vom Schein – u. a. auch dem der Aufklärung – lebt. Denn die Glücksversprechen – auch die der Aufklärung – werden in einer Marktgesellschaft (speziell in einer kapitalistischen) *nicht* erfüllt, da ja in dieser an den Versprechungen und nicht an der Erfüllung dieser Versprechungen verdient wird." Geißler zählt Illusionen auf, die die „Erwachsenenbildung neben dem Fernsehen zur größten Illusionsveranstaltung in unserer Republik" machen.[30]

Der etwas beiläufige Satz von Karlheinz Geißler: „Ach ja, vielleicht lernen wir ja nur, weil wir nicht aufhören können zu arbeiten",[31] trifft jedoch einen der Zentralnerven des Bildungsterrors. Das immer größer werdende Heer der Arbeitslosen erhofft sich nämlich von Kursen und Umschulungen nicht nur eine Jobchance, sondern all die Aus- und Weiterbildungen sind für sie oft schlicht eine Existenzberechtigung. Diese wird ja Arbeitslosen – wenn auch unbewusst, so doch umso spürbarer – abgesprochen. Frank Michael Orthey spricht dies an, wenn er von „Routinen" schreibt, die „Sicherheit geben, Vertrauen vermitteln und die Vorstellung von Legitimität".[32]

Es geht also nicht darum, sich anzueignen, was einen interessiert, nicht darum, sich in das zu vertiefen, was einen in den Bann zieht, sondern erstens um pure Utilitarität im Sinne der verrückten Logik der Warenwelt: ich soll das lernen, was mir angeblich beruflichen Erfolg bringt; zweitens dienen die massenhaften teuren Bildungsangebote dazu, die marode Wirtschaft ankurbeln und drittens geht es um eine „Beschäftigung" für Arbeitslose, um die Fortsetzung der sinnlosen Lohnarbeitstretmühle mit anderen Mitteln. Geißler bringt es auf den Punkt: „Das lebenslange Lernen ist eine Form, das Leben zu umgehen."[33]

---

[30] Geißler, Karlheinz: Bildung und Einbildung, S. 63.
[31] Ebd., S. 62.
[32] Orthey, Frank Michael: zwielichtiges lernen, S. 75.
[33] Geißler, Karlheinz: Bildung und Einbildung, S. 71.

Literatur

Benjamin, Walter: Kapitalismus als Religion (Fragment 1921), in: Baecker, Dirk: Kapitalismus als Religion, Berlin 2003.

Fischer, Gero / Wölflingseder, Maria (Hrsg.): Biologismus – Rassismus – Nationalismus. Rechte Ideologien im Vormarsch, Wien 1995.

Kurz, Robert: Das Ende der Politik, in: Krisis 14, Bad Honeff 1994.

Kurz, Robert: Anitiökonomie und Antipolitik, in: Krisis 19, Bad Honeff 1997.

Lohoff, Ernst: Krise und Befreiung – Befreiung in der Krise. Ein postpolitischer Streifzug, in: Krisis 18, Bad Honeff 1996 (http://www.giga.or.at/others/krisis/e-lohoff_befreiung-in-der-krise_krisis18_1996.html).

Lohoff, Ernst / Trenkle, Norbert / Lewed, Karlheinz / Wölflingseder, Maria (Hrsg.): Dead Men Working. Gebrauchsanweisung zur Arbeits- und Sozialkritik in Zeiten kapitalistischen Amoklaufs, Münster 2004.

Manifest gegen die Arbeit. Hrsg. von Krisis, Eigenverlag 1999. (Bestellung über die Krisis: krisisweb@yahoo.de).

Ottomeyer, Klaus: New Age verdiente Strafe für die Sünden der akademischen Psychologie, in: Gugenberger, Eduard / Schweidlenka, Roman (Hrsg.): Mißbrauchte Schnsüchte? Wien 1992.

Schandl, Franz: Fetisch Religion – Zur fundamentalen Kritik des scheinbar Unüberwindbaren, in: Weg und Ziel 5/1996, S. 19 (modifizierte Fassung dieses Artikels: Fetisch Religion – Eine kleine abendländische Glaubenskunde unter: http://www.streifzuege.org/str_autor_schandl_religion.html).

Schandl, Franz: Lob der Politikverdrossenheit, in: Streifzüge 3/2003 (http://www.streifzuege.org/str_3-03_schandl_politikverdrossenheit.html).

Sigusch, Volkmar: Vom Trieb und von der Liebe, Frankfurt a.M. 1984.

schulheft Nr. 116/2004: Pädagogisierung – Die Kunst, Menschen mittels Lernen immer dümmer zu machen. Hrsg. von Ribolits, Erich und Zuber, Johannes.

Trenkle, Norbert: Weltgesellschaft ohne Geld, in: Krisis 18, Bad Honeff 1996 (http://www.giga.or.at/others/krisis/n-trenkle_weltgesellschaft-ohne-geld_krisis18_1996.html).

Wölflingseder, Maria: Esoterik und die Linke. Oder: Warum Spiritualität eine völlig beliebige und keine emanzipatorische Größe ist, in: AntiVisionen (Hrsg.): Schicksal und Herrschaft. Materialien zur Kritik der Esoterik-Bewegung, Hamburg 1999 (http://www.streifzuege.org/str_autor_woelf_esoterik.html).

Wölflingseder, Maria: Die Spirituellen, die aus der Kälte kamen, in: Awadalla, El: Heimliches Wissen – unheimliche Macht. Sekten, Kulte, Esoterik und der rechte Rand, Wien/Bozen 1997 (http://www.streifzuege.org/str_autor_woelf_folio.html).

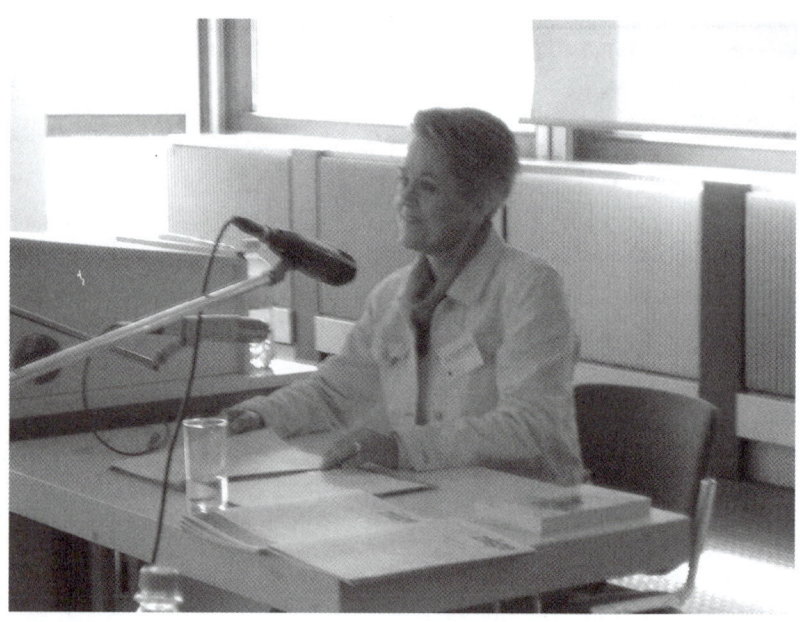

Waldemar Vogelgesang / Frank Welker

Jugend und Okkultismus
Ergebnisse einer Jugendstudie am Beispiel Trier

Beim Thema Okkultismus ist man leicht geneigt, eine Anleihe bei Günter Grass zu machen respektive diese leicht zu modifizieren: ein weites, dunkles Feld. Denn Wirklichkeit oder Illusion, wissenschaftliches Paradox oder Betrug – diese Fragen kennzeichnen den Reiz (und bisweilen auch die „Unentscheidbarkeit") okkulter Phänomene. Im Feld des Paranormalen begegnen uns nämlich gleichermaßen Erklärliches und Unerklärliches, Sinnliches und Außersinnliches, Täuschung und Transzendenz. Die sich daraus ergebende Doppelgesichtigkeit der Phänomene lässt aber, wie es scheint, Gegner wie Gläubige relativ unerschüttert. Weder sind Kritiker durch vermeintlich gut dokumentierte PSI-Fälle zu überzeugen, noch werden gestandene Okkultisten von entlarvender Beweisführung beeindruckt. Auf der subjektiven Ebene bleibt immer Raum für ein 'Ja, aber...'. Hier deutet sich an, dass nicht nur die paranormalen Phänomene eine Eigenexistenz führen, sondern auch deren individuelle Wahrnehmung und Bewertung.

Okkulte Zeichen und Verunsicherungen

Sozialwissenschaftliche Forschung, sofern sie sich als Aufklärungsarbeit versteht, braucht Anlässe. Die durch die Medien transportierten ambivalenten Meinungen über den Okkultismus – vor allem bei Jugendlichen – liefern sie in Hülle und Fülle. Denn die Einschätzungsmuster reichen vom okkulten Bazillus, der seine Opfer nicht mehr los lässt, bis zum okkulten Spiel als einer neuen Form zeittypischer Freizeitgestaltung und Sinnfindung, und dies jeweils mit dem Brustton der Überzeugung und im Rückgriff auf scheinbar unumstößliche Beweise.

Dem äußeren Anschein nach mehren sich die okkulten Zeichen. Handlinienleser, Kartenleger und andere Wahrsager werden um Auskunft über das zukünftige Schicksal gebeten. Man sucht bei spiritistischen Sitzungen Kontakt mit Verstorbenen oder Geistern aus jenseitigen Sphären. Viele vertrauen auf die heilsame Wirkung der Magie oder wollen anderen mit ihr schaden. Hexen und Satanisten behaupten öffentlich, mit dem Herrn der Finsternis im Bunde zu stehen. Einschlägige Kinoklassiker wie *Rosemaries Baby* oder *Der Exorzist*, die Begeisterung für okkulte Literatur und Rockmusik und nicht zuletzt die in der Regenbogenpresse publikumswirksam inszenierte okkulte Unterwanderung des Alltags gelten vielen als eindeutige Hinweise auf einen sowohl die gesellschaftlichen Wertefundamente als auch die Psyche der Betroffenen aushöhlenden Okkultismusboom. Vor allem spektakuläre Aktionen und Verbrechen in der Satanistenszene werden hier immer wieder zum Anlass genommen, diffuse Ängste zu schüren und Pauschalurteile zu forcieren. Im Bemühen, für das Schreckliche, Abartige und manchmal Unfassbare einer derartigen Tat eine Erklärung zu finden, werden einerseits bestimmte mediale Genres und die in ihnen inszenierten Grausamkeiten und Tabubrüche unter Generalverdacht gestellt. Andererseits werden eine Sogwirkung, Zwangsläufigkeit und Negativspirale durch den Kontakt mit okkulten Symbolen oder Gruppen für möglich gehalten, die an Simplizität kaum zu übertreffen sind. Ein typisches Beispiel für einen populistischen Gefahrendiskurs („Wehret den Anfängen!") sind die Ursachenzuschreibungen, wie sie nach dem satanistisch fundierten Ritualmord in Witten im Juli 2001 in vielen Boulevardzeitungen zu finden waren: „Das Interesse für die Schattenwelt beginnt oft mit Gläserrücken. Kinder, die daran Gefallen gefunden haben, wollen mehr von dieser Mystik und beginnen, typische Symbole wie das auf dem Kopf stehende Kruzifix oder Pentagramm (fünfzackiger Stern) in ihrem Zimmer aufzuhängen oder als Schmuck zu tragen. Weitere Erkennungszeichen: schwarze Kleidung, schwarz gefärbtes Haar oder neue Freunde, die genauso aussehen. [...] Auch wenn Kinder harte Black Metal-Musik hören, sich brutale Horrorvideos ansehen oder immer wieder Narben von Schnittwunden tragen, ist es höchste Zeit, sich an die Berater zu wenden."[1]

Die meisten Anlässe und Ereignisse, sich mit Okkultismusfolgen zu beschäftigen, sind sehr viel weniger spektakulär, auch wenn bei der päd-

---

[1]   Thormann-Löffeler, Christiane / Wissbar, Konrad / Schlichtmann, Klaus: Satansmörderin Manuela. Sie liebte Fesselspiele auf Friedhöfen, in: Bild am Sonntag vom 15.7.2001, S. 10-11.

agogischen Bewertung des Jugendokkultismus in der Öffentlichkeit überwiegend Hilflosigkeit und emotionale Betroffenheit vorherrschen, fast durchgängig gepaart mit Un- oder Halbwissen über die Ausbreitung und Bedeutung von okkulten Praktiken bei den Heranwachsenden. Wo aber Wissen knapp ist, haben Spekulationen Konjunktur – ein Sachverhalt, der aus der Vorurteilsforschung bestens bekannt und belegt ist. Denn bei schwierigen und unübersichtlichen Problemlagen neigen Menschen dazu, stereotype Schemata zu adaptieren. Vor allem die Eltern geraten angesichts spiritistischer, magischer und satanischer Praktiken ihrer Kinder immer häufiger in die Rolle von Fremden, deren vertraute Orientierungs- und Erfahrungsmuster nicht mehr passen; Kurzschlüsse und eine Etikettierungs- und Sündenbockpolitik übernehmen dann eine zweifelhafte Entlastungsfunktion.

Dies liegt letztlich auch im Phänomen selbst begründet, da der Begriff Okkultismus kaum präzise zu fassen ist und mit ihm höchst unterschiedliche Bedeutungen und Praktiken verbunden werden. Pragmatisch könnte man Okkultismus definieren als die Beschäftigung mit verborgenen Kräften, deren Auftreten durch die bisher bekannten (Natur-) Gesetze nicht erklärbar ist. Die meisten okkulten Praktiken setzen implizit oder explizit die Lehre des Spiritismus voraus, nach deren Auffassung ein Mensch bei seinem Tode nicht gänzlich stirbt, sondern ein Teil von ihm in einem Raum außerhalb unserer Welt überlebt. Diese Geister könnten durch geeignete Techniken herbeigerufen und befragt werden. Bestimmte Menschen – man bezeichnet sie auch als Medien – behaupten von sich, z. B. in Trancezuständen über die Fähigkeit zu verfügen, mit den Geistern zu kommunizieren.

Aus soziologischer Perspektive geht es nun aber nicht um die Beweissuche oder Widerlegung der Existenz okkulter Phänomene, sondern einzig darum, zu untersuchen und zu erklären, warum bestimmte Menschen – hier: okkultismusinteressierte Jugendliche – daran glauben (oder auch nicht), was sie zu diesem Glauben veranlasst und welche Bedeutungen für sie damit verbunden sind. Die Datenbasis bildet einmal eine Jugendbefragung aus dem Jahr 1991 in der Region Westeifel[2] und aktuell eine Studie, die wir zwischen 1999 und 2001 in der Stadt Trier und drei Landregionen im Regierungsbezirk Trier durchgeführt haben,[3] in der fast

---

[2] Vogelgesang, Waldemar u.a.: Umfrage zur Situation der Jugend und der Jugendarbeit in der Region Westeifel. Bitburg 1992 (Ergebnisbericht).

[3] Vogelgesang, Waldemar: „Meine Zukunft bin ich!" Alltag und Lebensplanung Jugendlicher. Frankfurt a.M./New York 2001.

2.000 Jugendlichen im Alter von 14 bis 25 Jahren unter anderem nach ihren Erfahrungen mit okkulten Praktiken befragt wurden.

Erfahrungen Jugendlicher mit Okkultpraktiken

Glaube an Übersinnliches

Ein erster Zugang zu dem Thema Okkultismus ist die Frage nach dem Glauben an Übersinnliches, das heißt an höhere Mächte beziehungsweise Erscheinungen, welche sich unserer rationalen Erklärung entziehen. Dabei betrachten wir diesen Glauben zunächst einmal als unabhängig von der Religiosität der Jugendlichen, obwohl hier sehr wohl Bezüge möglich sind. Die entsprechende Frage lautete: „Glaubst du, dass es Erscheinungen und Ereignisse gibt, die auf übersinnlichen Kräften beruhen?" Da diese Frage auch in der 1991 in der Westeifel durchgeführten Jugendstudie gestellt wurde, ist eine vergleichende Auswertung möglich.

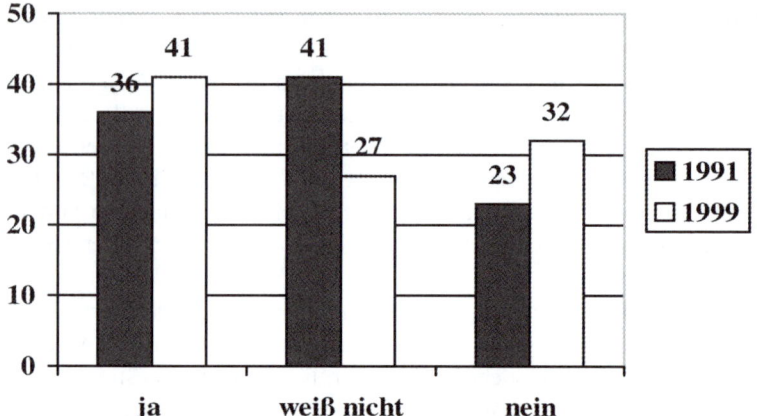

Abb. 1: Glaube an Übersinnliches im Vergleich: 1991–2000 (Angaben in Prozent)

Ein großer Teil der befragten Jugendlichen (41%) glaubt an das Vorhandensein und Wirken übersinnlicher Phänomene, etwa ein Drittel (32%) lehnt dies ab und rund ein Viertel (27%) ist sich in dieser Frage noch unschlüssig. Gegenüber der früheren Studie fällt auf, dass die Rate der Befürworter von okkulten Erscheinungen zum einen leicht zugenommen hat, und zum anderen die Jugendlichen insgesamt eindeutiger zu dieser Frage Stellung beziehen. Zieht man zum Vergleich noch Befunde der

Shell-Jugendstudie 2000 heran, so zeigt sich ein ähnliches Bild: „Auf die Frage: 'Es gibt Vorgänge, die man nicht erklären kann, in denen übernatürliche Kräfte am Werk sind' antworten 11% aller Befragten 'trifft sehr zu', 47% 'trifft zu', 30% 'trifft weniger zu' und 12% 'trifft überhaupt nicht zu'. Über die Hälfte aller Jugendlichen stellt also unerklärlich-übernatürliche Vorgänge und Kräfte in Rechnung."[4] Differenzierungen nach soziodemografischen Merkmalen offenbaren vor allem hinsichtlich des Geschlechts Unterschiede. Es sind nämlich eher die Mädchen (45%) als die Jungen (36%), die okkulte Kräfte für wirksam halten. Bezüglich des Alters fällt auf, dass die mittleren Altersjahrgänge, also die 18- bis 21-Jährigen (46%), die größte Affinität zu übersinnlichen Phänomenen haben. Die Aufgliederung der Befragten nach Bildung und Region lässt dagegen keine größeren Unterschiede erkennen. Auch zwischen Religionszugehörigkeit und dem Glauben an die Existenz paranormaler Phänomene besteht kein Zusammenhang, jedenfalls nicht im Sinne eines kausalen Substitutionsverhältnisses.

Okkulte Praktiken

Der Begriff Okkultismus umschließt, wie bereits erwähnt, alle verborgenen Dinge, Methoden und Gegebenheiten, die der normalen Erkenntnis und Erforschung nicht zugänglich sind, sondern die im Selbstverständnis der Anhänger nur durch bestimmte ritualähnliche Handlungen manipuliert werden können. Entsprechend lassen sich unter einem weiten Begriffsverständnis eine Reihe höchst unterschiedlicher Praktiken und Zeremonien subsumieren, die vom Pendeln und Gläserrücken über Handlesen und Kartenlegen bis zur Geisterbeschwörung und zum Satanskult reichen. Aus dieser Vielfalt resultiert auch die Schwierigkeit, von einer einheitlichen oder geschlossenen Okkultismusszene zu sprechen.

Diesem Problem Rechnung tragend und um die Vergleichbarkeit mit der '91er-Studie zu gewährleisten, unterteilten wir die okkulten Praktiken in vier Gruppen: 1) die so genannten Deutepraktiken, die Handlesen, Kartenlegen und Horoskope lesen beziehungsweise erstellen (lassen) umfassen; 2) den Spiritismus, zu dem das Pendeln und das Gläser- und Tischrücken gehören; 3) die Kategorie der Magie, in welcher wir die Geisterbeschwörung und die magischen Rituale, etwa den Voodoo-Zauber, zusammenfassen, und 4) die satanischen Rituale, zu denen wir schwarze

---

4   Fuchs-Heinritz, Werner: Religion. In: Deutsche Shell (Hrsg.): Jugend 2000. Bd. 1. Opladen 2000, S. 175.

Messen und den Satanskult rechnen. Um eine übersichtliche Darstellung zu ermöglichen, wurden nur die zustimmenden Nennungen ('öfter' und 'selten') berücksichtigt.

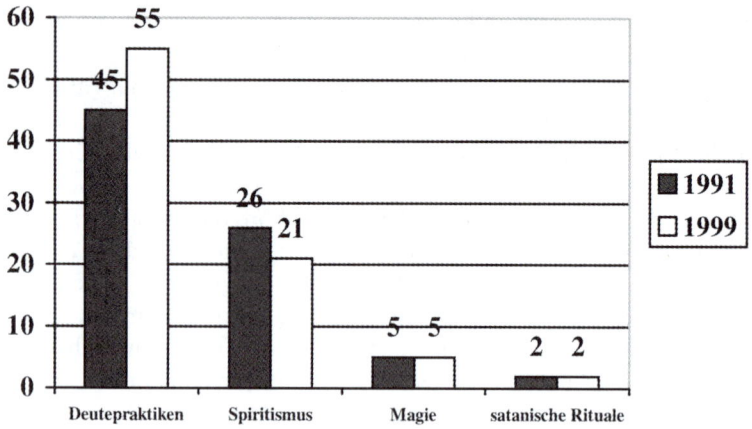

Abb. 2: Okkulte Praktiken im Vergleich: 1991–2000 (Angaben in Prozent, Antwortkategorien: „öfter" und „selten")

Am häufigsten sind unter den Jugendlichen bestimmte Weissagungsformen (55%) wie Horoskoplesen oder Kartenlegen verbreitet, gefolgt von spiritistischen Praktiken (21%) wie Gläser- und Tischrücken oder Pendeln. Kaum eine Rolle spielen magische Rituale (5%) oder satanische Praktiken (2%). Diese Rangfolge jugendlicher Okkultismusformen findet sich auch in der Westeifelstudie, wenn auch die Größenordnung bei Deutepraktiken und Spiritismus sich etwas verschoben hat. Insgesamt kann davon ausgegangen werden, dass mit Erreichen der Volljährigkeit etwa 60% der Jugendlichen über okkulte Erfahrungen verfügen.[5] Dabei handelt es sich aber in der Mehrzahl der Fälle um eine Art „Gelegenheitsokkultismus". Der Anteil der so genannten „Okkultismusinsider", also die Gruppe derjenigen, die kontinuierlich und intensiv sowohl Deute- als auch spiritistische Praktiken ausüben, liegt mit etwa 9% deutlich niedriger. Erwähnenswert ist weiterhin, dass in der Regel entsprechende Aktivitäten in Gruppen, Zirkeln oder Cliquen stattfinden. Der Okkultsingle ist die Ausnahme.

---

[5]   Enthalten sind darin Mehrfachnennungen, die sich auf die oben genannten okkulten Strukturen beziehen. Vgl. Vogelgesang, Waldemar: „Meine Zukunft bin ich!", S. 180ff.

Differenziert man die beiden am häufigsten genannten Okkultismustypen – also Deutepraktiken und Spiritismus – nach soziodemografischen Merkmalen, dann zeigen sich ebenfalls deutliche Verschiebungen. Gravierend sind vor allem die Unterschiede beim Geschlecht, denn sowohl bei den Deutepraktiken als auch beim Spiritismus sind die weiblichen Befragten stark überrepräsentiert. Dies zeigt sich bei den Deutepraktiken sowohl in der Antwortkategorie 'öfter' (Jungen: 8%; Mädchen: 30%) als auch in der Kategorie 'selten' (Jungen: 28%; Mädchen: 42%). Ein ähnliches Muster, wenn auch in einer etwas abgeschwächteren Form, wird sichtbar, wenn man den Spiritismus nach dem Geschlecht differenziert. Auch hinsichtlich der Altersstruktur der Befragten lassen sich schwach signifikante Unterschiede nachweisen. So sind es vor allem die jüngeren Altersgruppen, die sich etwas häufiger mit den unterschiedlichen Deute- und Spiritismusformen beschäftigen. Keine nennenswerten Differenzen existieren bezüglich des Bildungsniveaus und der regionalen Herkunft der Befragten. Auch ihr konfessioneller Status und ihre Religionsbindung lassen keine Korrespondenzen erkennen. Damit bestätigt sich auch in diesem Zusammenhang, dass zwischen christlichen Glaubensüberzeugungen und den verschiedenen Okkultismusformen kein Konkurrenz- und schon gar kein Verdrängungsverhältnis besteht, sondern eine Komplementärbeziehung – vorausgesetzt, sie werden von den Jugendlichen überhaupt im religiösen Kontext verortet. Damit ist Andreas Feige beizupflichten, wenn er feststellt, dass „okkulte Bewegungen, die ohnehin anteilsmäßig ein Minderheitenphänomen sind, [...] keineswegs eine Alternative zur kirchlichen Religiosität darstellen".[6]

Ein spiritistisches Fallbeispiel

Worin liegt nun für die Jugendlichen der besondere Reiz okkulter Phänomene? Um entsprechende individuelle Motivlagen aufzuspüren, haben wir mit ihnen ausführliche und teilweise sehr persönliche Gespräche geführt. Der Bericht von drei 15-jährigen Mädchen vermittelt einen ersten Eindruck davon, in welcher Weise sich Jugendliche mit spirituellen Praktiken beschäftigen und welche Vorstellungen sie damit verbinden.

„Wir haben einen runden geleimten Tisch genommen und ein umgestülptes Glas in die Mitte gestellt. Dann haben wir die Buchstaben des

---

[6] Feige, Andreas: Zwischen großkirchlich angesonnener Religionspflicht und autonom-individuellem Religionsgefühl, in: Gabriel, Karl/Hobelsberger, Hans (Hrsg.): Jugend, Religion und Modernisierung. Opladen 1994, S. 86.

Alphabets und Zahlen sowie die Worte 'Ja' und 'Nein' auf Zettel aufge-
schrieben, ausgeschnitten und im Kreis um das Glas herumgelegt, so dass
sie sich berührten. Wir fragten: 'Geist, bist du da, so antworte mit 'ja'.
Dann bewegte sich das Glas zum 'Ja'. Wir stellten einige Sicherheitsfra-
gen wie: Geburtsdaten, Namen, Alter von uns. Diese Fragen konnte der
Geist alle beantworten, indem sich das Glas zu den einzelnen Buchstaben
hinbewegte. Wir fragten ihn auch nach Noten in Klassenarbeiten. Hier
allerdings machte er einige Fehler, aber einige Angaben stimmten genau.
Zum Schluss fragten wir mehrere 'Geister', wen wir später heiraten würden. Er schrieb Namen, die wir bereits kannten.

Dies alles ist kein Schwindel. Erst war es nur Spaß, aber langsam wissen wir nicht mehr, ob wir daran glauben sollen oder nicht. Unsere Reli-
gionslehrerin war dermaßen entsetzt, dass sie erst einmal für uns betete
und uns das Versprechen abnahm, es nie wieder zu tun. (...) War das, was
wir taten wirklich Gotteslästerung? Oder gibt es für diesen Vorgang eine
(logische) Erklärung?"

Die Äußerung lässt ein weites – und sehr heterogenes – Spektrum von
Gründen und Motiven erkennen. Neugier und Verunsicherung, Logik und
Magie, Selbstbestimmung und Abgrenzung kennzeichnen die ersten spiritistischen Gehversuche. Partnerschaft, Sexualität und Zukunft sind dabei
die Hauptthemen, über die man durch Kontakte mit den „Jenseitsbot-
schaftern", wie dies ein Jugendlicher (Markus) sehr plastisch umschrieben
hat, etwas in Erfahrung bringen möchte. Dabei verfolgen die Jugendlichen eine besondere Art von Experimentstrategie. So gibt es regelrechte
Testfragen und -strategien, um die Geistbotschaften zu überprüfen. Das
Hauptmotiv ist aber die Neugier gegenüber dem Unbekannten, zu dem
man sich mittels spiritistischer Praktiken Zugang verschaffen möchte.
Wichtig sind dabei nicht zuletzt Erfolgserlebnisse: „Es geht voran, du
kommst weiter, dringst in neue Gebiete vor und erschließt dir einen Zugriff auf neue Wissensgebiete" (Lars). Das bedeutet, der Glaube an die
Richtigkeit spiritistischer Mitteilungen geht einher mit ihrer „individuellen Verwertbarkeit" in Form einer höchst subjektiven Vorstellung von
Wissens- und Horizonterweiterung. Man möchte in die Geheimnisse der
materiellen und immateriellen Welt eindringen, wobei sich allerdings die
Frage stellt, welche Beziehung zwischen den Entdeckungen, die man
dabei macht oder zu machen glaubt, und dem eigenen Jenseitsbild besteht. Sind die Geist-Botschaften, so die etwas ketzerische Anmerkung,
möglicherweise nur Konstruktionen und Projektionen sehr irdischer Er-

fahrungen und Erwartungshaltungen? Fühlen die Freizeitspiritisten vielleicht gar nicht den Jenseitspuls, sondern nur ihren eigenen?

Smalltalk mit Geistern

Dass die magische Kommunikation sehr handfeste Anknüpfungspunkte und Anlässe hat, ist in den Gesprächen mit den Jugendlichen immer wieder sichtbar geworden. Denn ihr Okkultes ist keineswegs nur auf naturwissenschaftliche und spirituelle Dimensionen beschränkt, sondern es sind oft auch einfach Situationen und Ereignisse des Alltagslebens, die hinterfragt werden und zu denen man mehr wissen möchte. Jugendliche erhoffen sich von ihren spiritistischen Sessions also nicht zuletzt lebenspraktische Hilfen, Ratschläge, „irgendwie mehr Durchblick" (Gisela). Im Hintergrund steht hier die Vorstellung, dass Geister, weil nicht an materielle Beschränkungen gebunden, eine bessere Übersicht besitzen. Sie haben mehr Informationen als die Irdischen – entweder weil sie die Schwelle zum Tode überschritten haben und daher über diesen Bereich informiert sind oder weil sie als außerirdische Intelligenzen Wissen über der menschlichen Beobachtung unzugängliche Gebiete des Universums besitzen. Mit diesen Möglichkeiten können in den Augen der Jugendlichen „diesseitige" Erkenntnisformen nicht konkurrieren, da sie auf das Hier und Jetzt fixiert sind: „Wir wursteln uns durch, und die lächeln milde, was wir uns da abhalten; wir sehen nicht einmal unseren Weg, und die kennen schon unser Ziel" (Jürgen). In beinah philosophischer Form bringt ein Jugendlicher mit dieser Feststellung die Erfahrung von Grenzen und der Endlichkeit menschlicher Existenz zum Ausdruck. Spiritistische Praktiken sind für ihn Anlass und Medium, Zugang zu fundamentalen Sinnfragen zu finden, und gleichzeitig darauf zu hoffen, durch entsprechende „jenseitige" Rückmeldungen zu neuen, tieferen Einsichten zu gelangen.

Es sind aber nicht nur die gordischen Sinnknoten an den Rändern und in den Winkeln unserer Lebenswelt, die Jugendliche durch die labyrinthische Struktur ihrer Fragestellung faszinieren und Zuflucht bei okkulten Aktivitäten nehmen lassen, sondern die spiritistischen Sitzungen verkörpern für sie auch besondere Erlebnisnischen. Man ist hier nicht nur unter Altersgleichen, sondern in erster Linie unter Seinesgleichen, erlebt mit und in der Clique den Reiz und manchmal auch Angstkitzel, den okkulte Praktiken auszulösen vermögen.

„Wir haben oft gelacht dabei, Spaß gehabt. Manche sagen, wenn man lacht oder ein Kreuz trägt, dann kommt keine Botschaft rüber; ist doch Blödsinn." (Rudi)

„Allein macht das kaum jemand, das läuft nur in der Gruppe. Ich mein' jetzt die Spannung und die Action. Das ganze Umfeld, das knistert eben, das macht es aus." (Lars)

„Ich habe das fünf Stunden hintereinander gemacht und dabei gedacht, es wären erst zehn Minuten vergangen. Du vergisst die Uhr, du verlierst dabei wirklich jegliches Raum- und Zeitgefühl, du lässt dich von der Stimmung so richtig einfangen." (Esther)

„Ich meine, du darfst dir das nicht nur so total ernst vorstellen. [...] Es ist halt nicht so, dass wir immer nur über spirituelle Probleme oder Themen sprechen, sondern jetzt wirklich auch 'mal Witze und Fez machen. Das ist dann nicht nur in der Gruppe, auch die Geister müssen dran glauben. Oder bist du der Meinung, die verstehen keinen Spaß?" (Rani)

„Wir sitzen da nicht wie Stockfische im Kreis und zittern und bibbern vor dem, was da wohl gleich rüberkommt. Da wird rumgelacht und geredet, auch mit den Entitäten schon mal so richtig geflaxt; ist halt irgendwie 'ne gute Stimmung dabei. [...] Es ist nicht so, dass man da alles so unheimlich ernst nehmen muss." (Jürgen)

Diese Art der Gruppenkommunikation und Inszenierung spiritistischer Praktiken haben Hunfeld und Dreger treffend als „Smalltalk mit den Geistern" bezeichnet.[7] Es geht also bei den „Freizeitspiritisten" keineswegs nur um abgründige Seelentiefe und Letzterkenntnisse, sondern auch – und oft hat man den Eindruck: in erster Linie – um die Geselligkeit und das Gruppenerlebnis. Die Jugendlichen können in der selbst gestalteten okkulten Umgebung ihren Emotionen und ihrer Spontaneität freien Lauf lassen, Ausgelassenheit und Ungezwungenheit sind angesagt. Hier wird ein enger Bezug des Okkulten zum Freizeitbereich sichtbar, denn der Reiz und die Atmosphäre, die hier beschrieben werden, liegen auf einer ähnlichen Ebene wie ein Discobesuch. Das Gläserrücken erfüllt in den meisten Fällen geradezu discoähnliche Funktionen, indem es einen Freiraum schafft, innerhalb dessen man sowohl Action und Gaudi erleben als auch eigene Wünsche und Sehnsüchte ausleben kann.

---

[7] Hunfeld, Frauke/Dreger, Thomas: Magische Zeiten. Jugendliche und Okkultismus. Weinheim/Basel 1990, S. 13f.

Jugendliche Freizeitspiritisten – typologisch betrachtet

Betrachtet man die jugendlichen Okkultpraktiken unter einer eher systematischen Perspektive, dann lassen sich einige strukturelle Muster erkennen. Zunächst einmal ist festzuhalten, dass es keine einheitliche Okkultismusszene unter den Jugendlichen gibt, zudem variiert die Ausübung entsprechender Praktiken nach Alter und Geschlecht und Szeneanbindung. So lassen sich in Abhängigkeit vom Grad des Eingebundenseins in die jeweilige Szene oder Clique drei Beziehungstypen resp. Teilnahmeformen unterscheiden:

• die Neugierigen: bei ihnen ist es der Reiz des Unbekannten, der im Vordergrund steht;

• die Mitläufer: sie suchen die intensive Beschäftigung mit dem Okkulten und nehmen rege an den Aktivitäten der Szene teil;

• die Insider: bei ihnen hat das Okkulte hohe Alltagsrelevanz, es nimmt unter Umständen den Platz einer Ersatzreligion ein.

Jugendliche geraten nun aber nicht zwangsläufig in einen okkulten Sog, aus dem es kein Entrinnen mehr gibt. Vielmehr bleiben die meisten an der Peripherie der magisch okkulten Sozialwelt, das heißt, ihr Wissen ist oberflächlich und diffus, ihre Bindung ist locker und temporär. Spezialisierungen im Sinne einer okkulten Karriere sind dagegen die Ausnahme. Dabei sind die Gründe, warum sich Jugendliche mit okkulten Praktiken beschäftigen, durchaus vielschichtig, wie im Kontext der ethnografischen Recherchen in verschiedenen Jugendszenen noch ausführlich zu zeigen sein wird. Sie reichen von der Spannungssuche über das Interesse am Außeralltäglichen bis zur Gruppenmitgliedschaft. Allerdings sind nicht alle Gründe für alle Jugendlichen gleich wichtig, sondern es lassen sich drei Motivkonstellationen unterscheiden:

• Es gibt zum einen den *Typus der Erlebnisorientierten*, der Spektakel und Abenteuer sucht. Am Okkulten faszinieren ihn der gruselige Augenschein und das prickelnde Feeling, zum Beispiel durch das rückende Glas, den klopfenden Tisch oder die Geisterstimme auf dem Tonband. Er will staunen und bewegt sein.

• Des Weiteren gibt es den *Typus des Glaubensorientierten*, der sich nach einem Religionsersatz für ein in Dogmen und Ritualen erstarrtes und erlebnisfernes Christentum sehnt. Am Okkulten fasziniert ihn in erster Linie die Aussicht auf ein glaubhaftes Gottesbild, auf unmittelbare religiöse Erfahrungen, auf Gewissheiten über höchste Ziele und einen letzten Sinn.

• Drittens gibt es den Typus des Wissensorientierten. Am Okkultismus
interessiert ihn vor allem der harte Kern von rational nicht erklärbaren
Erscheinungen. Diese Jugendlichen verstehen sich als eine Art Forscher in der Geisterwelt.

Die normale Okkultismus-Karriere

Wie sieht nun der normale Verlauf einer Okkultismuskarriere von Jugendlichen aus? Zur Verdeutlichung sind hierzu einige Aussagen von
Jugendlichen zitiert, die wir narrativ befragt haben:

„Am Anfang habe ich ziemlich oft so Tischrücken gemacht, so ein Jahr
lang etwa, später dann nicht mehr, weil da nicht mehr viel raus kam. Wir
haben alles schon gewusst. [...] Mit dem bisschen, was da rüberkommt,
das ist zu wenig, da ist irgendwann Schluss. Und alles, was darüber hin-
ausginge, wäre nur Interpretation, da kann man ja auch Science-Fiction
lesen. [...] Ist halt alles nur eine Zeit lang interessant, deswegen habe ich
auch irgendwann aufgehört" (Marius, 17 Jahre).

„Ich denke, letztendlich sind das psychische Dinge, die da eine Rolle
spielen. Und damit habe ich das denn auch für mich geklärt. Groß wei-
termachen und was Neues anfangen, das lohnt dann nicht mehr. Das
Ganze ist dann ausgereizt" (Mareike, 16 Jahre).

„Das sind ja Themen, die die Parapsychologie behandelt, wie das jetzt
halt mit Gläserrücken und Pendeln und den anderen Dingen so funktioniert. Mir wurde mit der Zeit klar, das ist eine Frage des Willens. Wenn
sich so viele Leute auf ein Glas konzentrieren, dann bewegt es sich halt.
Da hängen dann auch so Sachen wie Telepathie oder Telekinese mit dran.
Wie auch immer, so wissenschaftliche Erklärungen nehmen dem Ganzen
den Zauber" (Tim, 18 Jahre).

Der Tenor der Äußerungen ist eindeutig: Der Freizeitspiritismus ist für
viele Jugendliche „nur eine Zeit lang interessant". Er verliert schnell an
Reiz, wenn das Potenzial des Forschens ausgeschöpft ist, wenn kein Fortschritt mehr sichtbar wird und die Neugierde keine Nahrung mehr findet.
Entsprechend sind freizeitspiritistische Gruppen eher kurzlebig (ein bis
zwei Jahre). Es sind nicht zuletzt (natur-) wissenschaftliche Erklärungen,
auf die die Jugendlichen zurückgreifen, und die in der Folge der Entzauberung spiritistischer Praktiken Vorschub leisten. Zwar streben sie nach
einer Spannungs- und Erlebnisoptimierung, befördern aber letztlich die
Erosion und das Versiegen der spiritistischen Reizquelle.

Für einige Jugendliche kann es jedoch zu einer Verfestigung und Dauerhaftigkeit auf einer anderen Ebene kommen, und zwar vor allem dann, wenn zusätzlich zu den bisherigen spiritistischen Alltagserfahrungen noch auf entsprechende okkulte Theorien und Philosophien als Legitimationsressourcen zurückgegriffen wird. Für diese kleinere Gruppe ist das Gläserrücken oder Pendeln dann ein Gateway in die größere Sozial- und Sinnwelt des Esoterischen.

Wenn die Distanz fehlt oder verloren geht: ein problematisches Fallbeispiel

Das okkulte Spiel kann aber unter bestimmten Bedingungen auch in Ernst umschlagen resp. zum Problem werden. Hierzu ein Fallbeispiel. So schilderte uns Karl-Heinz, 16 Jahre, seine angstauslösenden Okkulterfahrungen folgendermaßen:

„Mir ist schon beim ersten Mal ein kalter Schauer den Rücken heruntergelaufen. Dieses Schaudern war aber kein Grund, mit dem Gläseln aufzuhören, das Gefühl und die Neugier waren stärker. […] Und wir haben immer neue Fragen gestellt, nach neuen Geistern gerufen, haben die Schattenwelt mit ihren Entitäten regelrecht durchforscht. […] Ein Kontaktwesen, das sich da gemeldet hat, hieß Asmodeus. Zunächst konnte ich nichts mit dem Namen anfangen, bis ich irgendwann 'mal in einem Religionslexikon blätterte, und da stieß ich dann auf den Namen für den Satan. Oder besser gesagt, unter der Begriffserklärung von Satan stand da, dass der oberste der Dämonen Asmodeus heißt oder Asmodi, ich weiß es nicht mehr genau. Und das fiel mir eben abends in die Hände. Es war schon nach Mitternacht, es war alles dunkel im Haus. Ich war, glaub' ich, auch alleine. Und es traf mich dann wie ein Schlag sozusagen. Ich hatte in der Nacht furchtbare Angst, hab' überhaupt nicht geschlafen und überall so Klopfzeichen gehört, jedenfalls hab' ich das geglaubt. Bis heute bring' ich das nicht richtig auf die Reihe, dass ausgerechnet wir mit dem Teufel Kontakt gehabt haben. […] Es hat mich schon gereizt, noch weiterzumachen. Das ist dann wie so ein Sog, es noch mal zu probieren. Ich hab's dann aber doch sein lassen mit dem Gläseln, das war mir doch zu unheimlich."

Auch bei Karl-Heinz stehen am Anfang die Neugierde und der Thrill, die den besonderen Reiz des Gläserrückens ausmachen. Aber seine spiritistischen Erkundungen führten zu einem Geistwesen, dessen Macht – Karl-Heinz spricht an anderer Stelle im Interview diesbezüglich auch von

„Potenzial" und „Power" – ihn offensichtlich stark ängstigt. Bezeichnend für die hier geschilderte spiritistische Erfahrung ist, dass sie sozusagen satanisch aufgeladen wird. Die Folge dieses Kontakts mit Asmodeus, dem Fürsten der Finsternis, ist bei Karl-Heinz eine angstdurchwachte Nacht, in der er Klopfphänomene wahrzunehmen glaubt. Er bricht daraufhin seine Beschäftigung mit dem Gläserrücken ab.

Hier zeigt sich eine andere Aneignungsform, als sie uns in den meisten Fällen geschildert wurde. Was sind die Gründe? Offensichtlich hat Karl-Heinz nicht die gleichen Strategien und Routinen zur Verfügung, die vermeintlichen Jenseitskontakte und Jenseitsbotschaften zu entdramatisieren und als spezifisches Reizerlebnis in vorhandene Relevanzmuster zu integrieren. Der verspürten Neugierde begegnet er mit dem Abbrechen der spiritistischen Tätigkeit. Grundsätzlich ist das Gläserrücken auch in seinem Fall durch ein ausgeprägtes Such- und Erkundungsverhalten motiviert, aber die zusätzlich ins Spiel kommende teuflische Rahmung der spiritistischen Erfahrung sprengt den Erwartungshorizont und aktiviert angstbesetzte Vorstellungen. Die Faszination für das Okkulte kann nicht in einen adäquaten Erlebnishabitus übersetzt werden. Es fehlt die Attitüde des Coolbleibens und der Affektbeherrschung, die ganz offensichtlich eine wesentliche Voraussetzung für eine gelungene – und damit erlebnisorientierte – Aneignung des Okkultismus darstellt. Es wird auf die hier angesprochene Problematik okkulter Rahmenbrüche und den damit einhergehenden Verunsicherungen noch zurückzukommen sein. Auch Grenzziehungen und Grenzüberschreitungen zum Satanismus sind in diesem Kontext zu thematisieren und im Hinblick auf ihr Gefahren- und Devianzpotenzial einer fundierten Analyse zu unterziehen.

Schwarze Messen und satanistischer Vandalismus

Zu den problematischsten Formen des Jugendokkultismus zählen sicherlich satanische Praktiken und schwarzmagische Beschwörungsrituale. Entgegen einer oft publizierten Meinung, handelt es sich hierbei jedoch nicht um die Spitze des Eisbergs okkulter Jugendgruppen, zweifellos aber um die aggressivsten und destruktivsten Formationen. Harald Wiesendanger schätzt die Zahl der „fanatischen, straff organisierten Teufelsanbeter, [...] die im Namen des Bösen vor nichts zurückschrecken, nur auf einige hundert".[8] Diese Vermutung deckt sich mit unseren Szenerecherchen: Der harte Kern der Satanisten ist eine absolute Minderheit, deren Zahl noch unter einem Prozent der okkult-faszinierten Jugendlichen liegen dürfte.

Fraglos zählen sie aber zu den problematischsten Okkult-Zirkeln von Jugendlichen. Schmerz-, Ekel- und – teilweise erzwungene – Sexualpraktiken bestimmen den Ablauf der so genannten Schwarzen Messen. Die hier stattfindenden Tabu-Verletzungen werden begleitet von Machtdemonstrationen und Unterwerfungsgesten. Ihre bizarren und gefährlichen Zeremonien und Rituale sind gepaart mit einer ausgeprägten hierarchischen Gruppenstruktur und lassen viele Ähnlichkeiten zu Sekten erkennen.

Da wir über das Innenleben der Satanszirkel nur von den Rändern her Einsicht erhalten haben, sind Aussagen über gruppeninterne Kontroll- und Disziplinierungsmaßnahmen nur sehr bedingt möglich. Für harte Strafrituale wie Auspeitschungen, Folterungen und Erpressungen, wie immer wieder zu lesen ist, haben wir keine Anhaltspunkte gefunden. Subtilere Formen der Demütigung, Kränkung und erzwungenen Ehrerbietung scheinen jedoch an der Tagesordnung zu sein. Zudem wird „Kritik sehr unfreundlich aufgenommen" (Pia). Vermutungen über Strafkataloge und Bußexerzitien für Abtrünnige und Aussteiger äußerten zwar auch einige der Satansszene nahe stehende Jugendliche. Aus eigener Beobachtung konnten sie jedoch nur in zwei Fällen über so genannte Ekelpraktiken Näheres berichten:

Auszug aus dem Interview mit Hätti (19 Jahre)
Hätti: „Da wollte einer aus der Gruppe raus oder hatte irgendwelchen Mist gebaut, das weiß ich jetzt nicht mehr so genau, jedenfalls hatten alle einen ziemlichen Hass auf den."
Interviewer: „Und was ist dann passiert?"
Hätti: „Ja, die haben den vor allen anderen in der Gruppe angepinkelt. Und als der sich dann gewehrt hat, da haben sie ihn mit Gewalt festgehalten und einfach weitergepinkelt."

Auszug aus dem Interview mit Rachel (17 Jahre)
Rachel: „Das Schlimmste, was ich mal gesehen hab', da musste jemand seinen eigenen Kot essen. Das wurde dem richtig befohlen."

---

[8]   Wiesendanger, Harald: In Teufels Küche. Jugendokkultismus. Gründe, Folgen, Hilfen. Düsseldorf 1992, S. 40.

Interviewer: „Und hat der gehorcht und das auch tatsächlich gemacht?"
Rachel: „Ja, aber es war schrecklich, einfach widerlich."
Interviewer: „Und die anderen?"
Rachel: „Die haben zugesehen. Es war eine Strafaktion vor der ganzen Gruppe. Jeder sollte wahrscheinlich sehen, was angesagt ist, wenn einer nicht dicht hält oder vielleicht die Flatter machen will."

Das Essen und Trinken von Exkrementen ist, wie wir aus Studien über sado-masochistische Sexualpraktiken wissen,[9] ein Demutsritual und wird hier als dramatischer Beleg für eine absolut devote Haltung gedeutet. In satanischen Zirkeln, in denen offensichtlich ähnliche Praktiken der Unterordnung vorkommen, haben wir es aber im Unterschied zur S/M-Szene nicht mit einem auf Freiwilligkeit basierenden Ritual-Spiel zu tun, sondern mit einer erzwungenen Ritual-Strafe. Es ist davon auszugehen, dass diese Form der Demütigung möglicherweise sogar als härter und verletzender empfunden wird, als körperliche Strafen oder Züchtigungen. Denn die zivilisatorisch entstandene Ächtung der menschlichen Ausscheidungen hat zu ihrer beinah vollständigen Tabuisierung in unserer Kultur geführt. Die Verletzung dieses Tabus ruft extreme Ablehnung und Ekelreaktionen hervor: „Der hat dann nur noch gekotzt" (Rachel). Wie solche das Selbstwertgefühl massiv tangierende Ekelpraktiken von den jugendlichen Satanisten verarbeitet werden, ist bisher nicht untersucht worden. Dass sie – im Unterschied zum Ritus der schwarzen Messe – wohl weniger eine integrierende als vielmehr eine Gruppen sprengende Funktion haben, belegt folgende Äußerung: „Als Pisse und Scheiße ins Spiel kam, da war Schluss, und das nicht nur bei mir. Auch andere fühlten sich dadurch so gedemütigt, dass sie aus der Gruppe rausgingen" (Rachel).

Es gibt auch Akteure in der Szene, deren satanische Identität sich in erster Linie über spektakuläre Gewalthandlungen bestimmt. Welches Ausmaß ihre Zerstörungswut dabei annehmen kann, belegen die folgenden Beispiele sehr eindrucksvoll:

„Die Typen zum Beispiel, die nachts Leichen ausgegraben haben, die haben das ja nicht die ganze Zeit gemacht. Die mussten was Extremes bringen, wenn sie dazugehören wollten, ihre satanische Reifeprüfung eben. Es gibt aber auch Typen, die ziehen Nacht für Nacht los und kennen nur eins: buddeln, buddeln, buddeln. Ich hab' von einem gehört, der ist auf dem Friedhof regelrecht Amok gelaufen, hat reihenweise Grabsteine

---

[9]   Vgl. Wetzstein, Thomas A. u.a.: Sadomasochismus. Szenen und Rituale. Reinbek 1993.

umgeworfen, Pentagramme oder die drei magischen Sechsen draufgesprüht und dann noch sein Zeichen." (Holger)

„Am schlimmsten sind die schwarzen Randalos, die lassen einfach nur die Sau raus. Die sind in keiner festen Gruppe, sondern mehr so Einzelgänger, die Spontanaktionen machen. Vielleicht sind sie auch in irgend 'ner Clique, aber was da abgeht, das hat mit Schwarzen Messen nichts zu tun. Die machen einfach nur kaputt, und Friedhöfe und Kapellen sind halt ihr Revier. [...] In der Zeitung hab' ich mal ein Foto von so 'ner Friedhofsschändung gesehen. Da hat man sofort gesehen, wer da am Werk war: reine Brutalos nämlich und keine Satanos. Die waren noch zu blöd, ein richtiges Pentagramm auf den Grabstein zu sprühen; [...] reine Amateure, aber gewalttätig." (Rüdiger)

Was an den Gewalt- und Zerstörungsaktionen auffällt, ist ihr spontaner und eruptiver Charakter. Für einige wenige Jugendliche aus der Satansszene werden Friedhöfe, Kirchen und Kapellen regelrecht zum Schauplatz eskalierender Destruktivität. Warum aber suchen sie sich gerade diese heiligen Orte aus, „um ihrem Frust freien Lauf zu lassen" (Ulla)? Verstärkt ihre Entweihung durch kaum noch steigerbare Formen des Vandalismus den Adrenalinpegel der jugendlichen Täter?

Wir können über ihre Motive nur Vermutungen anstellen und lediglich durch einen Vergleich mit anderen aggressiven Jugendgruppen Anhaltspunkte dafür finden, was in den gewalttätigen Satanos vorgeht. Aus der Jugend- und Randgruppenforschung ist bekannt, dass Gewalt in bestimmten jugendlichen Subkulturen immer auch ein Ausdruckscode ist, sozusagen die Sprache des Milieus, da andere Darstellungsformen nicht möglich oder zugänglich sind. Sie ist hier zudem Zeugnis eines Kults aggressiver Männlichkeit und expressiven Risikoverhaltens; anders formuliert: Identität wird durch Gewalt, Einsatz und Gefahr befestigt. Roland Eckert drückt diese nicht nur in jugendlichen Härtegruppen (Skinheads, Autonome, Hooligans, Faschos) zu beobachtende gewalt- und risikogeprägte Geltungssuche und Selbstdarstellung folgendermaßen aus: „Jugendliche werden sich auf Aktivitäten spezialisieren, in denen sie sich als erfolgreich erfahren haben, und dies kann durchaus die 'bad reputation' sein nach dem Motto: 'Und wenn sie mich nicht lieben, so sollen sie mich doch fürchten'."[10]

---

[10] Eckert, Roland: Vom „Schläger" zum „Kämpfer". Jugendgewalt und Fremdenfeindlichkeit. In: Wehling, Hans-Georg (Hrsg.): Aggression und Gewalt. Stuttgart/Berlin/Köln 1993, S. 143.

Wenn eine vergleichbare Motivlage auch bei den satanischen Ge-
walttätern vorliegt, wenn also auch sie ihre Aktionen gezielt zur Selbst-
stilisierung und Profilierung einsetzen, dann allerdings können die Medien zum unfreiwilligen Komplizen werden. Denn gerade bei Grabschän-
dungen scheinen es die satanischen Hooligans regelrecht darauf anzule-
gen, dass über ihre Verwüstungen auch „angemessen" berichtet wird:
„Die sind doch nur geil darauf, in der Zeitung zu stehen" (Rüdiger). Eine
sensationsorientierte Berichterstattung kommt in diesem Fall einer Art
Aufmerksamkeitsprämie gleich: Man will gesehen (zutreffender: wahrgenommen) werden, aber nicht erkannt.

Okkultinspirierte Jugendszenen am Beispiel der Black Metal-Fans

Satanische Bricolage als Stilmittel

Zu den markantesten und ambivalentesten Eindrücken und Erfahrungen,
die wir bei unseren jugend- und medienkulturellen Szenerecherchen gemacht haben, zählt die Konfrontation mit einer weit gefächerten satanischen Symbolik, die sich in unterschiedlicher Ausprägung und Ausformung in der Metal-Kultur und ihren Subspezies nachweisen lässt. Angefangen vom Outfit der Fans (Satans-Embleme auf T-Shirts und Jacken-
rücken, Totenkopfanhänger, umgedrehte Pentagramme, Kreuze, Sticker
mit der Zahl 666) über die Namen der Metal-Gruppen, die Plattencover
und Songtexte bis hin zur Dramaturgie von Videoclips und Konzertveran-
staltungen ist die teuflische Zeichenwelt beinah allgegenwärtig.

Bezogen auf die jugendlichen Fans stellt sich in diesem Zusammenhang die Frage, wie sie mit den satanischen Elementen umgehen und
welche Bedeutung sie ihnen zuschreiben. Dabei zeigt sich, dass diese
weniger Identifikationsobjekte sind, denen die Jugendlichen hilflos ausgeliefert sind, wie immer wieder behauptet wird, als vielmehr Anschluss-
objekte für durchaus unterschiedliche Sinn- und Handlungsmuster. Für
manche Metal-Fans bedeuten sie nicht mehr als „Firlefanz, den keiner
richtig ernst nimmt" (Jörg), oder einfach „geiles Teufelszeug, das ein
bisschen shocking ist" (Florian). Einige wenige gehen sogar soweit, die
satanischen Symbole völlig zu ignorieren: „Alles Pupes und ziemlich
bescheuert" (Boris) und ihre Begeisterung für die Metal-Musik nur über
„den extremen und echten Sound" (Ronny) zu definieren. Andere Fans
dagegen instrumentalisieren die satanischen Texte und Zeichen regel-

recht, um damit ihre Protesthaltung gegenüber der Kirche zum Ausdruck zu bringen: „Was heute in der Kirche abgeht, hat etwas mit schwarzer Magie zu tun" (Rolf); oder: „Im Namen der Kirche wurden mehr Leute umgebracht, als im Namen Satans" (Kai).

Der Umgang mit satanischen Emblemen und Ideen in der Metal-Szene, das wird aus den Antworten deutlich, verweist auf markante Unterschiede zwischen den Fans. Ein weiterer Aneignungsmodus, der vielfach auch in Verbindung mit anderen Verwendungsformen vorkommt, soll noch besonders herausgestellt werden. Kennzeichnend für ihn ist eine Art satanischer Bricolage. Gemeint ist damit, dass zentrale Elemente der Metal-Sinnwelt durch eine Transformation und Umgruppierung satanischer Gegenstände und Bedeutungsmuster entstehen. Die Fans basteln sich aus dem vorhandenen satanischen Fundus gleichsam einen eigenen Sinnkosmos. Rolf (17 Jahre) bringt diese Art der stilistischen Neuordnung von teuflischen Symbolen und Praktiken auf den Punkt: „Nichts ist uns heilig, am allerwenigsten das Heilige. Und das gilt für den Satanismus ganz genauso. Wir schlachten heilige Kühe, aber wir züchten sie nicht. Es ist ein Spiel mit mystischen und dämonischen Vorgaben, beinah wie eine Form von Fantasy-Rollenspiel. Wenn du es durchschauen willst, musst du die Spielregeln kennen. Wer sie kennt, weiß was angesagt ist. Nimm' mal als Beispiel das Baphomet-Bild auf dem *Slayer*-Cover, damit lässt sich gut illustrieren, was ich meine."

Was ist der Kerngedanke dieser Aussage und was verbirgt sich hinter dem Hinweis auf die Baphomet-Abbildung? Von den Metal-Fans werden satanische Symbole nicht einfach nur übernommen, sondern mit der Übernahme – und das ist entscheidend – geht auch eine Veränderung des Bedeutungsgehalts einher. Was für viele jugendkulturelle Stile typisch ist, lässt sich somit auch für die Metal-Fans und ihren eigenwilligen Gebrauch des Satanischen zeigen. Sie erweisen ihm nämlich keine emphatische, sondern eine spielerische Referenz. Das bedeutet, es werden satanisch inspirierte Symbole, Ideen und Texte benutzt, aber nicht in ihrem ursprünglichen Sinn. Erstaunlich ist dabei die Produktivität aber auch der Eigensinn, mit denen die Metal-Fans satanische Symbole transformieren. Ja, es erweckt den Eindruck, als wilderten sie bisweilen regelrecht „in Teufels Garten". An der von Rolf angesprochenen Abbildung des Baphomet lässt sich dies sehr anschaulich demonstrieren.

In der klassischen Esoterik findet sich bei dem französischen Okkultisten Eliphas Lévi eine Darstellung des Baphomet, des sagenhaften Göt-
zen, den die Tempelritter an-
gebetet haben sollen. Seine
Beschreibung, die auf den
ersten Blick an klassische
Teufelsvorstellungen erinnert,
spiegelt eine dualistische
Weltordnung wider: Bapho-
met wird in meditativer Sitz-
haltung dargestellt, halb Frau,
halb Mann, halb Mensch (mit
Engelsflügeln), halb Tier, die
rechte Hand zum Himmel erhoben, die linke zur Erde wei-
send. Aus seinem Tierhaupt
lodert eine ruhige Flamme,
die das Licht der Vernunft
symbolisiert. Es handelt sich

Slayer, Show No Mercy (1983)

hier um ein komplexes Emblem, das in all seinen Facetten eine dualistische Gottesvorstellung bildlich ausgestaltet. Diese Baphomet-Dar-
stellung inspirierte unzweifelhaft ein Plattencover der Gruppe *Slayer*. Ein
Vergleich mit der Ursprungsdarstellung legt dabei die Veränderung offen.
Baphomet wird nun als muskulöser Mann mit Tierkopf abgebildet, aus
den Flügeln ist ein flatternder Mantel geworden. Selbst die Flamme der
Vernunft bleibt von der Transformation nicht ausgespart und flackert nun
in der dynamischen Bewegung der Figur, mit der sie eines der fünf
Schwerter ergreift, die ein Pentagramm bilden.

Dechiffriert man den neuen Bildcode, dann ist unschwer zu erkennen,
dass Baphomet nunmehr in einen Sinnkontext gestellt wird, der für die
Metal-Szene konstitutiv ist: Power, Action, aggressive Männlichkeit,
intensive Präsenz. Der neue Bedeutungsrahmen ist dabei offensichtlich
wichtiger als die Treue gegenüber dem okkulten Vorbild. Übertragen auf
die Frage nach dem „Bastelhabitus" der Metal-Fans bedeutet dies, dass
nicht die Kenntnis der ausgewählten Quelle ihre Transformationen ver-
stehbar macht, sondern die Analyse des Auswahlprinzips. Mit anderen
Worten, das satanische Zitat dient hier als Vorlage für eine metal-spezifi-
sche Stilbildung und darf nicht dahingehend missverstanden werden, als
ginge es bei der Beschäftigung mit der klassischen Baphomet-Abbildung

um eine Anregung und Verführung zum Satanismus. Die meist bruch-
stückhafte Übernahme und gekonnte Rekontextualisierung von teuflischen Zeichen ist viel eher ein Indikator für einen Raubbau an überkommenen satanischen Wissens- und Sinnbeständen, dem jede Form von
gläubiger Ehrfurcht abhanden gekommen ist.

Die Fans der Black- und Death-Metal-Musik sind also alles andere als
brutale Typen, überzeugte Satansverehrer, rechte Krawallmacher und was
sonst noch für Negativetiketten über sie in der Öffentlichkeit kursieren.
Sie sind vielmehr eine höchst aktive und produktive Gruppe der musik-
ästhetischen Spezialisierung und jugendkulturellen Formierung. Dies ist
im Wesentlichen auch das Resultat einer von Werner Helsper in der
Frankfurter Metal-Szene durchgeführten Untersuchung: „Wirklich 'satanistisch' orientierte Jugendliche wird man unter den Heavy Metal-Fans
fast vergeblich suchen. Jugendliche, die die satanistische Symbolik, die
Symbolik des Bösen, Entsetzlichen, Erschreckenden und Dämonischen
faszinierend finden, schon häufiger, ohne dass sie allerdings mit dieser
Symbolik tatsächlich etwas anzufangen wissen. Der allergrößte Teil der
Heavy-Fans sieht die Symbolik des Bösen einfach als etwas, das zur extremen Musik passt: Eine extreme Musik benötigt auch eine extreme
Symbolik."[11] Diese Beschreibung und Analyse deckt sich weitestgehend
mit unseren eigenen Szenebeobachtungen und Feldrecherchen. In einem
Punkt zeigt sich jedoch eine deutliche Differenz in den Befunden. Die
von uns befragten Metal-Fans – und hier vor allem die Szeneinsider und
-veteranen – konnten mit der Teufelssymbolik nicht nur etwas anfangen,
der kreative Umgang mit ihr ist gerade prägend für ihr Selbstverständnis
und ihren Habitus.

Überlegungen zur Prävention

Hermann Hesse hat in seinem Buch *Steppenwolf* die Lebens- und See-
lenlage der Jugend sehr treffend charakterisiert; dies lässt sich auch auf
die heutige Jugend beziehen. Er stellte fest, dass es Zeitalter gebe, „wo
eine ganze Generation so zwischen zwei Zeiten, zwei Lebensstile hinein-
gerät, dass ihr jede Selbstverständlichkeit, jede Sitte, jede Geborgenheit
verloren geht." Insofern sind gerade die Sekten, Jugendreligionen und
okkulten Zirkel der Gegenwart eher ein Symptom der Krise, als ein Aus-

---

[11] Helsper, Werner: Okkultismus. Die neue Jugendreligion. Opladen 1992,
S. 143.

weg aus ihr. Sie sind eine Mahnung an Eltern, Lehrer, Geistliche, Jugend-beauftragte, eigentlich an uns alle, sich der Sehnsucht der Jugend nach Identifikationsmöglichkeiten, Vorbildern und verbindlicher Wegweisung als einem unentbehrlichen Mittel zur Entwicklung der eigenen Persön-lichkeit zu stellen, ohne selbst autoritär zu werden. Zwischen besserwisse-rischem Gehabe und bequemer Neutralität nach dem Motto: „Das muss jeder selbst wissen" gibt es einen weiten Spielraum für die Vermittlung von Werten und von Lebensmut. Eine pädagogische Verweigerung wäre die verkehrte Antwort auf die Herausforderung durch Jugendokkultismus.

Nicht Rückzug ist angesagt, auch nicht hektischer Aktionismus und kurzfristiges Krisenmanagement, sondern grundlegende Information, Aufklärung und Reflexion. Schulische und außerschulische Einrichtungen könnten auf diese Weise einen wichtigen Beitrag zur Entdramatisierung des Okkultismus und Sektenwesens und zur Entdämonisierung seiner (jugendlichen) Anhänger leisten. Dies gilt nicht zuletzt auch für die Kir-chen und ihre Repräsentanten. Denn Okkultismus, Sekten und religiös-spirituelle Jugendkulturen stellen doch auch eine unüberhörbare Anfrage an sie dar, aus ihren eigenen Quellen jene Sinnangebote zu vermitteln, die bei der Gestaltung unserer Kultur eine so wesentliche Rolle gespielt ha-ben.

Nicht zu reagieren, heißt auch hier, das Feld den anderen „Sinnanbie-tern" zu überlassen. Allerdings gibt es scheinbar aus der Konkurrenz-situation kein Entrinnen mehr. Denn an folgendem Tatbestand führt kein Weg vorbei: In der „Risikogesellschaft", wie der Soziologe Ulrich Beck die heutige Zeit diagnostiziert hat, stehen nicht nur Waren und Dienst-leistungen zur Disposition, sondern auch Werte und Sinnfragen.

Bei jeder Form der Intervention sollte aber bedacht werden, dass das Faszinosum und Tremendum, die von okkulten Praktiken und neo-religiö-sen Gruppierungen ausgehen, immer in den Kontext der soziokulturellen und entwicklungsbedingten Besonderheiten der Jugendphase gestellt werden muss. Denn Jugendliche befinden sich – gleichsam existenziell – in einer Phase der Suche nach Werten, des Erprobens, des Gruppenbezugs und des Wunsches nach Anerkennung und Geborgenheit. Für diese ju-gendspezifischen Interessen- und Bedürfnislagen bieten Sekten und ok-kulte Gruppen Lösungsmöglichkeiten an.

Bezogen auf den jugendlichen „Freizeitokkultismus" hat dies letztlich zur Folge, dass nach Abschluss der Jugendzeit die Verbindung zum Ok-kultismus meistens abbricht, es sei denn, es hat eine okkulte Karriere und Themenentwicklung stattgefunden, die zu einer Konzentration auf den

Okkultismus führte. In der „normalen" Okkultbiografie stellen entsprechende Erfahrungen aber nur eine Episode dar: Sie sind eine vorübergehende Erscheinung, die durch andere Sinn- und Handlungspräferenzen, wenn nicht vollständig abgelöst, so doch ergänzt und transformiert werden.

Auch die Begegnung mit den neuen Heilslehren und ihren Lehrern kann als Durchgangsstadium auf dem Wege zu einer eigenständigen Persönlichkeit eine Hilfe sein. Häufiger aber führt die Mitgliedschaft in den autoritär geführten Sekten und Psychogruppen in eine gefährliche Abhängigkeit: nicht zur eigenen Identitätsfindung, sondern zur Identitätsanleihe, nicht zur Reifung des Selbst, sondern zur Zementierung seiner Unreife und Unselbstständigkeit. Der Bielefelder Jugendforscher Wilfried Ferchhoff findet für das Gefährdungspotenzial deutliche Worte, wenn er schreibt: „Die neo-religiösen Psychogruppen [...] trachten danach, das 'Ich' eines Jugendlichen umzumontieren und auszulöschen."[12]

Literatur

Eckert, Roland: Vom „Schläger" zum „Kämpfer". Jugendgewalt und Fremdenfeindlichkeit. In: Wehling, Hans-Georg (Hrsg.): Aggression und Gewalt. Stuttgart/Berlin/Köln 1993, S. 136-160.

Feige, Andreas: Zwischen großkirchlich angesonnener Religionspflicht und autonom-individuellem Religionsgefühl. In: Gabriel, Karl/Hobelsberger, Hans (Hrsg.): Jugend, Religion und Modernisierung. Opladen 1994, S. 75-90.

Ferchhoff, Wilfried: Anything Goes? Jugendkulturen der 90er Jahre, in: Universitas 7/1991, S. 639-651.

Fuchs-Heinritz, Werner: Religion. In: Deutsche Shell (Hrsg.): Jugend 2000. Bd. 1. Opladen 2000, S. 157-180.

Helsper, Werner: Okkultismus. Die neue Jugendreligion. Opladen 1992.

Hunfeld, Frauke / Dreger, Thomas: Magische Zeiten. Jugendliche und Okkultismus. Weinheim/Basel 1990.

Thormann-Löffeler, Christiane / Wissbar, Konrad / Schlichtmann, Klaus: Satansmörderin Manuela. Sie liebte Fesselspiele auf Friedhöfen, in: Bild am Sonntag, 15.7.2001, S. 10-11.

---

[12]   Ferchhoff, Wilfried: Anything Goes? Jugendkulturen der 90er Jahre, in: Universitas 7/1991, S. 648.

Vogelgesang, Waldemar u. a.: Umfrage zur Situation der Jugend und der Jugendarbeit in der Region Westeifel. Bitburg 1992 (Ergebnisbericht).

Vogelgesang, Waldemar: „Meine Zukunft bin ich!" Alltag und Lebensplanung Jugendlicher. Frankfurt a. M./New York 2001.

Wetzstein, Thomas A. u. a.: Sadomasochismus. Szenen und Rituale. Reinbek 1993.

Wiesendanger, Harald: In Teufels Küche. Jugendokkultismus: Gründe, Folgen, Hilfen. Düsseldorf 1992.

Eamon Kiernan

Education, Training, Bildung und Ausbildung –
Pädagogische Begriffe und
„die ewige Wiederkehr des Religiösen"

Unbestreitbar ist, dass Erkenntnisse, die infolge religiöser und/oder esoterischer Überzeugungen gewonnen worden sind, sich auf die Bereiche der Erziehung und Bildung auswirken. Es ist jedoch nicht unbestreitbar, dass dies einen Sachverhalt darstellt, der zwingend zur Ablehnung herausfordert. Die bedenkliche schamanistisch-autoritäre Vorgehensweise eines Bert Hellinger, die an anderer Stelle in diesem Band dargelegt wird, teilt den öffentlichen Raum mit esoterischen Therapierichtungen, die scheinbar eine Erfahrung der Heilung ermöglichen können, ohne den Verdacht der Hörigkeit zu erwecken, wie am Beispiel des Hatha-Yoga erkennbar ist. Die katholischen und die anthroposophischen Grundlagen der Montessori-Pädagogik beziehungsweise der Waldorfpädagogik, wider deren zweifelhafte wissenschaftliche Legitimierung in weiteren Beiträgen argumentiert wird, stützen pädagogische Sinnkonstrukte, deren Wirkungen von Familien sowie von Pädagogen und anderen Beteiligten durchaus erwünscht sein können. Sowohl die Ablehnung als auch die Befürwortung von Religion und Esoterik können nur auf Grund von weltanschaulichen Perspektiven zwingend erscheinen. Jedoch bildet die Konkurrenz der Weltanschauungen und der Begründungsansätze sowie die Vielfalt der auf ihnen basierenden und sich kritisierenden praktischen Arrangements gerade das wesentliche Merkmal des „Pädagogischen", von dem Erziehung und Bildung Teile sind. Die Tilgung der Religion und der Esoterik als Quellen pädagogischer Deutungsansätze würde dementsprechend zu einer Minderung des Pädagogischen führen. Ich hoffe jedoch, positiv aufzeigen zu können, dass es gerade die Früchte der religiösen und esoterischen Erkenntnissuche gewesen sind, die einen Großteil dessen, was dem Pädagogischen zugeordnet werden kann, überhaupt erst denkbar

gemacht haben. Die Vielfältigkeit des pädagogischen Terrains würde
dann einen gewissen Wertungsschub zugunsten des Religiösen erhalten.
Sollte dies gelingen, wird die Untragbarkeit einer prinzipiellen Ablehnung
der Auswirkung von Religion und Esoterik auf Erziehung und Bildung
umso überzeugender erscheinen. Eine solche Haltung wird zugunsten der
differenzierenden Wertungsarbeit innerhalb einzelner Wissensbestände
der Religion und der Esoterik aufzugeben sein. Ich hoffe, diese Aufzei-
gungsarbeit in zwei Stufen zu leisten: Erstens durch eine Analyse der
Begriffe Bildung und Ausbildung im Deutschen und im Englischen und
zweitens durch eine Interpretation der durch die Analyse zutage gebrach-
ten Knotenpunkte, die ein interessantes Licht auf die Fragen der Exis-
tenzbewältigung werfen sollen, von denen die Konferenzbeiträge und
Diskussionen inspiriert worden sind. Zunächst jedoch zur Klärung einiger
Grundbegriffe für das weitere Vorgehen, des Begriffs des „Pädagogischen" und des Begriffs der Praxis.

Bildung und Ausbildung als Praxisbegriffe

Die Begriffe Bildung und Ausbildung und ihre englischen Äquivalente
education und training stellen in der westlichen Welt spätestens seit der
Aufklärung Elemente des „Pädagogischen" dar. Im Folgenden wird das
„Pädagogische" als ein argumentatives Terrain verstanden, auf dem Päd-
agogiken sich kritisch aufeinander beziehen und auf dem ein normativer
Anspruch, wenn es ihn gibt, von der Pädagogik mit konstituiert wird.[1]
Zum Terrain gehört eine gewisse Absolutheitstendenz, die implizit bis hin
zum Neuentwurf des Menschen als Sinngestalt reicht. Das Pädagogische
stellt somit jenes bevorzugte Deutungsfeldes dar, innerhalb dessen das
Gelingen des Menschseins, die erfüllte Existenz, als vom Menschen durch
Erziehung, Unterricht und Bildung zu vollziehende Aufgabe immer von
neuem konzipiert wird. Bildung, Ausbildung, education und training
stehen offensichtlich in einem direkten Verhältnis zu einer Vorstellung
der erfüllten Existenz, anders als andere mögliche pädagogische Begriffe,
wie Schule oder Familie. In diesem ähneln die erstgenannten Begriffe
gewissen Konzepten, die der religiösen und esoterischen Praxis eigen
sind. Der Begriff der Auferstehung, der nach dem Johannesevangelium
die erfüllte menschliche Existenz kennzeichnet, erhält durch keine theo-

---

[1]   Ich folge der Differenztheorie Harm Paschens sowie der daraus hervorgehen-
      den Systematik der Pädagogiken. Vgl. Paschen, Harm: Pädagogiken. Wein-
      heim 1997, S. 67ff.

logische Definition, sondern durch Erleben und Weiterleben seinen Sinn. Der Begriff der Erleuchtung, der eine vergleichbare Rolle in vielen esoterischen Lehren spielt, ist ebenfalls zuallererst ein Erlebnis. Es ist diesen Begriffen gemeinsam, dass sie auf ein überwissenschaftliches Bedeutungs- und Praxisfeld zeigen, das aus der menschlichen Lebenspraxis nicht wegzudenken ist. Es ist ihnen auch weitgehend gemeinsam, dass sie die Tendenz haben, den Totalitätsanspruch[2] zu erheben, die menschliche Lebenspraxis schlechthin darzustellen, aus denen heraus andere spezifische Praxen, wie die Betriebswirtschaft oder die Medizin, ihre Leitlinien und Vorgaben beziehen können, wie im Folgenden deutlich werden soll.

Haben die genannten Bereiche jedoch wirklich den Charakter einer Praxis? Das altgriechische Wort praxis kann im Deutschen mit 'Handlung' wiedergegeben werden. Die Verwendung von Praxis als deutsches Wort soll auf die Summe von Handlungsarten hinweisen, aus denen sich ein eigenständiger Handlungsbereich zusammensetzt. Aristoteles unterschied zwischen der theoretischen Wissenschaft, der handwerklich-künstlerischen Wissenschaft und der praktischen Wissenschaft.[3] Letztere bezog sich auf Willensentscheidungen in konkreten Fällen, wofür er eine eigene Art der Vernunft postulierte, die phronesis, die praktische Vernunft, die er als ein „Mit-Sich-zu-Rate-Gehen" beschreibt, das im Einzelfall die Erkenntnis der Sittlichkeit und der Zweckdienlichkeit einer Handlung im Zeichen des Guten vereint.[4] Die Beispiele von praktischen Wissenschaften, die das Abendland hervorgebracht hat, zum Beispiel die Medizin und seit der Neuzeit die Pädagogik, können als solche Handlungsbereiche bezeichnet werden. Aristoteles sah, wie vor ihm Platon, das menschliche Leben als eine Anordnung verschiedener Praxen an, die der Praxis der Politik untergeordnet waren.[5] Es wäre ihm wahrscheinlich

---

[2]   Zu der Totalisierungstendenz der Pädagogiken, die schließlich auf die „Rekonstruktion des Menschen" abzielen, vgl. Paschen, Harm: Pädagogiken, S. 19ff. Die Totalisierungstendenz esoterischer Wege ist charakterisiert durch die „Wende nach innen", die eine Umdeutung des bisherigen erfordert. Vgl. Runggaldier, Edmund: Philosophie der Esoterik, Stuttgart 1996, S. 10ff. Jedoch ist eine elitäre Tendenz auch in den Religionen unübersehbar. Die angestrebte Gesamtpraxis gilt oft nur für einen kleinen Kreis von Adepten, Prädestinierten oder Auserwählten.

[3]   Aristoteles: Metaphysik. Stuttgart 2000, VI 1 1025 b 18.

[4]   Aristoteles: Die Nikomachische Ethik. Übersetzt von Olof Gigon. München [3]1998, Buch VI.

[5]   Vgl. Rapp, Christof: Aristoteles zur Einführung. Hamburg 2001, S. 15ff.

fremd gewesen, die Esoterik von heute, wenn er sie gekannt hätte, oder die Religion als eigenständige Praxen anzusehen. Für uns ist das jedoch nicht nur möglich, sondern auch ratsam. Die Religionszugehörigkeit ist heute ebenso sehr eine Willensentscheidung als eine Verfügung der Obrigkeit oder ein Zufall der Geburt. Die rege Ausschöpfung der Wahlmöglichkeiten auf dem esoterischen Markt ist unübersehbar. Die Willensentscheidung als solche behält auch innerhalb religiöser und esoterischer Daseinsdeutungen ihren Rang. Trotz Prädestination oder Karma ist die wiederholte Entscheidung, sich auf die jeweilige Lehre oder Erklärung einzulassen, unumgänglich, auch wenn der Karmagläubige es selbst anders beschreiben mag.

Die Hervorhebung des Praxischarakters hat einerseits zur Folge, dass Rollenverteilungen, Machtunterschiede und Unterschiede im Wissens- oder Entwicklungsstand als sekundär erscheinen. Lehrer, Schüler und Meister sind als Beteiligte gleich. Ebenso sekundär ist die scheinbare Unvereinbarkeit der jeweiligen Lehren und Wissensbestände. Wie die Medizin und die Betriebswirtschaft für den Beobachter nebeneinander stehen dürfen, so dürfen es die Pädagogik, die Religionen und die esoterischen Wege. Ebenso wie die Medizin und die Betriebswirtschaft im Bereich der anderen ein legitimes Interesse finden können, so können es die Pädagogik, die Religion und die Esoterik. Der Verdruss über die Einmischung, der Rechtfertigungszwang und eine daraus resultierende Publizistik kann so auch vergleichbar sein.

Andererseits bedeutet die Hervorhebung des Praxischarakters die Unterordnung des theoretischen Wissens. Dies bedeutet wiederum keinen Verzicht auf wissenschaftliche Aussagen, sondern den Vorzug des Aussagecharakters vor der Wissenschaftlichkeit, die selbst als Ausdruck ihrer eigenen Praxis gelten kann. Es ist die geteilte Sprachlichkeit und Begrifflichkeit, die von Relevanz ist, da es die Praxen, um die es hier geht, ohne den Sprachgebrauch nicht geben kann. Mit anderen Worten ist es der sprachliche Ausdruck der Praxen als solche und nicht der Werkcharakter dieser Ausdrücke, der zunächst von Interesse ist. Im Folgenden wird nun gefragt, was die Begriffe education und training einerseits und ihre deutschen Äquivalente andererseits als Ausdrücke der Praxis, einschließlich aber nicht ausschließlich, der wissenschaftlichen Praxis, zu sagen haben.

Begriffsanalyse nach der sprachanalytischen Methode

Die sprachanalytische Philosophie, insbesondere die von Gilbert Ryle, John L. Austin und Ludwig Wittgenstein angeregte „Philosophie der normalen Sprache"[6], hat seit ca. 1950 vor allem in den englischsprachigen Ländern versucht, die Sprache selbst unter einer dem Praxisaspekt dienlichen Rubrik zu untersuchen. Dies geschah zum Teil in therapeutischer Absicht. Es war nahe liegend, die Unlösbarkeit der überlieferten philosophischen Probleme auf ihre essentialistische beziehungsweise empirische Ausgangsbasis zurückzuführen, was sie als Scheinprobleme zu entlarven schien. In den englischsprachigen Erziehungswissenschaften bildete die Übertragung der Methoden der sprachanalytischen Philosophie auf Fragen der Erziehung und Bildung zwischen ca. 1960 und 1985 geradezu eine bildungs- und erziehungsphilosophische Orthodoxie, deren Stärken und Schwächen auch den deutschsprachigen Erziehungswissenschaftlern spätestens seit der beachtlichen Rezeptionsarbeit von Oelkers vorliegen.[7] Eine sprachanalytische Philosophie der Erziehung und Bildung schien ihren Vertretern eine tragbare Lösung für zwei perennierende Probleme der Begrifflichkeit zu bieten, die als das „umgangssprachliche Paradox" und die „Konsenslosigkeit der Bedeutung" bezeichnet werden können. Zum „umgangssprachlichen Paradox": Die Erziehungswissenschaften beanspruchen das „Pädagogische" als einen eigenen Bereich, ohne eine allgemein anerkannte eigene Begrifflichkeit außer einer umgangssprachlichen vorweisen zu können.[8] Jedoch ist die Entwicklung eigener wissenschaftlicher Begriffe nicht immer eine befriedigende Lösung. Die allgemeinsprachliche Bezeichnung „Lernen" kann beispielsweise in verschiedenen Theoriewelten eine reduzierende Prägung erhalten. Die Vielfalt auf wissenschaftssprachlicher Ebene bietet jedoch keinen eindeutigen Vorteil, weil die verschiedenen Bedeutungen eines Grundbegriffes in den verschiedenen Theoriewelten oft miteinander unvereinbar sind. Hieraus ergibt sich eine „Konsenslosigkeit der Bedeutung". Beispielsweise hat der Begriff des Lernens als Autopoiesis, der ein Merkmal des Konstruktivis-

---

[6] Die Philosophie der normalen Sprache widmet sich dem Studium der Verwendungsweisen der Wörter der Alltagssprache als eine Möglichkeit der Klärung philosophischer Probleme. Vgl. Internet Encyclopedia of Philosophy, http://www.iep.utm.edu/o/ordlang.htm (Zugriff: 15.1.2004).

[7] Oelkers, Jürgen: Erziehen und Unterrichten. Grundbegriffe der Pädagogik in analytischer Sicht. Darmstadt 1985.

[8] Vgl. ebd., S. 3f.

mus ist, mit dem zum Beispiel mit Skinner verbundenen behavioristi-
schen Begriff des Lernens[9] oder mit dem (mindestens) auf Platon zurück-
gehenden Begriff des Lernens als Anamnesis (Wiedererinnerung)[10] wenig
gemeinsam. Natürlich kann man die Vielfalt als prinzipiell positiv begründen oder man kann durch Auslegungsarbeit versuchen, eine ver-
steckte Einheitlichkeit in der Vielfalt für die eigenen Zwecke zu gewinnen. Beispielsweise könnte man behaupten, dass Platon und Skinner
eigentlich konstruktivistisch gedacht hätten, ohne dass sie es selbst hätten
wissen können. Beide Lösungswege lassen jedoch das Referenzproblem
der Gesamtheit der Verwendungen von „Lernen" – wissenschaftlich wie
umgangsprachlich – unangesprochen. Wo es ein gemeinsam Gemeintes
nicht geben kann, gibt es keine gesunde Gesprächsgrundlage.[11] Da Erkenntnisse dann die Bedingung der öffentlichen Überprüfbarkeit nicht
erfüllen können, gibt es schließlich keine gesunde Wissenschaft.

Ein Lösungsweg, der das Referenzproblem ernst nimmt, ist es, ein
gemeinsam Gemeintes der verschiedenen Begriffsverwendungen sichtbar
werden zu lassen. Dieser Anspruch wird von der sprachanalytischen Philosophie der Erziehung und Bildung erhoben, indem ein logisches
Grundmuster der sinnvollen Begriffsverwendungen offen gelegt wird.
Diese Vorgehensweise wird in den englischsprachigen Erziehungswissenschaften vor allem mit den Namen Richard Stanley Peters, Israel Scheff-
ler und Paul Hirst verbunden.[12] In der Analyse der allgemeinsprachlich
verbürgten logischen Bedingungen der Akzeptabilität von Einzelbezeich-
nungen und Sprechakten wurde sie zur lehrbaren Methode.[13] Den genannten Philosophen diente die analytische Vorgehensweise oft als eine

---

[9] Skinners Theorie des Lernens als „operant conditioning" wird dargestellt
     unter anderem in Skinner, Borrhus Frederick: Science and Human Behavior.
     New York 1953. Es ist zu beachten, dass für Skinner Lernen und Verhaltens-
     modifizierung gleichzusetzen waren. Eine selbstverfasste Kurzübersicht findet
     sich im Internet: http://www.bfskinner.org/Operant.asp [Zugriff: 18.1.2004].

[10] Die Theorie des Lernens als Anamnesis wird in Platons Menon dargelegt. Es
     ist zu beachten, dass Sokrates / Platon zeigt, dass das Lernen in der Aneignung
     von Erkenntnissen bestehe, die der Seele in gewisser Weise vor der Geburt
     zugänglich wären. (3.c)

[11] Vgl. Gadamer, Hans-Georg: Hermeneutik I. Wahrheit und Methode. Grund-
     züge einer philosophischen Hermeneutik. Gesammelte Werke. Bd. 2. Tübin-
     gen ⁶1990 [1960], S. 146-154.

[12] Vgl. Oelkers, Jürgen: Erziehen und Unterrichten, Kapitel 3.

[13] Ein Versuch, die Methode als Lehrbuch darzustellen ist Soltis, Jonas F.: An
     Introduction to the Analysis of Educational Concepts. Reading, Mass. ²1978.

Vorstufe zu eigenen Theorieentwürfen, weshalb ihnen ein gewisser Eklektizismus vorgeworfen werden kann. Dennoch konnte ihnen diese Methode jene Deutlichkeit und Stringenz der Rede ermöglichen, um derentwillen man die wissenschaftliche Begriffsprägung anstrebt, ohne jedoch die stipulativen Vorlieben eines einzigen Theoretikers erkenntnisvereitelnd zur Norm zu erheben.[14] Die Einträglichkeit der sprachanalytischen Methode wird im Folgenden an der Unterscheidung zwischen den englischen Begriffen education und training (deutsch etwa: Bildung und Ausbildung) dargelegt werden. Mit den Ergebnissen werden wir später die analytische Ebene verlassen, um eine Interpretation zu versuchen.

Education und Training im Englischen

Peters Standardanalyse des Begriffs education als Initiation verband eine Analyse des ihm introspektiv zugänglichen Sprachgebrauchs mit Rekurs auf die abendländische Erziehungs- und Bildungsphilosophie (zum Beispiel auf Aristoteles' Konzept der theoria) und die Methode der transzendenten Deduktion.[15] Der Begriff education vereint jene disparaten Tätigkeiten, die zu einem gebildeten Menschen (educated man) führen können.[16] Das Attribut educated sei nur auf eine umfassende kognitive, sittliche und spirituelle Entwicklung anwendbar.[17] Ob jemand als „Gebilde-

---

[14]   Vgl. Wilson, John: Philosophy and Educational Research. A Reply to David Bridges et al., in: Cambridge Journal of Education 1/1998, S. 129-133.

[15]   Vgl. Peters, Richard S.: Education and the Educated Man, in: Dearden, Robert F. / Hirst, Paul H. / Peters, Richard S. (Hrsg.): Education and the Development of Reason. London [2]1972, S. 3-18.

[16]   Ich stütze mich hauptsächlich auf Peters frühere Darlegungen, zitiere aber aus Dearden u.a. (Hrsg.): Education and the Development of Reason. In der 1972er Darstellung fasst Peters seine Beschreibung des „Gebildeten" zusammen und erörtert die vorgebrachte Kritik. Die Zugeständnisse an Kritiker führen jedoch zu zwei verschiedenen Begriffen von education, ein instrumentaler mit keiner Verbindung zum Gebildeten und der alte Begriff, der vom Gebildeten her gedacht wurde. Die ursprüngliche Analyse wurde zuvor ausführlich in seinem Hauptwerk Peters, Richard S.: Ethics and Education. London 1966 dargelegt. Peters hat Recht, wenn er auf die Spannung zwischen instrumentalen und nichtinstrumentalen Verwendungen von education hinweist. Es ist jedoch möglich, den instrumentalen Begriff als eine Verfallserscheinung des nichtinstrumentalen anzusehen, wie ich es im Text tue.

[17]   Vgl. Peters, Richard S.: Education and the Educated Man, S. 9.

teR"[18] bezeichnet werden kann, wird anhand der Kriterien Wissen und Einsicht in der Breite und der Tiefe („knowledge and understanding", „depth and breadth"[19]) und einer Transformierung der Weltsicht („transformation of outlook"[20]), die mit einem ethischen Bewusstsein einhergeht, gemessen. Education unterscheidet sich von training durch die wesentliche Bezogenheit auf Allgemeinbildung. Der Begriff training wird verwendet, um die instrumentelle Aneignung oder Vermittlung von einzelnen Fertigkeiten zu kennzeichnen. Peters veranschaulicht diesen begrifflichen Unterschied an den Beispielen sex education und sex training.[21] Sex education ist nach kurzer Reflexionsarbeit unbezweifelbar auf Einsicht in der Breite und Tiefe in Verbindung mit einem gewissen ethischen Bewusstsein bezogen. Sex training hingegen ist auf das Gelingen im Sinne einer physischen Leistung bezogen. Darin ist jedoch eine Reduktionsgefahr bemerkbar, die es lohnt zu betrachten. Wie Dearden anmerkt, ist es ein Merkmal der öffentlichen Diskurse der frühen Regierungszeit Thatchers, dass education und training häufig austauschbar verwendet wurden, wahrscheinlich um die öffentlichen Ängste über die fertigkeitsbezogenen Erneuerungen im Schulsystem zu besänftigen.[22] Die sprachliche Möglichkeit, education und training ohne sofort evidente syntaktische oder semantische Störungen auszutauschen, wie in dem Beispiel der Ausbildung in Dingen der Geschlechtlichkeit, weist auf eine Gefährdung hin, die dem physischen Vorgang der Entropie ähnelt – eine komplexere Deutung kann leicht zu einer einfacheren verkommen. Auf die Implikationen dieser Gefährdung wird später eingegangen.

Historisch gesehen scheint eine Differenzierung zwischen education und training notwendig gewesen zu sein. Das erste Aufkommen der Begriffe mit diesem expliziten Bedeutungsunterschied im frühen 19. Jahrhundert ging mit dem gesellschaftlichen Wandel durch die Industrialisierung einher, zu dem der Aufstieg spezialisierter Institutionen wie der Schule zählte. Davor wurde das lateinische educare zusammen mit dem englischen education in Bezug auf Körperzucht und auf die Zucht von

---

[18]   Ich folge Oelkers in der deutschen Übersetzung. Vgl. Oelkers, Jürgen: Erziehen und Unterrichten, S. 23f.
[19]   Peters, Richard S.: Education and the Development of Reason, S. 5.
[20]   Peters, Richard S.: Education and the Educated Man, zit. nach Oelkers, S. 87.
[21]   Vgl. Peters, Richard S.: Ethics and Education. Ich folge der Darlegung von Dearden u.a. (Hrsg.): Education and the Development of Reason, S. 64.
[22]   Vgl. ebd., S. 61.

Kindern, Tieren und Pflanzen verwendet.[23] Die Differenzierung zwischen education und training kam also zu einem Zeitpunkt auf, als die Zahl der Berufspraxen und die erlernbaren Fertigkeiten sich stark vermehrten. Education schien dann zunehmend der Aneignung oder Vermittlung von Fähigkeiten vorbehalten worden zu sein, die sich nicht nur in einem externen Zweck erfüllten, sondern auch für sich selbst einen Wert darstellten und aus diesem Grund gewählt wurden.

Ausbildung und Bildung im Deutschen

Die Wortgeschichte von Bildung und Ausbildung kann bis in die Schriftsprachen des Mittelhochdeutschen und Althochdeutschen verfolgt werden.[24] Das englische Wort education hingegen kann erst ab dem Jahr 1540 belegt werden,[25] gut 500 Jahre später, was auf eine jeweils andere Erkenntnisleistung und Zweckverfolgung der Sprachgemeinschaften hinweist. Im Althochdeutschen bedeutet das schwache Verb biladjan „das Abbild oder Vorbild eines Dings darstellen; bilden, gestalten, nachbilden".[26] Biladjan wurde im Mittelhochdeutschen zum schwachen Verb bilden mit den Bedeutungen „mit Bildern verzieren, gestalten, nach-, abbilden, vorstellen", das dem starken femininen Substantiv bildunge „bildnis, gestalt, sinnliche Vorstellung" verwandt ist.[27] In der Verwendung dieser Worte schwingt die Idee des Bildes stets mit. Das Formen von etwas wird zusammen mit der Vorstellung eines Urbildes und Vorbildes mitbezeichnet. Dementsprechend stand im Deutschen sehr früh ein komplexeres Bedeutungsgeflecht zur Verfügung, das dann vor allem in religiösen Schriften weitergereicht wurde.

---

[23] Peters, Richard S.: Education and the Educated Man, S. 8.

[24] In der Darlegung der Begriffsgeschichte von „Bildung" folge ich zwei Quellen: Schaarschmidt, Ilse: Die Bedeutungswandel der Begriffe „Bildung" und „bilden" in der Literaturepoche von Gottsched bis Herder. Diss. Königsberg [1931]. In: Klafki, Wolfgang (Hrsg.): Beiträge zur Geschichte des Bildungsbegriffs. Weinheim 1965, S. 25-88, und Schilling, Hans: Bildung als Gottesbildlichkeit. Eine motivgeschichtliche Studie zum Bildungsbegriff. Freiburg 1961. Die Schlussfolgerungen sind jedoch meine eigenen.

[25] Vgl. Simpson, John A. / Weiner, Edmund S.C. (Hrsg.): The Oxford English Dictionary. Bd. V. Oxford 1989, cols. 74.

[26] Schade, Oskar: Althochdeutsches Wörterbuch des Deutschen. Bd. 1. Hildesheim ²1969, S. 64.

[27] Zit. nach Lexer, Matthias: Mittelhochdeutsches Taschenwörterbuch [1885]. Stuttgart ³⁶1981, S. 21.

Es war die Leistung Meister Eckharts, die alttestamentarische Lehre vom Menschen als imago dei, die neutestamentarische Lehre der Auferstehung, und die Bedeutungsmöglichkeiten von „Bild" und „Bildung" zusammen zu bringen und schriftlich zu überliefern. So ist eine Reihe von mittelhochdeutschen Wortschöpfungen mit „Bildung" erstmals aus den Schriften Eckharts belegbar.[28] Besondere Aufmerksamkeit verdient die Begrifftriade entbilden, în bilden und überbilden. Diese Begriffe gehen aus dem Versuch Eckharts hervor, den lateinischen Begriff transformare, der in der biblischen, patristischen und scholastischen Überlieferung eine wichtige Rolle spielt, für die Seelenführung neu auszulegen. Die Bildung eines neuen Menschen in Christo vollziehe sich nun in der absichtlichen Loslösung von naturgemäß vorgestellten Bildern (entbilden) und in der gleichzeitigen Umgestaltung der Seele durch die göttliche Gnade (în bilden, überbilden). Diese Umgestaltung kann zwar bildlich genannt werden, aber für Eckhart entzieht sie sich letztlich der bildhaften oder begrifflichen Erfassung.[29] Das Werk Eckharts ist durch eine kühne, manchmal unzugängliche Sprache gekennzeichnet. Sein Schüler Heinrich Seuse hingegen pflegte bei aller philosophischen Tiefe eine verständlichere Sprache und erzielte eine breitere seelsorgerische Wirkung als der Meister, was an der Beliebtheit seiner Predigertätigkeit und erbaulichen Werke zu erkennen ist.[30] Eckhart und Seuse teilten eine zentrale These der „negativen Theologie", dass es prinzipiell unmöglich ist, Gott eine Bildhaftigkeit zuzuschreiben.[31] Seuse jedoch, obwohl er Eckhart in dessen Auslegung der transformare durchaus folgte, benutzte den Begriff der überbildung nur selten. Bei Seuse erhalten die natürliche Vorstellungskraft und die natürlichen Affekte einen deutlichen Rang als Hilfsmittel der Gebetspraxis. Demgemäß treten die Schau auf die erzählten Bilder

---

[28] Vgl. Schilling, Hans: Bildung als Gottesbildlichkeit. Eine motivgeschichtliche Studie zum Bildungsbegriff. Freiburg 1961, S. 24.

[29] Meister Eckhart: Deutsche Predigten und Traktate. Hrsg. und übers. von Josef Quint, München ⁷1995. Siehe insbesondere Predigt 16 quasi vas auri solidum, S. 224-228, und Predigt 26 Noli timere eos, S. 271-273.

[30] Seuses Büchlein der ewigen Weisheit und Horologium Sapientiae gelten als zwei der meistgelesenen Erbauungsschriften des Spätmittelalters. Vgl. Jungclaussen, Emmanuel: Leid und Erleuchtung. Eine Hinführung zu Heinrich Seuse. In: Seuse, Heinrich: Deutsche mystische Schriften. Aus dem Mittelhochdeutschen übertragen und herausgegeben von Georg Hoffmann. Düsseldorf 1986, S. 406-429, S. 427.

[31] Vgl. Schilling, Hans: Bildung als Gottesbildlichkeit. S. 28.

des Lebens Jesu sowie der Gebrauch von religiösen Symbolen und Schmuckgegenständen stärker zutage.[32] Es ist dann Seuses konkretere Auffassung von „Bildung", in der die ursprüngliche handwerklich-künstlerische Bedeutung von Bild erhalten blieb, welche die weitere Entwicklung bestimmt.

Für unsere Zwecke lassen sich aus der Barockzeit zwei Bedeutungslinien hervorheben.[33] Einerseits ging Jacob Böhme von Bildung als der Fleischwerdung Gottes im einzelnen Christen aus, die er als eine Selbstbildung in Form der Verstandes- und Willensschulung nach Erkenntnis des Göttlichen ansah. Die Kraft Gottes als wahrnehmbare Naturkraft diene als Erkenntnisweg. Andererseits wurde bei den Pietisten die Bildung eines Christen als die Nachahmung des Lebenswandels Christi aufgefasst, das heißt nicht in erster Linie als mystische Verwandlung, sondern vornehmlich als das Anstreben einer moralisch vollkommenen Lebensführung. Der einst maßgebliche mystische Sprachgebrauch wurde als poetische Metaphorik abgetan und eine rationalistische Deutung des Christenmenschen gewann an Einfluss. Bei den Pietisten fand man auch die Vorstellung, dass Gott den Menschen nach einem erkennbaren Entwicklungsmuster bilde, und die verwandte Vorstellung, dass die Bildung als eine moralische Formungskraft anzusehen sei, die der Mensch zwar von Gott erhalten habe, aber die trotzdem menschlich sei. Der Begriff Bildung, so die Schlussfolgerung, die ich anbieten möchte, bezog sich knapp 400 Jahre lang stets auf die Verwirklichung des imago dei. Die Akzentverschiebung von der Auffassung der unmittelbaren zur mittelbaren Einwirkung der göttlichen Gnade ist jedoch beachtenswert. In der menschlichen Auslegung wirkte Gott einst direkt auf den Menschen, um ihn nach Gott zu bilden. Dann wirkte Gott indirekt, um den Menschen zum Menschen zu bilden. Der Schritt zu einer Bildung unter Ausschluss Gottes war nicht mehr fern.

Der Begriff Bildung erschien in abgrenzbarer pädagogischer Verwendung erst um die Mitte des 18. Jahrhunderts, avancierte dann jedoch schnell in der pädagogischen Bedeutung zum Modewort. Maßgeblich dabei war die sich verbreitende Rezeption von dem Third Earl of Shaftesbury in seinen ethischen Schriften. Der Begriff der formation, mit dem Shaftesbury die moralische Charakterbildung durch ästhetische Erfahrung kennzeichnete, wurde mit Bildung übersetzt, was den Anfang eines

---

[32] Seuse, Heinrich: Deutsche mystische Schriften, S. 112ff.
[33] Für die Barockzeit folge ich ausschließlich Schaarschmidt.

Profanisierungsvorgangs bezüglich des überlieferten mystisch-theologischen Begriffs einleitete. Wie Schilling einsichtig argumentiert, handelt
es sich um drei verschiedene Aspekte einer Sinnverschiebung: Eine „na-
turalistisch-organologische Sinnverschiebung" mit Verlust des mystisch-
theologischen Gehalts; eine „Verweltlichung" theologisch-mystischer
Motive; und letztlich eine freie Abwandlung der theologisch-mystischen
Motive, welche eine weitere religiöse bzw. esoterische Entwicklungslinie
darstellt.[34] Die Verfolgung dieser Linie über den deutschen Idealismus
und die deutsche Romantik würde einen Bogen zur heutigen Esoterik
schlagen. Obwohl das sehr lohnend wäre, beschränken wir uns hier auf
die Verweltlichung des Bildungsbegriffs, mit der für unsere Zwecke die
genannte „Sinnverschiebung" zusammengenommen werden kann. Als
Beispiel für das verweltlichte Bildungsideal dieser Zeit können die be-
rühmten Worte Wilhelm von Humboldts dienen: Das Ideal bestehe „in
der höchste[n] und proportionirlichste[n] Bildung [der] Kräften [des Men-
schen] zu einem Ganzen".[35] Hier sieht man ein Zusammenspiel zwischen
der Kultivierung der natürlichen Kräfte des Menschen und der Vorstellung eines Gelingens des Menschseins, das Eckhart und Seuse vorgeprägt
hatten. Jedoch ist der Kontext Humboldts ein staatsphilosophischer, kein
gebetsbezogener, und das Gelingen des Menschseins bedarf bei ihm weder der Stufen der Entsagung und der Läuterung des Natürlichen noch
einer sonstigen Berührung mit der Gnade. Verweltlichte Auffassungen
von Bildung waren etwas Neues. Es überrascht nicht, dass die Schrift-
sprache der Zeit nicht nur eine rege Theorieschöpfung,[36] sondern auch

---

[34] Vgl. Schilling, Hans: Bildung als Gottesbildlichkeit, S. 109ff.

[35] In der Abhandlung Ideen zu einem Versuch die Gränzen des Staats zu be-
       stimmen von 1792, zit. nach Benner, Dietrich: Wilhelm von Humboldts Bil-
       dungslehre. Eine problemgeschichtliche Studie zum Begründungszusammen-
       hang neuzeitlicher Bildungsreform. Weinheim/München ²1995, S. 48.

[36] Zu dieser Zeit entstand in Deutschland die Pädagogik als eigenständige Diszi-
       plin. Als nennbarer Anfangspunkt kann die Einrichtung der ersten Professur in
       Halle 1783 dienen. Einige der pädagogischen Texte, die damals entstanden,
       dienen der Disziplin heute noch als Grundtexte, z. B. Pestalozzis *Abendstunde
       eines Einsiedlers* (1780) und die fragmentarischen Werke zur Bildung von
       Wilhelm von Humboldt. Es ist jedoch hervorzuheben, dass maßgebliche
       Autoren wie Herder, Goethe, Pestalozzi und Humboldt gläubige Menschen
       waren. Die möglichen Spannungen zwischen der Verweltlichung der Bildung
       und ihrem Glauben scheint kein wichtiges Reflexionsthema gewesen zu sein.

eine zunehmend schlagwortartige Verwendungsweise bezeugt.[37] Eine Unzufriedenheit mit den gängigen Verwendungen von Bildung schien verbreitet gewesen zu sein, ohne dass eine neue eigene Auslegung allgemein gültig gewesen sein könnte. Ich möchte als Schlussfolgerung anbieten, dass der verweltlichte Bildungsbegriff von Anfang an gefährdet war, was beim mystisch-theologischen Bildungsbegriff nicht der Fall war. Eine ähnliche Gefährdung wurde schon am englischsprachigen Begriff education sichtbar. Die Gefahr im Deutschland des 18. Jahrhunderts war jedoch eher in der Inflation als in der Reduktion zu sehen. Ein weiterer Grund für die Gefährdung lag im Denken selbst, das sich naturgemäß durch Befragung, Differenzierung und Abgrenzung sowie begründete Negierung fortentwickelte. Jedoch lag die wichtigste Ursache darin begründet, dass diese Mitte des 18. Jahrhunderts aufkommende, pädagogische Verwendungsweise eindeutig profan war, ohne dass sich der Begriff auf durchweg profane Vorstellungen bezog. Bezeichnet wurde ein imaginärer Zustand des Gelingens des Menschseins, das aus erziehungs-, unterrichts- und entwicklungsbezogenen Vorgängen hervorging, ohne den bis dahin üblichen Rekurs auf den religiösen Glauben. Dieser teleologische Zustand hatte jedoch zum Teil in dem Bild der Mystiker seinen Ursprung. Es ist die Teleologie von Bildung – in der heutigen Zeit das Unbehagen an der Teleologie –, welche die fortwährende Kritik an verweltlichten Bildungsbegriffen unumgänglich gemacht hat. Man streitet bisherige Auffassungen des maßgebenden „Bildes", oder gar die Bildbezogenheit von Bildung überhaupt ab, um dann eigene Auslegungen eines menschlichen Telos oder Teloslosigkeit geltend zu machen. Beispiele werden unten angeführt.

Das Wort Ausbildung geht auf das mittelhochdeutsche Wort uzbilden, „eine Nachbildung zeigen",[38] zurück. Die neuhochdeutsche Form trat zuerst in der Barockzeit auf, erhielt jedoch erst in den ästhetischen Diskursen des 18. Jahrhunderts Verbreitung. Sie trat als eine Verstärkung von bilden in der Bedeutung der Gestaltung von Schönem, insbesondere in den bildenden Künsten hervor.[39] Die Vorsilbe „uz-" betonte den

---

37 Der Bedeutungsverlust durch schlagwortartige Verwendungen wurde beispielsweise beklagt in dem Traktat von Knigge, Adolph: Über den Umgang mit Menschen (1778).

38 Pfeiffer, Wolfgang (Hrsg.): Etymologisches Wörterbuch des Deutschen. Berlin ²1993, S. 64.

39 Vgl. Schaarschmidt, Ilse: Die Bedeutungswandel der Begriffe „Bildung" und „bilden", S. 44.

Aspekt der vollendeten Form. Es ist beachtenswert, dass das deutsche Wort Trainieren aus dem Englischen im frühen 19. Jahrhundert mit der Beibehaltung der englischen Bedeutung entlehnt wurde.[40] Das ästhetisch vorbelastete Wort Ausbildung war wohl weniger geeignet, eine bloße Aneignung oder Vermittlung einer speziellen Fertigkeit zu bezeichnen. Einige Begriffsverwendungen im ausgehenden 20. Jahrhundert setzten die Ausbildung in ein direktes Verhältnis zur Allgemeinbildung.[41] Über trainiertes Verhalten hinaus geht es zum Beispiel in der Berufsausbildung, nicht zuletzt um die Ermöglichung eines Urteilsvermögens durch Nachdenken, und bei der Erwerbung weiterer fachübergreifender Merkmale wie Selbstvertrauen und soziale Kompetenzen.

Bildung und Ausbildung im Spannungsfeld der Mystik und der Profanisierung

Eine alltagssprachlich verbürgte vortheoretische Sichtweise stellt, wie bereits erwähnt, einen Umriss als sprachlich überlieferte Ausgangsbasis für das Denken dar. Obwohl es sich sowohl bei education als auch bei Bildung um das Menschsein im umfassenden Sinne handelt, geht es im Ersteren um hinführende Tätigkeiten und Prozesse, im Letzteren aber teleologisch um Vollendung. Training und Ausbildung liegen dicht beieinander und mögen oft auf gleiche Weise in Bezug auf spezialisierte Fertigkeiten verwendet werden. Dennoch kann Ausbildung durch die morphologisch gegebene Gegenwart eines angestrebten Bildes auf eine Vollendung und eine Allgemeinbildung hindeuten, was dem englischen Wort ohne weitere Präzisierung nicht möglich ist. Das englische Wort education lenkt das Denken in Richtung einer gelungenen Initiation in das öffentliche Leben des Ortes und der Zeit, dessen Formen und Inhalte kontroverse Fragen ergeben müssen, anders als die Idee der Initiation selbst. Das deutsche Wort Bildung hingegen fordert eine Auslegung der Teleologie des Bildes immer von neuem. Die Umrissgewinnung fördert in beiden Sprachen ein eigentümliches Spannungsfeld zutage, das als ein Knotenpunkt des Denkens angesehen werden kann: Im Englischen ist es die drohende Reduktion von education auf training, im Deutschen ist es

---

40   Deutsche Akademie der Wissenschaften (Hrsg.): Deutsches Wörterbuch von Jacob und Wilhelm Grimm. Bd. 11. Leipzig 1935, Sp. 1172f.; Pfeiffer, Wolfgang (Hrsg.): Etymologisches Wörterbuch des Deutschen.

41   Vgl. Barthel, Karl-Wolfgang: Bildung durch Ausbildung, in: Der Ausbilder 4/1999, S. 10-15.

die Spannung zwischen der mystischen und der profanen Bedeutung von Bildung.

Es scheint demzufolge, dass man im Deutschen nicht von Bildung sprechen kann, ohne dass die ursprüngliche Teleologie des Ebenbildes Gottes tragend oder störend mitschwingt. Die Verwendungen des englischen Wortes education hingegen sind wie die von training und Ausbildung mühelos profan. Die pädagogischen Verwendungen des deutschen Begriffes sind nur mit Mühe profan geworden. Sie erhalten ihre profane Bedeutung nur aufrecht, wenn sie sich auf eine profane Teleologie stützen können oder die Vorstellung einer Teleologie der menschlichen Vollendung ganz ablehnen. In beiden Fällen treten Widersprüche auf. Gemäß der gängigen Sichtweise verweist das beobachtbare Scheitern des Sozialismus die Vorstellung eines profanen Telos und die damit verbundenen Vorstellungen der Bildung in den Bereich der geschichtlichen Utopie.

Als Beispiel für eine nicht utopische Teleologie sei die einflussreiche Bildungstheorie Theodor Ballauffs angeführt. Ballauff wurde von Zweifeln an der Subjektzentriertheit des seit Humboldt überlieferten Begriffs der Bildung als eine Kultivierung des Ichs angeregt und strebte einen vermeintlich zeitgemäßeren Terminus an.[42] Der Mensch trete erst in der denkenden Erschließung der Welt im Zeichen der geschichtlich fortschreitenden Wahrheit als er selbst hervor, und folglich wäre Bildung die Befreiung des Menschen von der Herrschaft der Willensentscheidungen und die Freigabe des Menschen für das Sein im Denkereignis. Das Bild, das der Bildung hier zugrunde gelegt wurde, scheint die Gestalt eines Könnens des Denkens als geschichtliche Macht zu sein, das jedoch nicht der Telos sein kann, der von der Vorstellung einer geschichtlichen Macht vorausgesetzt wird. Es erscheint lediglich als eine Überschneidung zwischen einzelnen Denkakten und einer Geschichte mit nicht explizierbarem Telos.

Eine deutliche Absage an die Teleologie liefert der Bildungsbegriff von Norbert Meder. Dieser folgt Wittgenstein und Lyotard in der Annahme der unumgänglichen Pluralität und des Widerstreits von Lebensformen und plädiert für den Bildungsbegriff des „Sprachspielers", der durch „Kreativität" und „ästhetisch-divergierendes Denken" ausgezeichnet sei und dessen Ichgefühl eine Befindlichkeit im Sprachspiel sei.[43] In

---

[42]   Ballauff, Theodor: Systematische Pädagogik. Heidelberg ²1962.
[43]   Meder, Norbert: Der Sprachspieler. Der postmoderne Mensch oder das Bildungsideal im Zeitalter der neuen Technologien. Köln 1987, S. 25ff.

beiden Fällen ist ein Widerspruch hinsichtlich des erzieherischen bzw. bildenden Handelns erkennbar. Man kann jedoch nicht erziehen oder bilden (auch nicht sich selbst), ohne einen Qualitätsunterschied zwischen dem Vorher und dem Nachher vor Auge zu haben, selbst wenn diese Zustände nicht vollkommen explizierbar sind. Bei Meder ist ein Besser oder ein Schlechter nicht vorstellbar, da alle Menschen immer und überall Sprachspieler sind, und das Bewerten eines Sprachspiels selbst Sprachspiel ist, scheinbar ad infinitum. Sowohl bei Ballauff als auch bei Meder ist Bildung nicht das treffende Wort, da die Sprache präzisere Bezeichnungen bereithält, die keinen Widerspruchsverdacht erwecken würden: Ballauff hätte die Freigabe für das Denken Ausbildung nennen können. Auf Meders „Sprachspieler" scheint weder Bildung noch Ausbildung zuzutreffen, Begriffe des Übens oder gar des Trainierens wären angemessener.

An diesen Beispielen ist der Versuch erkennbar, an allgemeine historisch und umgangssprachlich verbürgte Diskurse mit eigenen Theorieentwürfen, aber unter Umdeutung der überlieferten Wortbedeutung, anzuknüpfen. Dabei scheint die Gefahr, die oben „Entropie" genannt wurde, eingetreten zu sein: Bildung und Ausbildung werden fast austauschbar. Die Anfang des 19. Jahrhunderts vollzogene Differenzierung wird nicht rückgängig gemacht, sondern durch den Verlust einer Seite der ursprünglichen Einheit reduziert. Jene Absage an den Bildungsbegriff zugunsten eines Begriffs der Ausbildung scheint jedoch auf den ersten Blick einen wichtigen Vorteil zu haben: Die vernunftbezogenen Vorzüge des profanen Bildungsbegriffs sind ohne die Schwächen einer teleologischen Auffassung möglich. Der Begriff der Ausbildung scheint durch den Blick auf Organe, Kräfte, Fertigkeiten und Kompetenzen auf partikulare, zeitgebundene Ziele und auf das autonom-handelnde Subjekt ausgerichtet zu sein. Jedoch gewinnt er den erwünschten Bezug auf eine umfassendere Sicht des Menschen nur durch weitere legitimierende Deutungsansätze. Diese Deutungsansätze sind entweder die bereits kritisierten modernen oder postmodernen Daseinsdeutungen oder religiöse und esoterische Daseinsdeutungen. Die in den englisch- und deutschsprachigen Diskursen belegbare Neigung, einen Ausbildungsbegriff als Bildungsbegriff zu tarnen, weist darauf hin, dass es sich um einen Knotenpunkt der Erkenntnisfindung handeln kann, in den es sich lohnt, weiter einzudringen. Im Folgenden wird dies anhand sprachphilosophischer und philosophiegeschichtlicher Erkenntnisse versucht.

Die a posteriori Notwendigkeit
der Sprache des Ortes und der Zeit

Das Verhältnis zwischen Geist, Sprache und Wirklichkeit ist ein dauerhaftes und ständig umstrittenes Thema der Geschichte des Denkens. Die Frage, ob ein Wort ein konventionelles Zeichen oder ein Abbild von etwas ist, hat schon Platon im Kratylos-Dialog bewegt. Der Strukturalismus, der seit Saussure weite Bereiche der Linguistik beherrscht, scheint die konventionelle These, die seit Platon überliefert ist, zu belegen. Doch wenn das sprachliche Zeichen Bildung ein rein arbiträres Verhältnis zum bezeichneten menschlichen Zustand hätte, gäbe es keine Bildung, die notwendigerweise als Bildung bezeichnet werden müsste. Die gemeinte Explizierung eines Erkenntnisvorgangs, könnte ebenso gut mit einem anderen Zeichen wiedergegeben werden. Die strukturalistische Abstrahierung verzichtet jedoch auf die Verwobenheit von Sprache und menschlicher Lebenspraxis: Wenn ein Zeichen mit dem Bezeichneten durch gemeinschaftlichen Gebrauch verbunden wird, verliert es seinen arbiträren Charakter. Darüber hinaus handelt es sich bei Bildung um einen historisch geprägten Wortbildungsvorgang, dessen Elemente selbst nicht bedeutungsleer sind. Wie das etymologisch hergeleitete „Bild" in Bildung und das lateinische educare als Initiation in dem englischen Begriff education fortwirken, wurde dargestellt. Die Wortbedeutungen müssen als „a priori willkürlich [...] a posteriori [...] notwendig" angesehen werden.[44] Diese richtige Sicht der natürlichen Sprache des Ortes und der Zeit als „nichthintergehbar" hat weitreichende Folgen. Es führt zu zwei Feststellungen, die als Prämissen für das weitere Denken gelten müssen: Erstens ist die Sprache wie das Sein selbst „umgreifend", daher gibt es keine menschliche Erkenntnis, die nicht sprachlicher Art wäre, und keinen vor- oder nachsprachlichen Zustand eines Menschen, der ihm zugänglich wäre.[45] Zweitens ist es die ihm eigene Art der Sprachlichkeit, die den Menschen als Gattung auszeichnet. Somit ist er ein „selbst-deutendes Tier" („self-interpreting animal"), dessen Selbst- und Weltansicht wesentlich von sprachlich vollzogenen Umdeutungen abhängen.[46] Als Mittel, Werkzeug

---

[44]   Hamann, Johann Georg: Sämtliche Werke, Bd. 3. Wuppertal 1999 [1784], S. 288.
[45]   Gadamer, Hans-Georg: Menschen und Sprache, in: ders.: Hermeneutik II. Wahrheit und Methode. Ergänzungen und Register. Gesammelte Werke, Bd. 2. Tübingen 1993, S. 146-154.

und Bauelemente liegen ihm im umgreifenden Medium der Sprache die Erkenntnisleistungen vorangegangener Generationen vor. Diese sind bewertbar, umdeutbar, ablehnbar sogar, aber nicht hintergehbar. Ein weiteres Merkmal der sprachlichen Überlieferung ist ihr Gefährdetsein. Erkenntnisse sind fragil und der unvorsichtige Umgang mit der Sprache kann zu einer Verflachung, einer Vergröberung schlicht zu einem Bedeutungsverlust führen. Die Popularisierung des Wortes Bildung führte, wie schon erwähnt, zu schlagwortartigen Verwendungen, die ein Verstehen des Sachverhalts nur simulierten und einen Bedeutungsverlust einleiteten. Eine politisch gelegene Reduktion wurde oben in der Analyse von education und training erwähnt. Eine bewegende Beschreibung der Verzerrung des Denkens durch die Sprache hat Victor Klemperer in seinem Dokumentationsversuch über die Lingua Tertii Imperii (LTI), wie er den Sprachgebrauch des Nationalsozialismus taufte, geboten.[47] Zwischen 1933 und 1945 seien technische Begriffe auf nichttechnische Bereiche maßlos ausgedehnt worden.[48] Dies habe, wie Klemperer am Beispiel des in amtlichen Verlautbarungen häufig verwendeten Wortes „gleichschalten" darzulegen versuchte, ein diskursives „Mechanisieren der Person" zur Folge gehabt.[49] Berufsbezeichnungen seien erfunden worden, um jüdische Fachleute abzuqualifizieren, wie die Begriffspaare Rechtsanwalt und Arzt (für Arier) und Rechtskonsulent und Krankenbehandler (für Juden) belegen.[50]

Es wird damit jedoch nicht behauptet, dass gewisse sprachliche Elemente oder die sprachlich gegebenen Möglichkeiten der Umdeutung prinzipiell zu verwerfen sind. Der Reichtum der sprachlich fixierten Deutungen und Umdeutungen scheint im Gegenteil von großem pädagogischen Vorteil zu sein, wie unten weiter ausgeführt werden wird. Es ist eindeutig, dass sie die Sprachgebrauchenden nicht nur zu kritischer Überprüfung herausfordern, sondern auch Möglichkeiten für Kritik schaffen.

Bezüglich des analytischen Ergebnisse scheint es, dass der englische und der deutsche Sprachgebrauch auf zwei offene Fragen hinweist: Erstens können training und education gleichbedeutend sein? Mit anderen Worten: Kann die zweckrationale Aneignung spezialisierter Fertigkeiten

[46] Vgl. Taylor, Charles: The Sources of the Self: The Making of Modern Identity. Cambridge 1989, S. 45.
[47] Klemperer, Victor: LTI. Notizbuch eines Philologen. Leipzig 1996 [1946].
[48] Vgl. ebd., S. 196.
[49] Vgl. ebd., S. 199.
[50] Vgl. ebd., S. 228.

zu Wissen, Verstehen, Horizonterweiterung und Transformation der Persönlichkeit zum Guten[51] führen? Zweitens kann Bildung eine profan verstandene Vollendung des Menschen bezeichnen? Mit anderen Worten, gibt es überhaupt eine profane Vollendung des Menschen, die aus den natürlichen Kräften des Menschen hervorgehen kann? Es scheint, dass die Sprachgemeinschaften in beiden Fällen generell eine negative sprachliche Vorantwort parat haben, die nicht hintergehbar ist. Der Schlussteil dieser Ausführungen soll sich dieser Frage widmen. Es wird sich zeigen, dass die negative Vorantwort mit Recht als eine Folge der Eigenart der Pädagogik angesehen werden kann, die aus der Ablehnung von Perspektiven geboren wurde, welche bis heute in der Religion und in der Esoterik ihre Legitimierung haben.

Vernunft Aufklärung Religionskritik

Als Erben der Aufklärung sind wir es gewohnt, der wissenschaftlichen Gültigkeit ein Primat der Legitimierung einzuräumen. Das Primat der wissenschaftlichen Gültigkeit scheint mit dem Primat der Vernunft gleichbedeutend zu sein. Das Primat der Vernunft scheint genau das zu sein, was den Menschen vom Tier unterscheidet und dessen Ausprägung den Grad der Bildung und der persönlichen Entwicklung als lobenswert oder tadelnswert kennzeichnet. Eine Beschreibung, die nicht durch Falsifizierbarkeit, Wiederholbarkeit, Generalisierbarkeit und intersubjektive Überprüfbarkeit abgesichert ist, verdient es nicht, eine Erkenntnis genannt zu werden. Diese Transformierung eines zunächst subjektiven Standpunktes ins Unpersönliche, die mit einer radikalen Reflexivität einhergehen musste, charakterisierte das Denken von René Descartes und des in der cartesischen Nachfolge entstandenen Empirismus.[52] Die Wirklichkeit wurde nicht mehr als die Repräsentation platonischer Ideen oder als der unantastbare Ausdruck der Weisheit und Liebe Gottes aufgefasst, sondern als Mechanismus ohne normative Kraft,[53] und wurde infolgedessen instrumentalisierbar im Dienste der nun autonomen menschlichen Denkkraft, die nun aufgefordert war, die Wirklichkeit zu meistern. Die autonome Denkkraft (engl.: mind) erhielt 1690 von John Locke in dem

---

[51] Zu dieser Paraphrase von Peters Bildungstheorie, vgl. Oelkers, Jürgen: Erziehen und Unterrichten, S. 88f.

[52] Vgl. zu Descartes und zum Empirismus Taylor, Charles: The Sources of the Self, S. 143ff.

[53] Vgl. ebd., S. 160f.

Essay *Concerning Human Understanding* eine frühe, maßgebende Analyse. Die Repräsentationen der Wirklichkeit entstehen einzig und allein aus den Bausteinen, die durch Sinneserfahrung und Reflexion empfangen werden, die Erkenntnis der Wirklichkeit sei eine rein individuelle logische Leistung, die sich unabhängig von jeder Autorität vollziehe und nichts mit Glauben oder Vertrauen in die Meinung anderer gemeinsam habe. Die Lockesche Auffassung von Erkenntnis und Vernunft ist prozedural und anzuwenden. Anstelle einer kosmischen Ordnung oder Substanzmetaphysik sind diese allein der Freiheit des Subjekts verpflichtet. Diese Elemente sind in der Ego-Psychologie Freuds und seiner Nachfolger sowie im Konstruktivismus der heutigen Zeit nachweisbar.[54]

Descartes blieb ein gläubiger Christ und Locke war ein aufrichtiger englischer Protestant, der das autonome Handeln des Subjekts als eine Selbstzucht in rationaler Konformität mit dem Naturgesetz Gottes verstand. Dennoch kann mit diesen Denkern der Eintritt einer philosophisch fundierten Haltung in die Geschichte des vom Christentum geprägten Abendlandes markiert werden. Dies konnte die Grundlage für eine begründete und daher erfolgreiche Religionsablehnung liefern. Der Deismus der ersten Hälfte des 18. Jahrhunderts, der von Locke mitgeprägt wurde, konnte in der Schöpfung eine Ordnung erblicken, die auch ohne die Vorstellung eines persönlich einwirkenden Gottes erkennbar gut war.[55] Die Konzepte der Offenbarung und der Gnade konnten überzeugend für überflüssig erklärt werden. Das natürliche Streben des menschlichen Organismus und der menschliche Alltag konnte im Widerspruch zur Lehre des Sündenfalls als gut bewertet werden. Lockes einstiger Schüler, der bereits erwähnte Shaftesbury, konnte eine einflussreiche, psychologisch begründete Ethik entwerfen, welche die Unabhängigkeit der Tugend von der Religion postulierte: Das moralisch Gute sei zugleich schön, da eine natürliche Neigung zum sittlich-schönen Wollen und Handeln sowie zur Gerechtigkeit im Allgemeinen bestehe, zusammen mit einer angeborenen Abneigung gegen hässliches Verhalten und Ungerechtigkeit.[56] Dieses ließe auf einen natürlichen moralischen Sinn schließen, der an Schönheit ausbildbar sei und folglich die religiöse Unterweisung nicht zwingend brauche. Bei Shaftesburys zeitweiligem Schüler Hutcheson liest man, dass die Wohltätigkeit, die Tätigkeit zur Vermehrung des Glückes der Menschheit, keine religiöse Tugend zu sein brauche, sondern aus dem

---

[54] Vgl. ebd., S. 174.
[55] Zum Deismus vgl. Taylor, Charles: The Sources of the Self, S. 234ff
[56] Vgl Fisler, Philosophenlexikon, S. 2958ff.

naturgegebenen sittlichen Sinn begründet werden könne.[57] Der Deismus bereitete den Weg für die radikale Aufklärung mit der Verortung der Quellen des Glücks – bei aller Anerkennung eines göttlichen Schöpfers – im Menschen selbst. Die radikale Aufklärung entledigte sich dann der Vorstellung eines Gottes und ließ sich auf einen Kampf mit der Religion ein. Die befreiten Kräfte des Menschen würden im siegreichen Kampf mit dem rückständigen Irrationalismus durch fortschreitende wissenschaftliche Tätigkeit zur Perfektion der Menschheit führen.[58] Die Kritik Jean Jacques Rousseaus an der Aufklärung betraf dann allein die vermeintliche Einseitigkeit der Rationalität und der Vernunft und ließ die Idee der „Perfektibilität" der Menschheit aus der Natur des Menschen weiterhin gelten. Rousseau konnte wieder von Gut und Böse und von dem Gewissen sprechen. Es handelte sich jedoch um kein Wiederaufleben des überlieferten religiösen Glaubens, sondern um das Gewissen als die Stimme der Natur sowie um Gut und Böse als gefühlsmäßige Unterscheidungen, die aus der Befragung des Selbst in eigener Autorität erfolgen.[59]

An diesem Streifzug ist trotz der unvermeidlichen Oberflächlichkeit eines sichtbar geworden: Die Leitidee der Neuzeit ist stets die Forderung nach der Autonomie des Menschen von der Gnade, das heißt von einer persönlich einwirkenden höheren Macht. Selbst die Gläubigen unter den Deisten und den Aufklärern versuchten, die Vorstellung der Abhängigkeit von der Gnade zu überwinden. Es wurde scheinbar ein Widerspruch darin gesehen, dass eine Erkenntnis- und Deutungshoheit der freien menschlichen Vernunft von der Gnade abhängig sein sollte. Wenn man den im 17. Jahrhundert üblichen Machtmissbrauch der organisierten Religionen betrachtet, die auf unliebsame Denkergebnisse gerne mit dem Scheiterhaufen und ähnlichem antworteten, hat das eine Berechtigung. Jedoch wäre es falsch, diese gnadenlose Machtausübung mit der Gnade Gottes zu verwechseln. Fragwürdig ist auch die Logik hinter dem vermeintlichen Widerspruch zwischen Autonomie und Gnade. Zumindest in der katholischen Überlieferung war die Lehre vom „freien Willen" des Menschen stets präsent neben der göttlichen Gnade. Der freie Wille kann als eine

---

57   Vgl. Taylor, Charles: The Sources of the Self, S. 259ff.
58   Beispielsweise bei Condorcet in Enquisse (1793). Vgl. hierzu Taylor, Charles: The Sources of the Self, S. 353f.
59   Vgl. die Ausführungen des Pfarrers von Savoy in *Emile* und die daraus begründeten Prinzipien der natürlichen Religion. Rousseau, Jean Jacques: Emile oder Über die Erziehung. Paderborn ⁵1981, S. 275ff. Zum Gewissen insbesondere S. 304ff.

Bedingung des Gnadencharakters des göttlichen Handelns angesehen werden. Es ist bezeichnend, dass die logische Überwindung der Gnade durch die Deisten und ihre Nachfolger deterministische Positionen nach sich zog und die Frage nach der menschlichen Freiheit neu problematisierte, ohne eine Lösung liefern zu können.[60]

Aus der heutigen Praxisperspektive kann in dem historischen Beispiel des Verständnisses der Vernunft ein interessantes Paradox wahrgenommen werden: Der Mensch, der die Gnade ablehnt und eine Autonomie der Vernunft für sich reklamieren will, kann und darf das tun. So beweist er performativ seine Autonomie. Jedoch scheint es nicht möglich zu sein, diese Autonomie im Urteil und Handeln gemäß der postulierten Ranghöhe zu explizieren. Die Befolgung des göttlichen Willens kann als ein oberstes Gut gewertet werden, nicht jedoch die Befolgung der autonomen Vernunft. Die Freiheit der individuellen Vernunftausübung tritt schnell auf die Grenze des Anderen. Die Freiheit der Vernunft als Gattungsmerkmal des Menschen trifft auf die Grenze der Umwelt, deren Missachtung zur Vernichtung der Gattung führen könnte. Phänomenologisch trifft das Ideal der autonomen Vernunft und die durch sie anvisierbare Unbegrenztheit der Möglichkeiten auf die Erfahrungstatsachen der menschlichen Hinfälligkeit und Gebrechlichkeit, die ihre Uneinlösbarkeit erfahrbar machen. Es ist denkbar, dass in diesem Paradox eine Erklärung dafür liegt, dass das Bild, das dem menschlichen Telos der Bildung innewohnt, insofern es von der Gnade abkoppelt wird, wie aus der obigen Analyse des Sprachgebrauchs hervorging, keine gesunden Wurzeln schlagen konnte.

Das Verstehen

Die Überzeugung, dass der Mensch aus eigenen Kräften sich selbst und seine Lage hinreichend verstehen und seinem Verständnis entsprechend handeln kann – also eine gewisse Autonomie des menschlichen Verstehensvermögens, wie auch immer Vernunft, Gefühl und Außeneinwirkung in der jeweiligen Auslegung zusammenkommen – ist eine religiöse und esoterische Überzeugung, die noch heute in einschlägigen Kreisen Gültigkeit besitzt. Beispielsweise spricht das Johannesevangelium, das sowohl in den christlichen Kirchen als auch in verschiedenen esoterischen

---

[60]   Ich folge hier MacIntyre, der dieses Problem an den Beispielen von Hobbes und Spinoza umreißt. MacIntyre, Alasdair: A Short History of Ethics. London/New York ²1998, S. 134ff.

Bewegungen einen maßgeblichen Text darstellt, vom Logos, der „mit Gott war und Gott war" (Joh 1, 1-3), als das erfüllte Wort, aus dem heraus alles Seiende hervorgehe. Dies weist auf eine Einbettung jedes menschlichen Lebens im sinnvollen Tun Gottes hin, das durch die Auferstehung in Christo zur Begegnung werden kann. Die religiöse Bekehrung und die esoterische Initiation, die stets mit einer Vorstellung des Empfangens der Gnade einherzugehen scheinen, können sich ebenso wie die Ablehnung der Gnade zugunsten der Autonomie der Vernunft performativ legitimieren. Jedoch kommt zur Performativität eine weitere Legitimierung durch die Erkenntniskraft hinzu. Sobald die Entscheidung zu glauben gefallen, ist alles Weitere im Sinne der Glaubenslehre deutbar, was die auf die Einwirkung der Gnade fußenden Daseinsentwürfe lebensfähiger zu machen scheint. Aber warum ist das so? Eine mögliche Antwort liegt im menschlichen Verstehen, wie nun dargelegt wird.

Nach Hans-Georg Gadamer kann das Verstehen als eine Begegnung zwischen der postulierten Sachlichkeit, Vollständigkeit und Kohärenz des gegenständlichen Sinngefüges in seiner Wirkungsgeschichte und der Existenz des Verstehenden in seinem geschichtlichen Stand angesehen werden.[61] Es ist hier zweckdienlich, das Verstehen nach Gadamer unter dem Aspekt seiner möglichen Ausbildbarkeit zu betrachten. Es ist unbezweifelbar, dass es möglich ist, besser und schlechter zu verstehen. Gadamer folgte jedoch Aristoteles in seiner Auffassung der praktischen Vernunft, die eine wichtige Quelle seiner Verstehenstheorie darstellt, darin, dass das Verstehen kein Gegenstand des Lehrens und Lernens sein könne, dass sie vielmehr in der Bemühung um das Wahre von selbst entstehe.[62] Überdies gilt bei Gadamer das Verstehen zunächst als ein Missverstehen, das sich erst in der aufrichtigen Erprobung der eigenen Vorurteile am Werk in seiner Wirkungsgeschichte langsam zum Verstehen hinwendet.[63] Das Verstehen sei dann, wenn es eintrete, ein einmaliges Ereignis in der Geschichte des Werkes und im Lebenslauf des Interpreten. Ausbildbar ist, wenn man Gadamers Ausführungen folgt, demnach nicht das Ereignis des Verstehens, sondern allein die Fähigkeit zur Erprobung

---

[61] Vgl. Gadamer, Hans-Georg: Wahrheit und Methode. Hermeneutik I. Tübingen 1990, S. 270ff.

[62] Vgl. ebd., S. 317ff. Die Betonung dessen, dass Phronesis und Verstehen keine Lehr- und Lerngegenstände darstellen können, ist meine eigene. Vgl. hierzu EN 1140a26 – 1140b30 Aristoteles: Die Nikomachische Ethik. München 1991.

[63] Vgl. Gadamer, Wahrheit und Methode, S. 273ff.

der Vorurteile, die selbst ein Bündel weiterer Fähigkeiten darstellt. Es handelt sich bei diesen nicht nur um die Fähigkeiten der kognitiven Inhaltserschließung, sondern auch um diejenigen des Sich-Hingebens an das Gute und das Wahre. Die Ausbildbarkeit der Hingabe an das Gute und Wahre, wie auch immer diese Prinzipien erläutert werden mögen, ist Teil des religiösen und auch des esoterischen Daseinsverständnisses, wo sie das Fundament eines jeden Schulungsweges bietet. Die areligiösen utopischen Entwürfe der Moderne, z. B. der Marxismus oder die Diskursethik von Habermas, setzen sie auf ihre Weise auch voraus. Das Primat des Kollektivs und der geschichtlichen Notwendigkeit forderte zwangsläufig die Aufopferung individueller Ansprüche unter Kommunisten. Das Sicheinlassen auf die Erhebung und Einlösung von Geltungsansprüchen, wie sie die Habermassche Theorie des kommunikativen Handelns vorsieht, scheint die Bereitschaft vorauszusetzen, auf die zweckrationale Verzerrung der Kommunikation zu verzichten.[64]

Beim Verstehen handelt es sich um keine bloße Informationsgewinnung, sondern um die Aufschließung der Möglichkeit der Selbst- und Weltinterpretation im Medium der Sprache. Der Gebrauch des „Verstehensvermögens" ist eine geschichtliche Handlung, die sich nur in und durch die jeweilige Sprache vollziehen kann. Die jeweilige Sprache stellt daher den Ort der Ausbildung dieses Vermögens dar. Die Inhalte, mit denen diese Ausbildung vollzogen wird, stellen die Daseinsdeutungen vergangener Generationen dar, die nicht nur als einheitliche Bilder und Erzählungen überliefert werden, sondern auch in Form ihrer Bausteine, Redewendungen, Begriffsprägungen, und ihrer Kombinationsmöglichkeiten. Wie dargelegt, ist diese Überlieferung bis in die einzelnen sprachlichen Formen hinein deutlich vom Religiösen und Mystischen her geprägt. Die Werkzeuge und Elemente, die zur Verwirklichung der im Verstehen liegenden Möglichkeiten dienen, sind nicht zuletzt „Geschenke" des religiösen und esoterischen Empfindens. Die Art und Weise des Umgangs mit ihnen wirkt bewahrend oder missachtend, weiterführend oder

---

[64] Siehe hierzu die Unterscheidung zwischen erfolgsorientiertem und verständigungsorientiertem Handeln bei Habermas. Habermas, Jürgen: Theorie des kommunikativen Handelns. Bd. 1. Handlungsrationalität und gesellschaftliche Rationalisierung. Frankfurt a.M. ⁴1987, S. 385ff. Die Bedingung des verständigungsorientierten Handelns scheint die Vorbehaltlosigkeit der Gesprächsaufnahme zu sein. Mir scheint eine Vorbehaltlosigkeit nur unter der Bedingung der Bereitschaft zum Verzicht auf die monologische Auslegung von Geltung möglich zu sein.

zurückversetzend, erhebend oder korrumpierend auf denjenigen, der ihnen begegnet.

Schlussfolgerungen

Die sprachanalytische Darstellung der Worte education, training, Bildung und Ausbildung wies Spannungsfelder auf, die dann dem Versuch einer Interpretation durch sprachphilosophische und philosophiegeschichtliche Erkenntnisse unterzogen wurden. Die Gefahr der Reduktion im semantischen Bereich von education und training und die unzureichenden, profanen Auslegungen im Bereich von Bildung hängen zusammen. Die historisch ausgebildeten, unzureichenden Charakteristika des Bildungsbegriffes sind ein Ergebnis der Untragbarkeit eines im Menschen selbst begründeten Telos. Am Beispiel neuerer Bildungsbegriffe wurde deutlich, dass die Absage an die Vorstellung eines Telos die Bedeutung in den Bereich der Ausbildung und des Trainings verschiebt. Hier ist ein historisch ausgebildetes Merkmal der Eigenlogik des pädagogischen Denkens erkennbar: Die ersten Versuche, das Pädagogische als eigenständigen Bereich zu konzipieren, waren Antworten auf das Versprechen des Deismus und der Aufklärung, mit den befreiten menschlichen Kräften die menschliche Perfektion anstreben zu können. Das pädagogische Denken und Handeln sollte die Perfektibilität im Einzelnen herausarbeiten und einlösbar machen. Dies konnte nur auf Kosten einer Gesamtdeutung der menschlichen Existenz geschehen, die seit dem Scheitern der profanen Utopien nur noch in den Praxen der Religion und der Esoterik zu finden ist. Gerade in diesen semantischen Bereichen scheint die sprachliche Überlieferung am Reichhaltigsten zu sein. Durch die Auseinandersetzung mit religiösen und esoterischen Deutungen kann das Vermögen des Verstehens am besten ausgebildet werden. Erst in der Achtsamkeit gegenüber den Erkenntnissen von Religion und Esoterik kann der Schritt zum Verständnis der würdigen und gelungenen menschlichen Existenz erfolgen.

Literatur

Aristoteles: Metaphysik. Stuttgart 2000.

Aristoteles: Die Nikomachische Ethik. Übersetzt von Olof Gigon. München [3]1998.

Ballauff, Theodor: Systematische Pädagogik [1960]. Heidelberg [2]1962.

192   Eamon Kiernan

Barthel, Karl-Wolfgang: Bildung durch Ausbildung. In: Der Ausbilder 4/99, S. 10-15.

Gadamer, Hans-Georg: Hermeneutik I. Wahrheit und Methode: Grundzüge einer philosophischen Hermeneutik [1960]. Gesammelte Werke Bd. I. Tübingen 1990.

Gadamer, Hans-Georg: Mensch und Sprache. In: Ders.: Hermeneutik II. Wahrheit und Methode. Ergänzungen und Register. Gesammelte Werke. Bd. 2. Tübingen 1993, S. 146-154.

Habermas, Jürgen: Theorie des kommunikativen Handelns. Bd. 1, Handlungsrationalität und gesellschaftliche Rationalisierung. Frankfurt a.M. [4]1987.

Hamann, Johann Georg: Sämtliche Werke Bd. 3. Wuppertal 1999 [1784].

Klemperer, Victor: LTI. Notizbuch eines Philologen [1946]. Leipzig 1996.

Meder, Norbert: Der Sprachspieler: der postmoderne Mensch oder das Bildungsideal im Zeitalter der neuen Technologien. Köln 1987.

MacIntyre, Alasdair: A Short History of Ethics [1966]. London / New York [2]1998.

Oelkers, Jürgen: Erziehen und Unterrichten: Grundbegriffe der Pädagogik in analytischer Sicht. Darmstadt 1985.

Paschen, Harm: Pädagogiken. Weinheim 1997.

Peters, Richard S.: Education and the Educated Man [1970]. In: R.F. Dearden / P.H. Hirst / R.S. Peters (Hrsg.): Education and the Development of Reason. London 1972, S. 3-18.

Runggaldier, Edmund: Philosophie der Esoterik. Stuttgart 1996.

Schaarschmidt, Ilse: Die Bedeutungswandel der Begriffe „Bildung" und „bilden" in der Literaturepoche von Gottsched bis Herder. Diss. Königsberg, in: W. Klafki (Hrsg.): Beiträge zur Geschichte des Bildungsbegriffs. Weinheim 1965, S. 25-88.

Soltis, Jonas F.: An Introduction to the Analysis of Educational Concepts. Reading, Mass. [2]1978.

Taylor, Charles: The Sources of the Self: The Making of Modern Identity. Cambridge MA 1989.

Wilson, John: Philosophy and Educational Research: a reply to David Bridges et al., in: Cambridge Journal of Education, 1/1998, S. 129-133.

Wittgenstein, Ludwig: Philosophische Untersuchungen. Zweisprachige Ausgabe. Oxford [2]1958.

Lee Traynor

Evolution im Unterricht

Evolution oder Schöpfungsgeschichte: Seit Darwin gibt es eine wissenschaftliche Schilderung vom Entstehen neuer Arten auf unserem Planeten
einschließlich der Menschwerdung. Deshalb können beide Darstellungen
nicht gleichberechtigt nebeneinander stehen. Die Herausforderung für die
Evolutionstheorie liegt im Verstandenwerden.
Ikonoklasten (Bilderstürmer) laufen zweierlei Gefahr. Sie könnten
Bilder, ähnlich denen, die sie gerade zerstört haben, wieder malen und
aufhängen, oder sie könnten neue Bilder aufhängen, die nicht angenom-
men werden. Für Didaktiker, ist es deshalb ratsam zu wissen, welche
Perspektiven mit welchem Ziel verändert werden sollen. Der religiöse
Begriff von Bildung beinhaltet das Erreichen eines von der jeweiligen
Religion aus gegebenen und vorbestimmten Ziels. Einfach den religiösen
Inhalt zu verwerfen, aber ein religiöses Ziel beizubehalten, bedeutet nur:
eine Religion gegen eine andere auszuwechseln. Zu einer Definition von
Bildung und besonders Lernen gehört auch die Veränderung von verfügbaren Vorstellungen. Damit wäre die Begrenzung der religiösen Defi-
nition aufgehoben und der Weg frei, neue Vorstellungen zu vermitteln.
Denn Wissenschaft hat ja auch zur Konsequenz, dass neue, bisher un-
bekannte Inhalte vermittelt werden müssen. Aber neues Wissen zu
präsentieren, das nicht akzeptiert wird, würde in den Worten von Michael
Schmidt-Salomon zu „Scheinwissen" führen: Wissen, das zum Erlangen
von Scheinen an einer Uni reichen würde, um danach zu verfallen; Zusammenhänge, die nie wirklich angenommen und verstanden werden.[1]
Was bedeutet dieser Unterschied zwischen Bildung im religiösen und
wissenschaftlichen Sinne für den Unterricht? Das Vermitteln einer modernen Evolutionslehre ist kein Austausch von Religionen. Die moderne

---

[1] Vgl. Schmidt-Salomon, Michael: Erkenntnis aus Engagement. Aschaffenburg
1999, S. 392.

Wissenschaft der Biologie ist skeptisch, empirisch geprüft, vorläufig, sie kann auf früheres Wissen aufbauen. Andere Wissensarten und Modi der Welterschließung (z. B. Tradition oder Religion) unterscheiden sich in mehreren Aspekten hiervon. Aber auch ein ungebildeter Mensch ist ein halbwegs brauchbarer Biologe: Sogar wenn er vorher nie einen gesehen hat, wird er den vor ihm stehenden Tiger als solchen erkennen und ihn nicht mit einer Hauskatze verwechseln, selbst wenn er den Tiger nur aus einem Kinderbuch kennt. Um ein richtig guter Biologe zu werden, muss er aber weit über solches Wissen hinausgehen. Alltagswissen sagt uns, dass Tiger die Eigenschaften A, B, C besitzen; lebensweltlich wissen wir aber auch, dass alle Tiere Individuen sind. Praktisch gelingt uns dieser Balanceakt; wir erkennen, dass ein Individuum auch zu einer Klasse gehört. Andere Alltagsvorstellungen können aber das Verständnis von biologischen Zusammenhängen behindern.

Ich versuche zu erklären, warum der Kreationismus noch existiert, nicht nur in den Vereinigten Staaten, wo das Wort Evolution in manchen Schulbezirken sogar verboten ist, sondern auch im „alten Europa". Zum Beispiel in Italien: Dort sollte Anfang 2004 Evolution aus dem schulischen Lehrplan für Biologie gestrichen werden und in Slowenien passiert ähnliches. Aber auch in Deutschland – so die Meinungsforscher[2] – bestreiten 22 % der Bevölkerung, dass der Mensch von Affen abstamme.[3]

Ein Problem mit der Meinungsforschung zu dieser Frage ist, dass es ein (Fast-) Kontinuum von Kreationismen gibt,[4] angefangen von der Schöpfung der Welt und aller Lebewesen mit „Es werde..." vor 6000 Jahren bis hin zur weitgehenden Akzeptanz des hohen Alters des Universums und der Evolution im Prinzip, nur dass der Herr mit dem weißen Bart etwas Entscheidendes mit in die Entwicklung des *homo sapiens* eingebracht hat, was uns vom sonstigen Tierreich grundlegend unterscheidet. Gott braucht man nur noch, um alles ins Rollen zu bringen (ein

---

[2]   Institut für Demoskopie Allensbach: Allensbacher Berichte Nr. 7, IfD-Umfrage 6027, März 1996. Zitiert nach: Kotthaus, Jochem: Die Evolution des Kreationismus, in: Skeptiker 4/2003, S. 140-144.

[3]   Dass „der Mensch" von heute lebenden Affen abstammt, lässt sich wissenschaftlich sehr wohl bestreiten. Präziser müsste es heißen, dass Menschen und z. B. Schimpansen gemeinsame Vorfahren haben. Aber allein die Wahl dieses Ausdrucks, um die Akzeptanz von Kreationismus untersuchen zu wollen, lässt erahnen, was Meinungsforscher von Evolution halten.

[4]   Scott, Eugenie: The Creation-Evolution Continuum. How to Avoid Classroom Conflict, in: Skeptic 10 (2004), S. 48-54.

Universum zu schaffen, in dem Leben möglich und menschliches Leben irgendwann unumgänglich ist) und dann auch noch, um die Kreaturen zu vervollkommnen, die ihn verehren sollen.

In den USA wird das öffentliche Leben von der Religion stärker geprägt als in Europa und aufgrund des dezentralen Schulsystems kommen des Öfteren Versuche vor, eine Theorie namens *intelligent design* in den Lehrplan für Biologie einzuführen, Kreationismus direkt unterrichten zu lassen oder sogar das Wort „Evolution" zu verbieten. Manche BiologielehrerInnen fürchten sich vor der Reaktion religiöser Eltern auf ihren Unterricht. In einer solchen Atmosphäre verwundert es nicht, wenn Amerikaner eine wesentlich geringere Akzeptanz der Evolution zeigen.

In Deutschland gibt es dagegen kaum Widerstand gegen das Unterrichten von Evolution. Die kleineren Gruppen von Kreationisten scheinen kaum Einfluss auf Unterrichtspläne zu haben. Evolution scheint so unumstritten zu sein, wie zu der Zeit als Ernst Mayr zur Schule ging. Dennoch wird Evolution nicht immer angenommen, und die 22 %, die Evolution ablehnen, stellen möglicherweise nur einen Aspekt des Problems dar. Inwieweit haben wir es zusätzlich mit „Scheinwissen" zu tun? Kann man von einem mehr oder weniger latenten Kreationismus sprechen?

Um diese Fragen zu beantworten, untersuche ich zunächst die fachliche Vorstellung von Evolution und Kreationismus, um dann darauf einzugehen, was ein wissenschaftlicher Unterricht beinhalten kann. Anschließend werden die Inhalte von Schulbüchern analysiert, um zu klären, inwiefern sie mit wissenschaftlichen Vorstellungen übereinstimmen und wie sie sich von Schülervorstellungen unterscheiden. Zum Schluss sollen Leitlinien für den Unterricht entworfen werden.

Dies geschieht im Rahmen folgender Überlegungen: SchülerInnen kommen nicht als unbeschriebenes Blatt oder *tabula rasa* ins Klassenzimmer, vielmehr bringen sie ein kognitives System voller Alltagswissen mit, welches in lebensweltlichen Erfahrungen gründet. Damit versuchen sie, Lerninhalte zu verstehen. Demnach muss gefragt werden: Über welche Vorstellungen verfügen die SchülerInnen vor dem Unterricht? Welche wissenschaftlichen Vorstellungen sind für dieses Gebiet zentral? Welche Vorstellungen will ich im Unterricht vermitteln und wie kann ich dieses Ziel erreichen? Schauen wir uns kurz ein Modell an, welches zur Beantwortung dieser Fragen führen kann. „Mit dem Modell der Didaktischen Rekonstruktion werden fachliche Vorstellungen, wie sie in Lehrbüchern und anderen wissenschaftlichen Quellen Ausdruck finden, mit Schülerperspektiven so in Beziehung gesetzt, dass daraus ein Unterrichtsgegenstand entwickelt werden kann. Das Herstellen von Bezügen zwischen fachlichem sowie interdisziplinärem Wissen einerseits und der Perspektive der Lernenden, deren Vorverständnis, Anschauungen und Werthaltungen andererseits ist deshalb notwendig, weil Methoden und Aussagen der Fachwissenschaften nicht unbesehen und unverändert in den schulischen Fachunterricht übernommen werden können. Es sind vielmehr häufig solche fachlichen und fachübergreifenden Bezüge zu berücksichtigen, die Wissenschaftler als Fachleute in ihren Diskussionen voraussetzen können, die den Nichtspezialisten und Schülern aber nicht bekannt sind. Dazu gehört zum Beispiel, wie bestimmte Ergebnisse gewonnen wurden und verwendet werden. Dazu zählen auch theoretische Vorannahmen und kontroverse Auffassungen, die von Fachwissenschaftlern häufig nicht mitgeteilt werden, und schließlich auch vielfach nicht beachtete Ergebnisse von Nachbardisziplinen. Die fachlich beschriebenen Sachverhalte sind im Unterricht häufig weit stärker, als dies im Wissenschaftsbereich der Fall ist, in umweltliche, gesellschaftliche und individuale Zusammenhänge einzubetten, um ihre Bedeutung für das Leben des Einzelnen in der Gesellschaft sowie in der belebten und unbelebten Natur zu verdeutlichen. Der didaktisch bearbeitete Gegenstand wird damit kom-

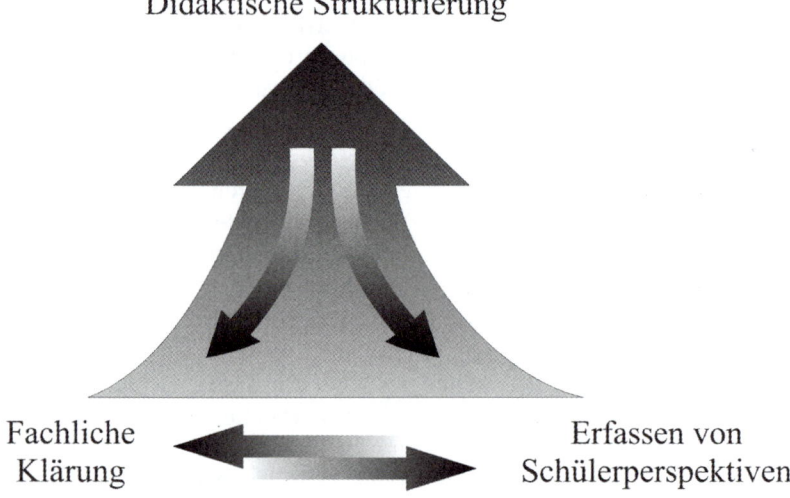

Abbildung 1: Das Modell der Didaktischen Rekonstruktion.

plexer als der fachwissenschaftliche. Diese Komplexität ist nötig, damit die Schüler angemessene Vorstellungen entwickeln können."[5] Zum Thema „Theorie der Evolution durch Natürliche Auslese" (hier: Evolutionstheorie) werden Schülervorstellungen erfasst und analysiert, die in zweifacher Hinsicht problematisch sind: Einerseits können sie fachlich unzutreffend sein, andererseits können sie lebensweltliche Vorstellungen enthalten, die eine biologische Folklore bis hin zum Kreationismus unterstützen könnten.

Folgende Verständnisschwierigkeiten mit Relevanz für das Unterrichten der Evolutionstheorie sollen Unterschiede zwischen Alltagsdenken oder anderen verbreiteten Vorstellungen einerseits und wissenschaftlichen Vorstellungen andererseits verdeutlichen.

Typologisches Denken

Die Biologie unterscheidet sich von der Chemie und der Physik dadurch, dass ihre Kategorien (Arten) nicht durch ausreichende und notwendige Merkmale bestimmt werden, sondern – zumindest bei sich sexuell vermehrenden Arten – durch eine funktionelle Definition: Männchen und Weibchen können miteinander Nachkommen erzeugen. Mit Bezug auf die Atomtheorie ist in der Chemie eine Aussage wie: „Ein Goldatom besitzt 79 Protonen" zugleich eine notwendige und hinreichende Definition von Gold. Atome keines anderen Elements enthalten 79 Protonen, während z. B. die Zahl der Neutronen oder Elektronen hier keine Rolle spielt: Es gibt Elemente, deren Atome eine gleiche Anzahl von Neutronen aufweisen und es gibt Ionen anderer Elemente mit der gleichen Anzahl von Elektronen. In der Physik existiert eine ähnliche Situation mit den subatomaren Partikeln. In der Biologie sind nicht solche unveränderlichen *Typen* Gegenstand der Forschung, sondern Populationen von Individuen. „Der Mensch besitzt 46 Chromosomen" ist weder hinreichend noch notwendig. Nicht hinreichend, da andere Arten auch 46 Chromosomen besitzen (können); nicht notwendig, da es z. B. Menschen gibt, die 45 oder auch 47 Chromosomen besitzen. Auch wenn man die Art der Chromosomen untersuchte, wäre man nur kurze Zeit zufrieden. Zwar unterscheiden sich die Chromosomen anderer Lebewesen mit einem „regelmäßigen"

---

5   Kattmann, Ulrich / Duit, Reinders / Gropengießer, Harald / Komorek, Michael: Das Modell der Didaktischen Rekonstruktion. Ein theoretischer Rahmen für naturwissenschaftsdidaktische Forschung und Entwicklung, in: Zeitschrift für Didaktik der Naturwissenschaften 3 (1997), S. 3-18.

Satz von 46 Chromosomen von unseren in ihrer sichtbaren Struktur, aber auch die 45, 46 oder 47 menschlichen Chromosomen sind nur in groben Zügen miteinander vergleichbar und es ist nicht auszuschließen, dass wir jemanden einen Menschen nennen würden, auch wenn seine Chromosomen anders aussähen. Anders gesagt: die Biologie hat es mit Variationen der Individuen zu tun, nicht mit Objekten gleicher Eigenschaften. Jedes Lebewesen ist einmalig und diese Einmaligkeit ist nicht nur Ergebnis von Mutationen (die eine geringe Rolle spielen), sondern vor allem von genetischer Rekombination, Wechselwirkungen zwischen Genen innerhalb eines Individuums oder modifikatorischen Umwelteinflüssen.

Man kann die Typen auch nicht mathematisch retten, indem man eine Liste von Merkmalen, deren Soll- oder Mittelwerte berechnet, zusammen mit zugehörigen Varianzwerten, wie zum Beispiel eine Standardabweichung. Jedes Individuum ist einmalig, und zwar so einmalig, dass seine Eigenschaften nur begrenzt mit solchen mathematischen Modellen beschreibbar sind. Trotz dieser Einmaligkeit ist der Rückgriff zum typologischen Denken nahe liegend. Wir erkennen oft die Artenzugehörigkeit auch unter erschwerten Bedingungen, beispielsweise wenn Eigenschaften weit vom Mittelwert abweichen. Manchmal suggeriert auch die Sprache eine Einheit, wo keine ist: Wir sprechen von „dem Pferd", „der Maulwurfsgrille", „dem Maulwurf", wenn wir die Art meinen. Ein weiteres Anzeichen typologischen Denkens ist Pseudogenauigkeit (z. B. Angabe eines Durchschnittswertes ohne Varianz), die einen Sollwert suggeriert.

Wie befreit man sich von typologischem Denken, wenn es der Sache nicht angemessen ist? Dies betrifft nicht nur den Grundgedanken der Evolution, dass sich Lebewesen im Laufe von geologischer Zeit (Jahrmillionen) verändern, so dass sich schließlich neue Arten bilden, sondern auch die Beobachtung, dass sich Arten ständig in realer Zeit verändern. Verwandt mit typologischem Denken ist vermutlich auch die Vorstellung von Konstanz (dass alles ist und bleibt, wie es ist) und beide zusammen können erklären, warum es so schwierig ist, das Aussterben von Arten emotional zu akzeptieren.

Teleologisches (finalistisches) Denken

Biologen können zwischen mehreren Formen von Erklärungen unterscheiden, wie und warum bestimmte biologische Eigenschaften zustande gekommen sind: proximate Ursache („Elektromagnetische Strahlung bestimmter Wellenlängen löst Erregungen der Lichtsinneszellen aus"), ultimate Funktion („Das Auge ist das Organ des Sehens"), ontogenetische Entwicklung („Erst wachsen Neuronen an die lichtempfindliche Zellen heran, dann bilden sich die Blutgefäße") sowie evolutionäre Entwicklung („Das Auge entwickelte sich aus einer kleinen Gruppe von Zellen, die auf Licht reagierten"). Biologen akzeptieren jedoch keine teleologischen Erklärungen („Das Auge entwickelte sich, damit die Tiere besser sehen konnten"). Solche teleologischen Erklärungen sind unmittelbar verwandt mit kreationistischen Aussagen.

Ein weiteres Beispiel aus der Pflanzenwelt: Die Früchte der wilden Verwandten von Kürbis und Zucchini besitzen in ihrer Haut kleine Einlagerungen von Silikaten, Phytolithe genannt; außerdem ist das Fruchtfleisch von stabilen Strukturen, den Ligninen, durchsetzt, die auch dem Holz seine Festigkeit geben. Ein fressendes Tier braucht mehr Energie, um die Schale zu durchbeißen, das Fruchtfleisch schmeckt holzig und die Phytolithen wirken abschleifend auf die Zähne (proximate Wirkung). Beide Eigenschaften schützen daher vor Fraß durch Tiere (ultimate Funktion). Phytolithen und Lignine werden in heranreifenden Früchten von Enzymkomplexen gebildet, die unter der Kontrolle eines gemeinsamen genetischen Locus stehen (ontogenetische Entwicklung). Pflanzenfruchte mit Phytolithen und / oder Ligninen schmeckten einem fressenden Tier weniger gut als Früchte ohne beide. So überlebten mehr Pflanzen, die geschützte Früchte produzierten (evolutionäre Entwicklung). Sachlich ungerechtfertigt wäre eine Aussage wie: Pflanzen produzieren Phytolithen, um mehr überlebende Nachkommen zu haben (teleologische Aussage).

Zur Problematik der teleologischen Aussagen müssen zwei Punkte beachtet werden: erstens, es muss klar sein, dass man zwischen verschiedenen Erklärungsebenen überhaupt unterscheiden kann. Zweitens gibt es Ausdrücke wie z. B. „um zu..." und „damit...", die eine teleologische Interpretation sprachlich eher unterstützen.

Ein Nachteil teleologischer Aussagen liegt darin, dass sie auch die Entstehung vieler biologischer Strukturen unverständlich machen. Diese haben sich oft nicht auf dem direkten Weg von anfänglicher Funktion zur voll ausgebauten Funktion entwickelt. Sehr oft sind Strukturen entstanden, die auf einer Umwandlung bestehender Strukturen beruhen. Das bekannteste Beispiel dürfte der Vogelflügel sein, der zunächst dazu benutzt wurde, Vögel zu kühlen, indem größere Luftmassen an den Körper herangeführt wurden. Erst später entstand der Flügel zum Fliegen. Dieses Phänomen wird im Allgemeinen Präadaption genannt, obwohl das Wort einen teleologischen Beigeschmack hat. Monod hat dies *gratuité* genannt (für das Beispiel des Flügels würde es dann heißen: Du kannst große Luftmassen bewegen, damit kannst du dich kühlen oder auch: du könntest damit fliegen – zwei Fähigkeiten zum Preis von einer), Gould *exaptation*.[6] Kattmann hat das Wort „Mehrfacheignung" hierfür in diesem Sinne verwendet:[7] Ein Flügel, der Luft bewegen kann, ist auch noch dazu geeignet, zum Fliegen benutzt zu werden. Ich möchte ein weiteres Wort vorschlagen: *Potenzial*, wofür ich ein weiteres Beispiel heranziehen werde.

Abgesehen von den plazentalen Säugetieren gibt es zwei weitere Säuger-Unterordnungen, die Beuteltiere und die Eier legenden Monotremen. Ein Faktor, der die Größe eines Eies bzw. eines Joeys (wie die Säuglinge der Beuteltiere genannt werden) begrenzt, ist die Kapazität des Blutes, Sauerstoff zu transportieren. Monotremen-Eier sind ungefähr so groß wie Vogeleier eines Vogels gleicher Größe. In der Luft ist genug Sauerstoff, die über die Schale ins Ei eindringen kann. Joeys sind bei der Geburt aber sehr viel kleiner als Eier. Da adulte und junge Tiere das gleiche Hämoglobin produzieren, kann es nur zu einem langsamen Austausch von Sauerstoff zwischen Muttertier und Embryo kommen. Wäre die Affinität des embryonalen Hämoglobins höher als die des adulten, liefe dieser Transport schneller ab und könnte einen größer werdenden Embryo mit Sauerstoff versorgen. Ein Vorfahr der plazentalen Säugetiere besaß jedoch zwei Hämoglobinsequenzen. Eine Kopie dieses Gens produziert in allen plazentalen Säugetieren fötales Hämoglobin, das Sauerstoff stärker bindet als normales, adultes Hämoglobin und so ein verlängertes Überleben im Mutterleib über die plazentale Versorgung mit Sauerstoff ermöglicht. Ein Säugetier mit dem doppelten Satz an Hämoglobingenen hatte das *Potenzial*, plazentales Säugetier zu werden. Man könnte auch sagen, das Tier hatte eine Vorbedingung erfüllt.

Es bleibt zu erwägen, ob *Potenzial* auch auf die Vorgänge der genetischen Reorganisation angewandt werden kann, die die Grundlage evolutionärer Entwicklungen darstellen. Aber auch hier wäre zu überlegen, ob eine explizite Abgrenzung zwischen einer Beschreibung aufgrund einer evolutionären Entwicklung einerseits und einer teleologischen Aussage andererseits gezogen werden soll.

---

[6] Gould, Stephen / Vrba, Elisabeth: Exaptation – a Missing Term in Science of Form, in: Paleobiology 8 (1986), S. 4-15.

[7] Kattmann, Ulrich: Sprache und Begriffe im Biologieunterricht, in: Biologie in der Schule 6 (1992), S. 201-205.

Intentionalismus

Nach einer weit verbreiteten, jedoch irrtümlichen Vorstellung sind alle Wesen mit Intentionen und Vorhaben ausgestattet – angefangen mit der Natur selbst, über Tiere und Pflanzen, Einzeller und Bakterien bis hin zu Atomen und subatomaren Partikeln. Diese Tendenz kann auch als Anthropomorphismus oder Personifizierung betrachtet werden. Der Intentionalismus hat widersprüchliche Folgen für das Verständnis von Evolution. Einerseits ist der Kreationismus ein Intentionalismus schlechthin, allerdings nur von der einen Seite, von der Seite des Schöpfers. Andererseits widerspricht dies der Vorstellung, dass sich Lebewesen von sich aus verändern könnten, wenn sie es wollten. Bei letzterer handelt es sich um eine Einstellung zur Evolution, die halbwegs richtig ist: Die Evolution wird von niemandem intendiert.

Fast alles – von Giraffen, die versuchen ihre Hälse zu strecken, um dann immer längere Hälse zu bekommen, bis hin zu Bakterien, die „merken", dass ihnen ein Antibiotikum schadet –, was es an Schülervorstellungen in diesem Bereich gibt, ist wissenschaftlich unbegründet oder stark vereinfacht. Auch die Idee, dass sich der Mensch durch Kultur von der Evolution abgekoppelt hat, wie eingangs erwähnt, hält einer Untersuchung nicht stand.

Es gibt hier auch ein Problem mit der Fachsprache und damit, wie sie sich von der Umgangssprache unterscheidet. Falls die folgende Aussage fachlich in Ordnung sein sollte, gibt es doch eine Reihe von Problemen mit ihrer Interpretation:

„Es gibt zwei Strategien für Pflanzen, ihre Chancen zu verbessern, Nachwuchs zu erzeugen: Sie können entweder zu viele Samen produzieren, so dass ihre Feinde sie nicht alle auf einmal auffressen können oder giftige, harte, nicht schmeckende Samen produzieren und ihre Feinde abschrecken."

Ein Problem liegt in dem Wort *Strategie*, welches anders als in der Umgangssprache nicht *Plan* sondern *Möglichkeit* bedeutet. Aber wenn *Strategie* als *Plan* interpretiert wird, dann wird die Pflanze wohl auch wissen, ob der gewählte *Plan* funktioniert hat.

In der Tat ist die Frage nach der Darstellung von Anpassung um einiges schwieriger als vermutet. Auch eine fachlich richtige Darstellung in Sachen Giraffenhälse wäre unvollständig: „Bei Nahrungsmittelknappheit in Giraffenherden konnten nur die Giraffen überleben, die längere Hälse hatten."

Evolution ist ein langsamer Prozess. Es wird auch Faktoren gegeben haben, die diese Entwicklung (des langen Halses) verlangsamt haben (zusätzliche Anpassung z. B. des Kreislaufs; die zunehmende Schwierigkeit, sich hinzulegen, um zu schlafen, und dann wieder aufzustehen; die Lösung des Nahrungsproblems für junge Giraffen, die gesäugt werden usw.) Intentionalismus sollte nicht mit teleologischem Denken verwechselt werden. Intentionalismus wäre eine sachlich fragwürdige Grundlage für die Evolution. Zu zeigen, dass z. B. Bakterien natürlich nichts „merken" oder dass Giraffen nicht „versuchen", ihre Hälse zu strecken, könnte als „Beweis" gegen die Evolution fehlgedeutet werden: Evolution bedeutet Veränderung; Lebewesen verändern sich, wenn sie wollen; wenn sie es nicht wollen können, dann kann Evolution nicht funktionieren. Hier könnte also die unsachgemäße Vorstellung die Anfälligkeit für kreationistische (Pseudo-) Argumente erhöhen.

Rätsel / Mysterien / Unwissbarkeit

Unser Wissen ist unvollständig und lückenhaft, aber wer behauptet, wir wüssten nichts von einer bestimmten Sache, oder dass es ein Geheimnis gäbe, das prinzipiell und ausschließlich durch Offenbarung in Erfahrung zu bringen sei, malt ein falsches Bild der Wissenschaft.

Es ist nicht angebracht zu sagen: „Wir wissen nicht, wie viele Arten es auf der Erde gibt", um dann zu warten, bis die letzte Art bestimmt und gezählt ist. Wir wissen von Millionen von Arten, die wir bisher bestimmt haben und vermuten Millionen weitere. Eines Tages werden wir wissen, wie gut diese Vermutung war, aber es werden nicht nur Tausende und auch keine Milliarden sein; es werden neue große Landtiere entdeckt, darunter aber keine Saurier.

In der Natur der Wissenschaft liegt es, dass man nie nichts weiß. Auch eine, wenn auch schwach begründete, Vermutung hilft weiter, so sie widerlegt oder gar bestätigt wird. Nie alles wissen zu können, bedeutet nicht: Wissen ist nicht möglich. Fehlerhaftes Wissen bedeutet nicht, dass alles Wissen unsicher wäre.

Vermutungen sollen jedoch begründet werden und oft ist diese Begründung nachvollziehbar. Hier sind zwei Beispiele, die ein wenig mehr Überzeugungskraft bedürfen: „Eine andere Hypothese zur Entstehung des

Vogelflugs *geht* davon *aus*, dass die Lebensweise von Archaeopteryx der seiner *vermutlichen* Vorfahren ähnelte..."[8] [Hervorhebung durch L.T.] „Man *nimmt* vielmehr *an*, dass die Sivapithecinen zu den Vorfahren der Orang-Utans gehören."[9] [Hervorhebung durch L.T.] Im ersten Zitat stört die doppelte Vermutung; zum zweiten Zitat gehört eine nähere Begründung.

Die Darstellung von Wissenschaft als ein Kanon von Wissen, das lediglich auf Grund unbegründeter Vermutungen und Annahmen gebildet wird, lässt den Kreationismus als eine Alternative zur Evolution erscheinen.

Milchkaffee-Vorstellung – Intermediäre Vererbung

„Genetik produziert Nachkommen, die eine Zwischenstufe beider Elternteile darstellen." Diese Vorstellung ist sehr alt: Jacob Bronowski benutzt sie, um Johann Mendels Versuche an Erbsen kontraintuitiv erscheinen zu lassen.[10] Im Allgemeinen kann festgestellt werden, dass Merkmale, die unter der Kontrolle mehrerer Gene liegen, nach dem „Milchkaffee-Prinzip" graduelle Zwischenstufen bilden können (z. B. Körpergröße, beim Menschen: Hautfarbe), andere, die auf verschiedene Allele eines einzelnen Gens zurückgehen, meist als Entweder-oder-Erscheinung vorkommen (z. B. Blutgruppen des Menschen bilden die gut definierten Phänotypen AB, A, B und 0). Zusätzlich stellen Genkopplung (in Chromosomen) und Rekombination weitere Probleme dar.

Das Genom als Perlenkette

Gene werden häufig als Einheit dargestellt, oft auch in Zusammenhang mit ihren Produkten, den RNA- oder Proteinmolekülen. Beim Kopieren von DNA spielt es keine Rolle, dass Gene kopiert werden. Vererbt werden Chromosomen, die zuvor rekombiniert wurden. Diese Rekombinationsstellen sind nicht identisch mit den Grenzen von Genen. Gene sind eben keine Perlen an der Kette eines Chromosoms, die nicht geteilt werden dürften. Rekombination kann dazu führen, dass Nachkommen Gene

[8] Frank, Roland / Krull, Hans-Peter / Schweizer, Jürgen: Natura. Evolution. Oberstufe. Stuttgart 1997, S. 32.
[9] Ebd., S. 85.
[10] Bronowski, Jacob: The Ascent of Man. British Broadcasting Corporation. London 1973, S. 387.

besitzen, die Ihre Vorfahren nicht hatten oder dass sie mehr oder weniger Gene haben als ihre Vorfahren.

Entstehung von Variation in der Meiose

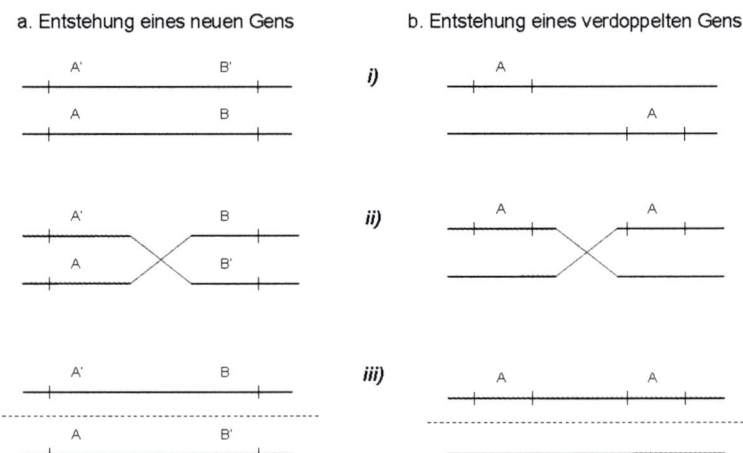

Abbildung 2. *Entstehung neuer, verdoppelter und fehlender Gene mittels Rekombination. a. Entstehung eines neuen Gens. Ein Protein bestehend aus zwei Domänen, die in jeweils zwei Variationen vorkommen: AB und A'B'. Die neue Zusammensetzungen A'B und AB' entstehen in der Rekombination durch Crossing-over an einer intermediäre Stelle. i) Ausgangsposition (zwei homologe Chromosomen). ii) Crossing-over. iii) Teilung in der Meiose. b. Entstehung eines verdoppelten Gens. Hier ist der Crossing-over-Punkt an zwei homologen Chromosomen relativ zum Gen A verschoben. i) Ausgangsposition. ii) Crossing-over. iii) Teilung in der Meiose. Unter Umständen sind die Zellen mit der Deletion nicht mehr lebensfähig.*

Eine starke Fixierung auf Genetik kann dazu führen, dass die Ursachen von Variation in Populationen übersehen werden. Schließlich ist die Replikation von DNA bekannt für ihre Genauigkeit – da scheint überhaupt kein Platz für eine zufällige Mutation zu sein. Mayr schreibt sogar: „Das genetische Material bleibt gleich [...] Die Variationen der Phänotypen [...], die das Material für die Selektion darstellen, entstehen in der Rekombination durch die Meiose..."[11]

---

[11]   Mayr, Ernst: Das ist Evolution. München 2003, S. 146.

Immer höher... – Evolution als Stufenleiter

Die Vorstellung, dass sich das Leben von „niedrigen" zu „höheren" Formen entwickelt hätte, und dass „primitive" Lebewesen alle ausgestorben
sein müssten, führte zu folgendem Kommentar: „Lebendige Fossilien?
Sind wir das nicht alle?"[12] Diese Idee einer fortlaufenden Entwicklung, z. B. wie sie im 1. Mose
beschrieben wird, ist verlockend einfach, die Schöpfung führt schnurstracks zu uns. Die grobe Übereinstimmung des Schöpfungsberichtes mit
der Evolution ist gerade das: grob. Wir erfahren in der Bibel weder wann
die ersten Bakterien geschaffen wurden, noch an welchem Tag Landtiere
wieder zu Wassertieren wie Walen usw. wurden. Ansonsten muss man
darauf achten, dass Darstellungen von Evolution nicht als Paralleldarstellungen nach 1. Mose geraten oder als solche missverstanden werden.

Auch die Vorstellung, dass die Evolution zu uns führen musste, dürfte
weit verbreitet sein. Dies geschieht auf zweierlei Weise: das „schwache
anthropomorphische Prinzip" besagt, dass die Gesetze des Universums
dazu geschaffen sind Leben zuzulassen, und sich letztendlich eine intelligente Art entwickeln muss. Das „starke anthropomorphische Prinzip"
geht davon aus, dass dieses intelligente Wesen der Mensch sein muss.[13]
Beiden Prinzipien zusammen betrachtet sind die Entwicklung eines intelligenten Wesens, die unumgänglich ist. Daher fungiert alles Vorhergegangene als Vorstufe für das Folgende, Evolution muss als Progression
verstanden werden.

Mittlerweile gibt es Darstellungen von Kreationisten, die diese Sicht
geradezu parodieren: Kent Hovind behauptet, dass die Komplexität – und
daher die Entwicklungsstufe – an der Chromosomenzahl abzulesen sei.[14]
Seine Tabelle mit Lebewesen und ihren Chromosomenzahlen müsste ihn
eigentlich der Glaubwürdigkeit berauben; stattdessen versucht er, die
Biologie als unglaubwürdig darzustellen. Beispielsweise stellt er fest,
dass der Mensch 46 Chromosomen besitzt, die Tabakpflanze 48, bekämen
wir also zwei weitere Chromosomen, müssten wir zu Tabakpflanzen
werden. Hovind versucht einen Scheingegner aufzubauen, der Unsinniges
behauptet, um ihn dann der Lächerlichkeit preiszugeben.

---

[12] Evans, Bergen: The Natural History of Nonsense. New York 1948, S. 10.
[13] Morris, Simon Conway: Die Konvergenz des Leben, in: Fischer, Ernst Peter /
      Wiegandt, Klaus (Hrsg.): Evolution. Frankfurt a.M. 2003, S. 127-146.
[14] http://www.geocities.com/kenthovind/lies/chromosome.htm   [Zugriff:
      3.11.2004].

Ein gutes Beispiel für die Tatsache, dass (auch) die hominide Evolution nicht wie eine Stufenleiter verläuft, ist die neuerliche Entdeckung des *homo floresiensis*, der im Laufe der Zeit und bedingt durch seine insulare Heimat immer kleiner wurde. Vor allem dessen Gehirn wurde kleiner, aber dennoch gibt es Hinweise, dass diese Art Merkmale menschlicher Kultur besaß.[15]

Das Herrentier

Verwandt mit dieser Stufenleiter ist die Vorstellung, dass sich der Mensch von der natürlichen Auslese befreit hätte: „Der Kulturmensch ist nicht mehr dem Einfluss der Selektion *in dem Maße* unterworfen wie etwa Naturvölker oder gar Tiere in ihrem natürlichen Lebensraum. Schon vorhandene oder durch Mutation neu entstehende Erbkrankheiten werden also *nicht mehr in jedem Falle durch natürlich Selektion verschwinden.* Dies zeigt sich zum Beispiel in einem verbreiteten Nachlassen der Sinnesleistungen (Sehen und Hören) [...] Eine wachsende Abhängigkeit von medizinischer Hilfe ist die Folge."[16] [Hervorhebungen durch L.T.]

Frühere Autoren waren weniger zimperlich: von Frisch behauptet sogar, dass „keine natürliche Auslese" solchen Verschlechterungen mehr entgegenwirke.[17] Im Linder heißt das zwar richtig „in dem Maße", nur es wird nicht gesagt, in *welchem* Maße. Das führt dazu, dass alle bedient sind: in dem Maße, in dem du glaubst, der Mensch habe sich von der natürlichen Auslese befreit, wird er dies wohl getan haben.

Um zu bestimmen, in welchem Maße der Mensch der natürlichen Auslese nicht mehr unterworfen ist, muss man differenzierter fragen: Auf der Ebene der Gameten ist die natürliche Auslese meistens kein medizinisches Thema; natürlicher Auslese auf der Ebene der Zygote, des Embryos und des Fötus kann sehr oft nicht entgegengewirkt werden. Viele Infektionskrankheiten sind gute Beispiele einer natürlichen Auslese, denen die

---

[15] Moorwood, M.J. et al.: Archaeology and age of a new hominin from Flores in eastern Indonesia, in: Nature 431/2004, S. 1087-1091 (28. Oktober 2004).

[16] Linder, Hermann: Biologie, 20., neu bearbeitete Auflage von Horst Bayrhuber und Ulrich Kull zusammen mit Ulrich Bäßler und Albert Danzer. Hannover 1989, S. 399.

[17] Zitiert nach: Baalmann, Wilfried et al.: Schülervorstellungen zu Prozessen der Anpassung. Ergebnisse einer Interviewstudie im Rahmen der Didaktischen Rekonstruktion, in: ZfDN 10/2004, S. 7 28.

„Naturvölker" gar nicht oder wenig ausgesetzt waren, weil sie nicht in enger Nachbarschaft miteinander und ihren domestizierten Tieren lebten.

Als weitere Denkfiguren in dieser Passage wären zu nennen, dass die natürliche Auslese immer gut ist (Die Natur ist wohlwollend), dass alle Mutationen immer schlecht sind, dass Mutationen der einzige Weg der Veränderung von Erbgut sei und dass die Elimination von Mutationen schnell bewirkt werden kann.

Dagegen gehalten werden kann, dass die natürliche Auslese in Sachen „gut" und „schlecht" neutral ist, dass Mutationen gut sein können, dass Rekombination auch eine Rolle bei der Entstehung von Vielfalt spielt und dass Elimination – zumindest wenn sie nach den Hardy-Weinberg-Regeln iterativ berechnet wird – ein langwieriger Prozess ist. Vielleicht kann auch argumentiert werden, dass die Toleranz für die menschliche Vielfalt mitverantwortlich ist für die größte Leistung der Menschen überhaupt: dass Menschen so vielfältig sind, dass sie heute überall auf der Welt und in großer Zahl leben können.

Wenn unsere eingangs erwähnten Meinungsforscher meinten, der Gradmesser für die Akzeptanz von Evolution sei die Frage nach der Abstammung vom Affen, dann zeigt dies vielleicht, wie schlecht es wirklich um die Akzeptanz von Evolution bestellt ist. Es sind die vielen Einzelheiten, von denen ich einige hier geschildert habe, an denen sich die wissenschaftliche Theorie der Evolution bemessen lässt. Manche dieser Details lassen sich leicht merken, andere wiederum nicht.

Evolution ist mehr als das moderne Märchen über unsere Herkunft. Ihre Vermittlung, so dass sie zur Akzeptanz führt, ist gerade für einen Skeptiker eine reizvolle Aufgabe, denn nach wie vor herrscht wenig Übereinstimmung in der Frage, warum Menschen Merkwürdiges glauben. Vielleicht finden wir eine (Teil-)Antwort, wenn wir untersuchen, was notwendig ist, damit sie auch wissenschaftlich denken.[18]

---

[18] Ich möchte mich bei den Mitgliedern der AG Biologiedidaktik im FB Erziehungswissenschaften der Universität Hannover für ihre freundlichen Hinweise und Korrekturen bedanken: Prof. Harald Gropengießer, Holger Weitzel, Jörg Zabel, Jorge Groß und Dr. Tanja Riemeier.

Literatur

Dawkins, Richard: The Ancestor's Tale: A Pilgrimmage to the Dawn of Evolution. Boston 2004.

Gould, Stephen Jay: The Structure of Evolutionary Theory. Cambridge Massachusetts 2002.

Mayr, Ernst: What Evolution Is. Basic Books. New York 2002 (dt. Das ist Evolution. Bertelsmann. München 2003).

Shermer, Michael: Science Friction: Where the Known Meets the Unknown. New York 2005.

Autorinnen und Autoren

Dipl. Soz.-Päd. **Claudia Barth**, Jahrgang 1972, lebt in München. Veröffentlichungen und Vorträge zur Kritik der Esoterik.

Prof. em. Dr. **Franz Buggle**, Jahrgang 1933, 1974-1998 Lehrstuhl für Klinische und Entwicklungspsychologie an der Universität Freiburg im Breisgau.

PhD **Eamon Kiernan**, Jahrgang 1961, Studium der Linguistik, der Germanistik und der angewandten Linguistik in Dublin und Leicester. Tätigkeit an verschiedenen deutschen Hochschulen im Bereich des Fremd- und Fachsprachenunterrichts und in der Lehrerbildung. Zur Zeit ist er tätig als Lektor für Englisch am Fachsprachenzentrum der Universität Hannover und als Lehrbeauftragter am dortigen Institut für Erziehungswissenschaft.

Christoph Lammers, Jahrgang 1976, Studium der Politikwissenschaft, Soziologie und Ethnologie an der Karl-Marx-Universität Trier. Projektleiter des Bildungskongresses und Organisator verschiedener Vorträge und Kolloquien zur Kritik von Religion und Esoterik.

Prof. em. Dr. **Klaus Prange**, Jahrgang 1939, Emeritierter Professor für Allgemeine Pädagogik an der Universität Tübingen. Arbeitsschwerpunkte sind u. a. Pädagogische Anthropologie als Anthropologie des Lernens und die Pädagogische Ethik.

Dr. phil. **Wolfgang Proske**, Jahrgang 1954, Diplom-Sozialwissenschaftler, Hauptschullehrer, Historiker. Für kurze Zeit Leiter der privaten Montessori-Volksschule Neu-Ulm, tätig im staatlichen Schuldienst.

Lee Traynor, Jahrgang 1959, unterrichtet Englisch der Naturwissenschaften am Fachsprachenzentrum der Universität Hannover und bereitet seine Dissertation im Fachbereich Erziehungswissenschaften vor.

Dr. phil. habil. **Waldemar Vogelgesang**, Jahrgang 1952, ist wissenschaftlicher Angestellter an der Universität Trier im Fach Soziologie. Seine Arbeitsschwerpunkte liegen im Bereich der Jugend-, Medien- und Bil-

dungssoziologie sowie der Kultur- und Lebensstilforschung. Er ist Mit-
begründer der interdisziplinären *Arbeitsgruppe Medienkultur und Lebensformen* (heute: *AG Jugend- und Medienkultur*), die seit 1985 empirisch im
Bereich Medien- und Kulturforschung arbeitet.

Frank Welker, Jahrgang 1975, Studium der Politikwissenschaft, Germanistik und Soziologie an der Universität Trier. Mitglied der interdisziplinären *AG Jugend- und Medienkulturen*, der *Gesellschaft zur wissenschaftlichen Untersuchung von Parawissenschaften e.V.* (GWUP) und
Redakteur der Zeitschrift *Materialien und Informationen zur Zeit* (MIZ).

Dr. phil. **Maria Wölflingseder**, Jahrgang 1958, Sozialarbeiterin-Diplom.
Seit Mitte der 1980er wissenschaftliche Erforschung und Kritik von Esoterik, Biologismus und Öko-Feminismus; zahlreiche Publikationen. Von
1990 bis 2000 Redaktionskoordinatorin der nunmehr eingestellten Zeitschrift *Weg und Ziel*. 1996 Mitbegründerin des *Kritischen Kreises*, der die
Streifzüge herausgibt. Gastprofessur an der Universität Klagenfurt.

Seit über zwanzig Jahren setzt sich der *Internationale Bund der Konfessionslosen und Atheisten* (IBKA e.V.) für die politischen Interessen der Nicht-Religiösen ein. Er wendet sich gegen die Finanzierung der Kirchen aus öffentlichen Mitteln und setzt sich für die Trennung von Staat & Kirche sowie für Religions- und Weltanschauungsfreiheit ein. Dazu unterstützen wir Veranstaltungen wie den Kongreß *Die ewige Wiederkehr des Religiösen* und geben Schriften heraus.

Internationaler Bund der Konfessionslosen und Atheisten e.V.

IBKA

Politischer Leitfaden des IBKA
Der Politische Leitfaden, gegliedert in die Bereiche Kirchliche Privilegien, Jugend & Bildung, Arbeit & Soziales, Medien sowie Selbstbestimmung, präsentiert die grundsätzlichen Positionen des IBKA. (Bestellung bei der IBKA-Geschäftsstelle)

MIZ – **Materialien und Informationen zur Zeit**
Politisches Magazin für Konfessionslose und AtheistINNen • www.miz-online.de
Viermal jährlich 56 Seiten, Euro 4.- / Abonnement Euro 15.- (Ausland Euro 17.-)

„Wenn ich das mache, dann ist das ein Trick..." –
Vom Charme der Ent-Täuschung durch vernunftgeleitetes Denken
Festschrift zur Verleihung des Erwin-Fischer-Preises 2004
durch den IBKA an James Randi. Beiträge von Michael Schmidt-Salomon, Amardeo Sarma und James Randi. ISBN 3-932710-98-3, 32 Seiten, geheftet, Euro 2.-

„Ich träume von einer vollkommen säkularen Welt"
Festschrift zur Verleihung des Erwin-Fischer-Preises 2002
durch den IBKA an Taslima Nasrin. Mit Beiträgen von Ursula Neumann, Christa Stolle und Taslima Nasrin. ISBN 3-93271097-5, 36 Seiten, geheftet, Euro 2.-

„An ihren Früchten sollt Ihr sie erkennen"
Festschrift zur Verleihung des Erwin-Fischer-Preises 2001
durch den IBKA an Karlheinz Deschner. Mit Beiträgen von Karlheinz Deschner, Ludger Lütkehaus u.a. ISBN 3-932710-96-7, 32 Seiten, geheftet, Euro 2.-

Über die Gefährdung der Religions- und Weltanschauungsfreiheit in der BRD
Festschrift zur Verleihung des Erwin-Fischer-Preises 2000
durch den IBKA an Ursula und Johannes Neumann. Mit Beiträgen von Edgar Baeger, den Preisträgern u.a. ISBN 3-932710-95-9, 48 Seiten, geheftet, Euro 2.-

IBKA e.V. ◆ Postfach 1745 ◆ 58017 Hagen ◆ www.ibka.org

Franz Buggle
Denn sie wissen nicht, was sie glauben
Oder warum man redlicherweise nicht mehr Christ sein kann. Eine Streitschrift
Neuauflage 2004, 446 Seiten, kartoniert, ISBN 3-93271077-0, Euro 24.-

Die Brisanz des Buches liegt in der Bestreitung der weitgehend (gerade auch bei „progressiven" Christen) akzeptierten Prämisse heutiger Kirchen- und Christentumskritik, daß zwar die Kirche mangelhaft sein möge, die Bibel aber als ethisches Fundament unverzichtbar sei.

Claudia Barth
Über alles in der Welt – Esoterik und Leitkultur
Eine Einführung in die Kritik irrationaler Welterklärungen
206 Seiten, Abbildungen, kartoniert, ISBN 3-932710-36-3, Euro 14.-

Der Band bietet eine systematische Einführung in die wichtigsten Aspekte esoterischer Ideologien und problematisiert ihren Einfluß auf die Gesellschaft. Neben den historischen Wurzeln des Okkultismus werden zentrale Begriffe der Esoterik erläutert und zahlreiche wichtige aktuell aktive oder von größeren Kreisen rezipierte Personen und Gruppierungen vorgestellt. Besonderes Augenmerk legt die Autorin auf die für Deutschland spezifische Spielart der Esoterik mit ihrem völkischen Einschlag.

Sybille-Christin Jacob / Detlef Drewes
Aus der Waldorfschule geplaudert
Warum die Steiner-Pädagogik keine Alternative ist
263 Seiten, Abbildungen, kartoniert, ISBN 3-932710-84-3, Euro 14,50

Das Buch untersucht Waldorfpädagogik und Waldorfschulen und entlarvt das positive Vorurteil von der „kreativitätsfördernden", „alternativen", Pädagogik. Als „Waldorf-Mutter" selbst am Aufbau einer Schule beteiligt, schildert Sybille-Christin Jacob, warum Menschen auf das Angebot der Steiner-Pädagogik eingehen, wie im Schulalltag erste Konflikte entstehen und inwiefern sich anthroposophische Ideologie im Unterricht wiederfindet.

„Niemand kann seinem Schicksal entgehen..."
Kritik an Weltbild und Methode des Bert Hellinger
Hrsg. vom AStA der Universität München
250 Seiten, kartoniert, ISBN 3-86569-007-6, Euro 15.-

Der Band stellt die zentralen Kritikpunkte an Menschen- und Geschichtsbild des „Familienaufstellers" Bert Hellinger sowie an seinen Vorstellung von systemischer Therapie dar und wirft einen Blick auf das Netzwerk seiner Anhänger.

Alibri Verlag, Postfach 100 361, 63703 Aschaffenburg
Fon 06021 ◆ 581 734, verlag@alibri.de, www.alibri.de

Matthias Rauch
Erziehung für Gott und Vaterland
Konservative Pädagogik und ihre Funktion in der aktuellen Wertedebatte
174 Seiten, kartoniert, ISBN 3-932710-13-4, Euro 13,50

Matthias Rauch zeigt, was die Konservativen unter „Werteerziehung" verstehen und mit welchen Strategien sie seit zwei Jahrzehnten versuchen, den Kindern in der Schule Religion und nationales Denken einzutrichtern.

Michael Schmidt-Salomon
Erkenntnis aus Engagement
Grundlegungen zu einer Theorie der Neomoderne. Eine Studie zur (Re-) Konstruktion von Pädagogik, Wissenschaft und Humanismus
486 Seiten, kartoniert, ISBN 3-932710-60-6, Euro 20.-

Michael Schmidt-Salomons Buch ist ein interdisziplinärer Beitrag zur Diskussion über die Gestaltung der Zukunft. Er fordert eine grundlegende Neuorientierung aller gesellschaftlichen Verhältnisse im Sinne einer humanistischen, weltlichen Ethik und erläutert dies anhand aktueller Auseinandersetzungen über die notwendige Neuordnung von Bildung & Erziehung oder die Verantwortung der Wissenschaft im Zeitalter der Globalisierung.

Carsten Frerk
Caritas und Diakonie in Deutschland
366 Seiten, kartoniert, ISBN 3-86569-000-9, Euro 22,50

Der Deutsche Caritasverband und das Diakonische Werk können heute als weltweit größter privater Arbeitgeberverbund gelten: Im kirchlichen Sozialbereich arbeiten knapp 1,5 Millionen Personen, die einen Jahresumsatz von rund 45 Mrd. Euro erwirtschaften. Die von Carsten Frerk über Caritas & Diakonie zusammengetragenen Daten ermöglichen es, ihre Rolle im heutigen Sozialsystem einzuschätzen und eine Prognose über ihre Entwicklungsmöglichkeiten abzugeben.

Bernd Harder
Geister, Gothics, Gabelbieger
66 Antworten auf Fragwürdiges aus Esoterik und Okkultismus
206 Seiten, Abbildungen, kartoniert, ISBN 3-96569-002-5, Euro 14.-

Magie, Okkultismus und Esoterik sind heutzutage alltägliche Erscheinungen. Allerdings stellt sich bei genauerem Hinsehen häufig heraus, dass der Schein trügt. Fast immer lassen sich die scheinbar übersinnlichen Phänomene nachvollziehbar erklären – ohne dass der Boden der Tatsachen verlassen werden muss. Bernd Harders neues Buch zeigt in unterhaltsamer Form, worauf es ankommt, um das vermeintlich Unerklärliche zu durchschauen.

**Alibri Verlag, Postfach 100 361, 63703 Aschaffenburg
Fon 06021 ◆ 581 734, verlag@alibri.de, www.alibri.de**

**Wissen, Lernen,
Bildung & Erziehung –
Wir haben die Bücher
zum Thema!**

assoziation Linker Verlage

Alibri * Atlantik Verlag * ag spak * KomistA
Neuer ISP Verlag * Schmetterling Verlag * PALETTE verlag
summa.verlagsprojekt * Trotzdem Verlag * Unrast Verlag

Ulrich Klemm: Lernen für die Eine Welt. Orientierungen und Herausforderungen für die Erwachsenenbildung. 103 Seiten, kartoniert,
Euro 12.-, ISBN 3-930830-61-2 (AG SPAK)

Ulrich Klemm unternimmt den Versuch, aktuelle gesellschaftliche und politische
Herausforderungen für die Erwachsenenbildung zu operationalisieren und für die
Praxis zu konkretisieren. Mit dem Begriff der „Einen Welt" meint er dabei die
Fokussierung des pädagogischen Blicks sowohl auf Prozesse der Globalisierung
als auch auf solche der Regionalisierung und der Bürgergesellschaft.

Frank Lohscheller: Typisch Junge? Kommunikations- und Konflikt-
training für Jungen an Schulen. 110 Seiten, kartoniert, Euro 13.-
ISBN 3-89771-355-1 (Unrast)

Frank Lohscheller beschäftigt sich engagiert mit der Situation von Jungen in
Schule & Alltag und erläutert Methode, Konzept & Durchführung des Kommuni-
kations- und Konflikttrainings.

Klaus-Peter Hufer / Ulrich Klemm: Wissen ohne Bildung? Auf dem
Weg in die Lerngesellschaft des 21. Jahrhunderts. 120 Seiten, kartoniert,
Euro 8.-, ISBN 3-930830-28-0 (AG SPAK)

Obwohl immer mehr über Bildung gesprochen wird, verkümmert diese zu-
sehends. Der Lerngesellschaft des 21. Jahrhunderts droht eine erneute Bildungs-
katastrophe, wenn sie weiterhin Prozesse des Lernens und Lehrens kapitalisiert
und trivialisiert und Wissen ohne Bildung propagiert.

Assoziation Linker Verlage (*aLiVe*), www.alive-verlage.de